CORRESPONDANCE MILITAIRE

DU

MARÉCHAL DE MOLTKE

CORRESPONDANCE MILITAIRE

DU

MARÉCHAL DE MOLTKE

GUERRE DE 1870-71

3ᵉ VOLUME

L'ARMISTICE ET LA PAIX

SEULE TRADUCTION FRANÇAISE AUTORISÉE

PARIS

HENRI CHARLES-LAVAUZELLE

Éditeur militaire

10, Rue Danton, Boulevard Saint-Germain, 118

(MÊME MAISON A LIMOGES)

PRÉFACE

Dans les volumes de la Correspondance militaire de Moltke qui ont été publiés jusqu'ici (1), on s'était appliqué à ne reproduire que des documents émanant autant que possible du Feld-Maréchal lui-même, car l'autorité qui assurait cette publication ne pouvait songer à donner une histoire complète et suivie des guerres de 1864, 1866 et 1870-71. Dans le présent volume, on s'est au contraire à diverses reprises écarté de ce principe. On a considéré, en effet, qu'il n'avait pas encore été publié officiellement d'histoire complète et détaillée de la période qui a suivi la conclusion de l'armistice, histoire à laquelle le lecteur pût au besoin se reporter. Il y avait lieu par suite, à ce qu'il a semblé, d'insérer un plus grand nombre de documents complémentaires émanant d'autre origine, ainsi que de reproduire le texte des accords conclus avec le Gouververnement français, quoique aucune de ces conventions ne portât la signature du comte de Moltke. La coopération du Feld-Maréchal à la plupart des négociations n'est pas douteuse; et dans les cas où il n'a pris aucune part directe à la rédaction des conventions, comme par exemple en ce qui concerne le traité de Francfort, il est cependant indispensable de reproduire le texte de ces accords, afin de pouvoir comprendre les nombreux télégrammes et dépêches du Feld-Maréchal qui s'y rapportent.

---

(1) N. d. T. Volumes relatifs aux campagnes de 1864, 1866, et volumes I et II relatifs à la campagne de France.

TABLE DES MATIÈRES

IVᵉ PARTIE

L'ARMISTICE ET LA PAIX

Pages.

Pages.

IVE PARTIE

L'ARMISTICE ET LA PAIX

C'est le 28 janvier que devaient aboutir les négociations qui depuis le 23 étaient engagées entre le Chancelier et M. Jules Favre en vue d'un armistice.

Le comte de Moltke avait à cet égard établi un projet qui fut utilisé pour la rédaction définitive de la partie militaire de cet accord.

N° 653.

STIPULATIONS SPÉCIALES DE L'ARMISTICE A CONCLURE ENTRE L'ALLEMAGNE ET LA FRANCE

§ 1er.

L'armistice conclu entre l'Allemagne et la France commencera pour Paris le 28 janvier 1871 à midi, et pour le reste du théâtre de la guerre le 1er février à la même heure. Il s'étendra partout jusqu'au 18 février 1871 à midi. En cas d'entente réciproque entre les commandants en chef des troupes des deux parties, les hostilités pourront être arrêtées dès avant le 1er février à midi.

L'accord en vue de la prolongation éventuelle de l'armistice devra être conclu avant le 11 février 1871 à midi.

Le siège de Belfort sera continué même au cours de l'armistice.

§ 2.

En conséquence de la situation actuelle de la guerre, les troupes allemandes continueront à occuper avec tous les droits de l'autorité les parties de la France où elles se trouvent établies.

Dans le nord les troupes françaises ne tiennent plus que les départements du Nord et du Pas-de-Calais. A l'ouest la zone occupée a pour borne, à partir de la rive gauche de la Seine : la limite occidentale du département de l'Eure jusqu'à la Rille, puis ce cours d'eau jusqu'à sa source ; de là une ligne droite allant aboutir à la source de la Sarthe ; enfin cette rivière jusqu'au point limite des départements de l'Orne, de la Sarthe et de la Mayenne. La zone d'occupation comprend ensuite, dans le sud-ouest et le sud, les départements de la Sarthe, de Loir-et-Cher, du Loiret et de l'Yonne en entier.

La détermination de la ligne de démarcation depuis le point où viennent se rencontrer les limites des départements de l'Yonne, de la Nièvre et de la Côte-d'Or jusqu'à la frontière suisse, demeure réservée jusqu'à une entente à intervenir entre les commandants en chef des forces opérant de part et d'autre sur ce terrain (le général de la cavalerie baron de Manteuffel et le général de division Bourbaki).

Comme base de l'entente précitée on devra prendre le *statu quo* militaire à la date du 1er février 1871 à midi. Les places de Bitche, de Langres, de Besançon, d'Auxonne, de Salins, du Havre et de Givet-Charlemont, avec un rayon de 10 kilomètres à compter à partir du pied des glacis, demeureront aux mains des troupes françaises en tant qu'elles les occuperont au début de l'armistice.

§ 3.

Afin d'éviter tout acte d'hostilité accidentel durant l'armistice, il y aura lieu pour les commandants en chef intéressés de s'entendre en vue de déterminer, le long de la ligne de démarcation précitée, une zone large de 15 à 20 kilomètres, qui sera interdite aux soldats des armées en opération.

Du côté allemand auront compétence pour prendre ces arrangements :

a) Sur la frontière des départements du Nord et du Pas-de-Calais, ainsi que devant Le Havre, le général de l'infanterie de Gœben, à Amiens ;

b) Sur la rive gauche de la Seine jusqu'à la frontière sud du département du Loiret inclusivement, S. A. R. le feld-maréchal général prince Frédéric-Charles de Prusse, au Mans ;

c) Sur la frontière sud du département de l'Yonne (en blanc dans l'original) ;

d) Dans l'est jusqu'à la frontière de Suisse, ainsi que devant Besançon, Auxonne et Salins, le général de la cavalerie baron de Manteuffel ;

e) Devant Bitche, le général-lieutenant comte de Bismarck-Bohlen, à Strasbourg ;

f) Devant Givet-Charlemont, le général-lieutenant de Rosenberg-Grusczynski, à Reims.

Les commandants des troupes françaises sont ainsi à même d'ouvrir les négociations voulues.

§ 4.

Les troupes allemandes et françaises devront, sitôt l'armistice et dès que ces stipulations leur seront connues, évacuer immédiatement et par le chemin le plus court la zone neutre, ou le terrain dévolu à l'autre partie.

Les soldats ou les troupes qui, passé le 7 février 1871 à midi, se trouveront sur le terrain dévolu à l'autre partie, en uniforme ou en armes, seront prisonniers de guerre ; ils pourront, s'ils se livrent à des actes d'hostilité, être traités conformément aux lois de la guerre.

D'autre part, les prisonniers, le matériel de guerre dont on se sera emparé *bona fide* entre le 1er et le 7 février à midi devront être rendus.

§ 5.

L'armistice s'étendra également aux forces de mer et le méridien de Dunkerque formera, pendant sa durée, la limite entre les deux parties.

Les prises faites *bona fide* après le début de l'armistice seront rendues.

§ 6.

Il sera procédé sans retard à l'échange des prisonniers. A cet effet, les autorités françaises devront, aussitôt que possible, indiquer aux autorités allemandes à Amiens, Le Mans, Orléans et Dijon les prisonniers allemands et en faire la livraison aux points de la frontière les plus voisins. En échange, on restituera aux mêmes points et aussitôt que possible un nombre égal de prisonniers français de grades correspondants.

L'échange pourra s'étendre aux personnes de condition civile, par exemple aux marins de la marine marchande allemande contre les otages amenés à ce sujet en Allemagne.

§ 7.

La situation devant Paris fera l'objet d'une entente spéciale.

Les conditions arrêtées à la date du 28 janvier entre le Chancelier de l'Empire et M. Jules Favre, pour la capitulation et l'armistice, étaient les suivantes :

Entre M. le comte de Bismarck, chancelier de la confédération germanique, stipulant au nom de S. M. l'empereur d'Allemagne, roi de Prusse, et M. Jules Favre, ministre des affaires étrangères du gouvernement de la Défense nationale, munis de pouvoirs réguliers,

Ont été arrêtées les conventions suivantes :

ARTICLE PREMIER. — Un armistice général, sur toute la ligne des opérations militaires en cours d'exécution entre les armées allemandes et les armées françaises, commencera pour Paris aujourd'hui même, pour les départements dans un délai de trois jours; la durée de l'armistice sera de vingt et un jours, à dater d'aujourd'hui, de manière que, sauf le cas où il serait renouvelé, l'armistice se terminera partout le 19 février à midi.

Les armées belligérantes conserveront leurs positions respectives, qui seront séparées par une ligne de démarcation. Cette ligne partira de Pont-l'Évêque, sur les côtes du département du Calvados, se dirigera sur Lignières, dans le nord-est du département de la Mayenne, en passant entre Briouze et Fromentel; en touchant au département de la Mayenne, à Lignières, elle suivra la limite qui sépare ce département de celui de l'Orne et de la Sarthe, jusqu'au nord de Morannes, et sera constituée de manière à laisser à l'occupation allemande les départements de la Sarthe, d'Indre-et-Loire (1), de Loir-et-Cher, du Loiret, de l'Yonne, jusqu'au point où, à l'est de Quarré-les-Tombes, se touchent les départements de la Côte-d'Or, de la Nièvre et de l'Yonne.

A partir de ce point, le tracé de la ligne sera réservé à une entente qui aura lieu aussitôt que les parties contractantes seront renseignées sur la situation actuelle des opérations militaires en exécution dans les départements de la Côte-d'Or, du Doubs et du Jura.

Dans tous les cas elle traversera le territoire composé de

---

(1) Entre les départements de Maine-et-Loire et de Loir-et-Cher.

ces trois départements, en laissant à l'occupation allemande les départements situés au nord, à l'armée française ceux situés au midi de ce territoire.

Les départements du Nord et du Pas-de-Calais, les forteresses de Givet et de Langres, avec le terrain qui les entoure à une distance de dix kilomètres, et la péninsule du Havre, jusqu'à une ligne à tirer d'Étretat dans la direction de Saint-Romain, resteront en dehors de l'occupation allemande.

Les deux armées belligérantes et leurs avant-postes, de part et d'autre, se tiendront à une distance de dix kilomètres au moins des lignes tracées pour séparer leurs positions.

Chacune des deux armées se réserve le droit de maintenir son autorité dans le territoire qu'elle occupe, et d'employer les moyens que ses commandants jugeront nécessaires pour arriver à ce but.

L'armistice s'applique également aux forces navales des deux pays, en adoptant le méridien de Dunkerque comme ligne de démarcation à l'ouest de laquelle se tiendra la flotte française, et à l'est de laquelle se retireront, aussitôt qu'ils pourront être avertis, les bâtiments de guerre allemands qui se trouvent dans les eaux occidentales. Les captures qui seraient faites après la conclusion et avant la notification de l'armistice seront restituées, de même que les prisonniers qui pourraient être faits, de part et d'autre, dans des engagements qui auraient lieu dans l'intervalle indiqué.

Les opérations militaires sur le terrain des départements du Doubs, du Jura et de la Côte-d'Or, ainsi que le siège de Belfort, se continueront indépendamment de l'armistice, jusqu'au moment où on se sera mis d'accord sur la ligne de démarcation dont le tracé à travers les trois départements mentionnés a été réservé à une entente ultérieure.

ART. 2. — L'armistice ainsi convenu a pour but de permettre au gouvernement de la Défense nationale de convoquer une

Assemblée librement élue qui se prononcera sur la question de savoir si la guerre doit être continuée, ou à quelles conditions la paix doit être faite.

L'Assemblée se réunira dans la ville de Bordeaux.

Toutes les facilités seront données par les commandants des armées allemandes pour l'élection des députés qui la composeront.

ART. 3. — Il sera fait immédiatement remise à l'armée allemande, par l'autorité militaire française, de tous les forts formant le périmètre de la défense extérieure de Paris, ainsi que de leur matériel de guerre. Les communes et les maisons situées en dehors de ce périmètre ou entre les forts pourront être occupées par les troupes allemandes, jusqu'à une ligne à tracer par des commissaires militaires. Le terrain restant entre cette ligne et l'enceinte fortifiée de la ville de Paris sera interdit aux forces armées des deux parties. La manière de rendre les forts et le tracé de la ligne mentionnée formeront l'objet d'un protocole à annexer à la présente convention.

ART. 4. — Pendant la durée de l'armistice, l'armée allemande n'entrera pas dans la ville de Paris.

ART. 5. — L'enceinte sera désarmée de ses canons dont les affûts seront transportés dans les forts à désigner par un commissaire de l'armée allemande.

ART. 6. — Les garnisons (armée de ligne, garde mobile et marins) des forts et de Paris seront prisonnières de guerre, sauf une division de douze mille hommes, que l'autorité militaire dans Paris conservera pour le service intérieur.

Les troupes prisonnières de guerre déposeront leurs armes, qui seront réunies dans les lieux désignés et livrées suivant règlement par commissaires, suivant l'usage ; ces troupes resteront dans l'intérieur de la ville, dont elles ne pourront pas franchir l'enceinte pendant l'armistice.

Les autorités françaises s'engagent à veiller à ce que tout

individu appartenant à l'armée et à la garde mobile reste consigné dans l'intérieur de la ville.

Les officiers des troupes prisonnières seront désignés par une liste à remettre aux autorités allemandes.

A l'expiration de l'armistice, tous les militaires appartenant à l'armée consignée dans Paris auront à se constituer prisonniers de guerre de l'armée allemande, si la paix n'est pas conclue jusque là.

Les officiers prisonniers conserveront leurs armes.

Art. 7. — La garde nationale conservera ses armes; elle sera chargée de la garde de Paris et du maintien de l'ordre. Il en sera de même de la gendarmerie et des troupes assimilées, employées dans le service municipal, telles que garde républicaine, douaniers et pompiers; la totalité de cette catégorie n'excédera pas trois mille cinq cents hommes.

Tous les corps de francs-tireurs seront dissous par une ordonnance du gouvernement français.

Art. 8. — Aussitôt après la signature des présentes et avant la prise de possession des forts, le commandant en chef des armées allemandes donnera toutes facilités aux commissaires que le gouvernement français enverra, tant dans les départements qu'à l'étranger, pour préparer le ravitaillement et faire approcher de la ville les marchandises qui y sont destinées.

Art. 9. — Après la remise de forts et après le désarmement de l'enceinte et de la garnison stipulés dans les articles 5 et 6, le ravitaillement de Paris s'opérera librement par la circulation sur les voies ferrées et fluviales (1). Les provisions destinées à ce ravitaillement ne pourront être puisées dans le terrain

---

(1) Le gouvernement français fut autorisé par accord spécial du 30 janvier 1871 à faire usage des lignes ferrées ci-dessous, situées à l'intérieur de la ligne de démarcation :

a) Dieppe, Rouen, Amiens, Creil, Gonesse, Paris ;
b) Paris, Juvisy, Orléans, Vierzon ;
c) Paris, Melun, Moret, Montargis et Nevers.

occupé par les troupes allemandes, et le gouvernement français s'engage à en faire l'acquisition en dehors de la ligne de démarcation qui entoure les positions de l'armée allemande, à moins d'autorisation contraire donnée par les commandants de ces dernières.

ART. 10. — Toute personne qui voudra quitter la ville de Paris devra être munie de permis réguliers délivrés par l'autorité militaire française et soumis au visa des avant-postes allemands. Ces permis et ces visas seront accordés de droit aux candidats à la députation en province et aux députés à l'Assemblée.

La circulation des personnes qui auront obtenu l'autorisation indiquée ne sera admise qu'entre 6 heures du matin et 6 heures du soir.

ART. 11. — La ville de Paris payera une contribution municipale de guerre de la somme de deux cents millions de francs (1). Ce payement devra être effectué avant le quinzième jour de l'armistice. Le mode de payement sera déterminé par une commission mixte allemande et française.

ART. 12. — Pendant la durée de l'armistice, il ne sera rien distrait des valeurs publiques pouvant servir de gage au recouvrement des contributions de guerre.

ART. 13. — L'importation dans Paris d'armes, de munitions ou de matières servant à leur fabrication, sera interdite pendant la durée de l'armistice.

ART. 14. — Il sera procédé immédiatement à l'échange de tous les prisonniers de guerre qui ont été faits par l'armée française depuis le commencement de la guerre. Dans ce but, les autorités françaises remettront, dans le plus bref délai, des listes nominatives des prisonniers de guerre allemands aux autorités militaires allemandes à Amiens, au Mans, à Orléans

---

(1) Le paiement eut lieu le 12 février.

et à Vesoul. La mise en liberté des prisonniers de guerre allemands s'effectuera sur les points les plus rapprochés de la frontière (1). Les autorités allemandes remettront en échange, sur les mêmes points et dans le plus bref délai possible, un nombre pareil de prisonniers français, de grades correspondants, aux autorités militaires françaises.

L'échange s'étendra aux prisonniers de condition bourgeoise, tels que les capitaines de navires de la marine marchande allemande, et les prisonniers français civils qui ont été internés en Allemagne.

ART. 15. — Un service postal pour des lettres non cachetées (2) sera organisé, entre Paris et les départements, par l'intermédiaire du quartier général de Versailles (3).

En foi de quoi les soussignés ont revêtu de leurs signatures et de leur sceau les présentes conventions.

Fait à Versailles, le vingt-huit janvier mil huit cent soixante-et-onze.

Signé : Jules FAVRE.   Signé : V. BISMARCK.

Dès la signature de cet accord des avis préalables furent adressés aux commandements d'armée extérieurs.

N° 654.

Au commandant en chef de l'armée de la Meuse, Margency.

TÉLÉGRAMME   Quartier général, Versailles, 28 janvier 1871, 11 heures soir.

Un accord vient d'être à l'instant conclu avec le gouvernement de Paris en vue de la capitulation et de l'armistice. L'oc-

---

(1) Les prisonniers allemands qui se trouvaient à Paris devaient être remis aux avant-postes allemands, le 31 janvier à midi, sur la route de Créteil; voir n° 669.

(2) A la prière de M. Jules Favre, les lettres purent être cachetées à partir du milieu de février.

(3) Le service télégraphique entre Paris et les départements fut réglé d'une manière analogue le 2 février 1871.

cupation des forts aura lieu par suite demain à partir de
10 heures du matin. L'armée de la Meuse occupera les fortifications de la partie nord de la presqu'île de Gennevilliers, au
nord de la grand'route Neuilly – Bezons; en outre, tous les
forts de la rive droite de la Seine depuis Saint-Denis jusqu'à
la Marne. On pourra à cet effet employer aussi la division
wurtembergeoise. Tenir prêts les détachements pour l'occupation et leur affecter des officiers d'artillerie et du génie. Le
major Krause (1), porteur de plus amples détails, arrivera à
3 heures du matin.

N° 655.

*Aux commandants en chef de la Ire armée, Amiens; de la IIe armée,
Le Mans, et au commandant du XIIIe corps d'armée, Rouen.*

TÉLÉGRAMME   Quartier général, Versailles, 28 janvier 1871, 11 heures soir.

L'armistice vient d'être signé. Il commencera le 31 janvier à
midi. On pourra, sur la demande de l'ennemi, arrêter dès
auparavant les hostilités sur la base du *statu quo*. Des feldjæger sont en route.

N° 656.

Au général de la cavalerie baron de Manteuffel, Vesoul.
(Faire suivre.)

TÉLÉGRAMME   Quartier général, Versailles, 28 janvier 1871, 11 heures soir.

L'accord en vue de la capitulation et de l'armistice vient
d'être conclu avec Paris.

L'armistice commencera ici sur-le-champ, partout ailleurs le
31 courant à midi. Toutefois, les départements de la Côte-d'Or,
du Doubs et du Jura sont exceptés pour le moment et jusqu'à

---

(1) Officier d'état-major du grand quartier général.

l'achèvement des opérations que vous aurez à poursuivre. Le siège de Belfort continuera également. Il ne sera plus possible à l'ennemi après le 31 courant de secourir cette place, le département du Haut-Rhin lui étant interdit. Un feldjæger est en route.

La nouvelle préalable de la conclusion de l'armistice fut immédiatement suivie, pour la III⁰ armée et l'armée de la Meuse, par l'envoi du texte de l'accord. M. de Moltke fut amené à donner quelques indications complémentaires en vue de régler l'occupation devant Paris.

Nᵒ 657.

Au commandant en chef de la III⁰ armée.

Quartier général, Versailles, 28 janvier 1871, 11 h. 30 soir.

J'ai l'honneur d'envoyer ci-joint au commandant en chef, pour avis et exécution, vingt exemplaires de la convention conclue à la date d'aujourd'hui avec le gouvernement de la Défense nationale, en vue de la capitulation et de l'armistice.

Est affecté à la III⁰ armée tout le terrain sur la rive gauche de la Marne, et de la Seine jusqu'au pont de Neuilly. La grand'-route qui mène de ce pont à Bezons servira de limite entre la III⁰ armée et l'armée de la Meuse, le service sur la route et le pont précités étant assurés par la III⁰ armée.

A la droite de la III⁰ armée, la limite entre elle et l'armée de la Meuse sera au pont de Charenton, qu'elle aura également à occuper.

La division wurtembergeoise conservera du reste ses positions sur la rive gauche de la Marne, le commandant en chef de l'armée de la Meuse demeurant chargé d'apprécier s'il y aura lieu de porter des fractions de cette division sur la rive droite.

Le commandant en chef est prié de vouloir bien prendre les mesures qui seraient nécessaires ultérieurement; il fera au plus tôt armer face à l'enceinte de Paris les forts dont la IIIe armée doit assurer l'occupation, etc., et prescrira de renforcer par des travaux de fortification nos lignes qu'il y a lieu maintenant de porter plus en avant. Les troupes techniques de siège et les parcs d'artillerie affectés à la IIIe armée demeureront jusqu'à nouvel ordre à sa disposition.

Le général-lieutenant de Kameke et le général-major prince de Hohenlohe (1) resteront pendant l'armistice chargés de la direction technique supérieure des nouveaux travaux d'armement.

N° 658.

Au commandant en chef de l'armée de la Meuse, Margency.

Quartier général, Versailles, 28 janvier 1871, 11 h. 30 soir.

(Le premier alinéa comme dans le numéro précédent.)

A cet égard, l'armée de la Meuse est chargée de tout le terrain sur la rive droite de la Seine et de la Marne, et sur la rive gauche de la Seine, de la partie nord de la presqu'île de Gennevilliers jusqu'à et non comprise la grand'route qui mène du pont de Neuilly à Bezons. Sur la Marne, l'occupation du pont de Charenton est assurée par la IIIe armée.

Vous apprécierez s'il y a lieu de porter des détachements de la division royale wurtembergeoise sur la rive droite de la Marne en liaison avec les avant-postes de la IIIe armée. Cette division conservera d'ailleurs sa zone de cantonnements sur la rive gauche.

(La fin comme dans les deux derniers alinéas du numéro précédent.)

Le 29 janvier, l'accord conclu fut transmis pour avis, et à toutes fins utiles aux autres commandants en chef, aux gouvernements généraux,

---

(1) Les généraux de Kameke et prince Hohenlohe reçurent les avis et indications nécessaires.

au gouvernement de Metz, au ministre de la guerre, à l'intendant général de l'armée, ainsi qu'aux généraux de Kameke et prince de Hohenlohe;

Au commandant en chef de la IIe armée,

en le priant en même temps d'affecter au XIIIe corps d'armée (quartier général Rouen), sur la rive gauche de la Seine, un secteur correspondant de la ligne de démarcation et de l'en aviser.

En outre, le commandant du XIIIe corps d'armée fut avisé directement (1) par le grand quartier général qui lui communiqua l'accord en question.

Les stipulations ci-dessous, relatives aux conditions de la capitulation et de l'armistice, établies avec la coopération de l'état-major général du grand quartier général et du plénipotentiaire français, furent arrêtées le 29 janvier par le comte de Bismarck. Elles furent, comme la convention du 28, communiquées aux autorités et personnages indiqués plus haut.

Annexe a la Convention du 28 janvier 1871

ARTICLE PREMIER. *Lignes de démarcation devant Paris.* — Les lignes de démarcation seront formées, du côté français, par l'enceinte de la ville; du côté allemand :

1° Sur le front Sud, la ligne partant de la Seine, à la hauteur de l'extrémité nord de l'île Saint-Germain, longera l'égout d'Issy, et continuera entre l'enceinte et les forts d'Issy, de Vanves, de Montrouge, de Bicêtre, d'Ivry, en se tenant à une distance d'environ 500 mètres des fronts des forts, jusqu'à la bifurcation des routes de Paris à Port-à-l'Anglais et d'Alfort;

2° Sur le front Est, depuis le dernier point indiqué, la ligne traversera le confluent de la Marne et de la Seine, longeant

---

. (1) Le commandant du XIVe corps avait demandé télégraphiquement, le 29, des renseignements sur la situation devant Paris. Il lui fut répondu le jour même et par la même voie, par le général de Podbielski, que l'occupation des forts de Paris, faite à la date du même jour, n'avait provisoirement aucune influence sur les opérations de son corps d'armée.

ensuite les lisières de l'ouest et du nord du village de Charenton, pour se diriger directement à la porte de Fontenay, en passant par le rond-point de l'obélisque;

Puis la ligne se dirigera vers le nord, jusqu'à un point à 500 mètres à l'ouest du fort de Rosny, et au sud des forts de Noisy et de Romainville, jusqu'à l'endroit où la route de Pantin touche au bord du canal de l'Ourcq;

La garnison du château de Vincennes sera de 200 hommes et ne sera pas relevée pendant l'armistice;

3° Sur le front Nord, la ligne continuera jusqu'à 500 mètres au sud-ouest du fort d'Aubervilliers, le long de la lisière sud du village d'Aubervilliers et du canal de Saint-Denis, traversant ce dernier à 500 mètres au sud de la courbe, gardant une distance égale au sud des ponts du canal, et se prolongeant en droite ligne jusqu'à la Seine;

4° Sur le front Ouest, à partir du point où la ligne indiquée touche à la Seine, elle en longera la rive gauche en amont jusqu'à l'égout d'Issy.

De légères déviations de cette ligne de démarcation seront permises aux troupes allemandes autant qu'elles seront nécessaires pour établir leurs avant-postes de la manière qu'exige la sûreté de l'armée.

ART. 2. *Passage de la ligne de démarcation.* — Les personnes qui ont obtenu la permission de franchir les avant-postes allemands ne pourront le faire que par les routes suivantes :

Routes de Calais, de Lille, de Metz, de Strasbourg (porte de Fontenay), de Bâle, d'Antibes, de Toulouse, n° 189;

Puis enfin sur les ponts de la Seine, comprenant celui de Sèvres, dont la reconstruction est permise.

ART. 3. *Reddition des forts et redoutes.* — La reddition s'opèrera dans le courant des journées des 29 et 30 janvier 1871, à partir de 10 heures du matin, le 29, de la manière suivante :

Les troupes françaises auront à évacuer les forts et le terrain neutre, en laissant dans chacun des forts le commandant de place, le garde du génie, le garde d'artillerie et le portier-consigne. Aussitôt après l'évacuation de chaque fort, un officier d'état-major français se présentera aux avant-postes allemands, afin de donner les renseignements qui peuvent être demandés sur ce fort, ainsi que l'itinéraire à suivre afin de s'y rendre.

Après la prise de possession de chaque fort, et après avoir donné les renseignements qui pourraient leur être demandés, le commandant de place, le garde du génie, le garde d'artillerie et le portier-consigne rejoindront à Paris la garnison du fort.

ART. 4. *Remise de l'armement et du matériel.* — Les armes, les pièces de campagne et le matériel seront remis aux autorités allemandes, dans un délai de quinze jours à partir de la signature de la présente convention, et déposés par les soins des autorités françaises à Sévran.

Un état d'effectif de l'armement et du matériel sera remis par les autorités françaises aux autorités allemandes avant le 4 février prochain.

Les affûts des pièces qui arment les remparts devront également être enlevés avant cette époque.

Les présentes ont été vues et approuvées, et revêtues de nos signatures, pour servir d'annexes à la convention d'hier 28 janvier 1871.

Fait à Versailles, ce 29 janvier 1871.

Signé : Jules FAVRE.   Signé : v. BISMARCK.

On prit, après la conclusion de l'armistice, des dispositions pour le démantèlement des forteresses conquises (1).

N° 659.

Au gouverneur général de Lorraine, Nancy.

TÉLÉGRAMME Quartier général, Versailles, 30 janvier 1871, 1 heure après-midi.

Faire sauter sans délai les ouvrages de fortifications de Montmédy et de Toul. La 1re compagnie de pionniers de forteresse du IXe corps d'armée, actuellement à Commercy, se rend de là à Montmédy. Le capitaine Westphal y arrivera pour diriger les travaux.

N° 660.

Au gouverneur général de Reims.

TÉLÉGRAMME Quartier général, Versailles, 30 janvier 1871, 1 heure après-midi.

Faire sauter sans délai les ouvrages de fortifications de Laon, Soissons et Sedan (2). Envoyer à cet effet, à Laon, la 2e compagnie de pionniers de forteresse du IXe corps d'armée qui se trouve actuellement à la Fère.

En même temps l'ordre suivant fut envoyé au colonel de Krenski, qui, après la capitulation de Longwy (voir note de la page 639) survenue le

---

(1) Voir n°s 640 et 641.

(2) Le 31 janvier à 10 h. 45 du soir, le gouverneur général de Reims reçut à nouveau l'ordre télégraphique de faire au plus tôt procéder aux démantèlements en question. Le 5 février, au contraire, on indiquait aux deux gouvernements généraux le 19 comme date de cette opération, tout en réservant l'ordre d'exécution. Le 7 février, le gouverneur général de Reims, en réponse à une demande adressée par lui, était avisé d'avoir à évacuer l'armement de Soissons, de Laon et de Sedan, les ouvrages de ces places devant être détruits le 19, si la paix n'était pas conclue. Il y avait lieu de préparer le démantèlement de Mézières et de La Fère. Vitry-le-Français et Rocroy étaient moins importants et on ne devait s'en occuper qu'en seconde ligne. (Cf. page 830.)

25 janvier, s'était, sur avis du grand quartier général, mis en marche le 27 sur Commercy et Langres en vue du siège de cette dernière place.

N° 661.

Au colonel de Krenski, Commercy.

TÉLÉGRAMME   Quartier général, Versailles, 30 janvier 1871, 1 heure après-midi.

Diriger au plus vite et par voie ferrée la 1re compagnie de pionniers de forteresse sur Montmédy, pour en faire sauter les ouvrages.

L'armistice général commencera le 31 à midi.

Portez-vous avec votre détachement jusque dans la région de Chaumont, où vous vous établirez en cantonnements d'après les indications de détail du gouvernement général de Lorraine, sous les ordres duquel vous passez momentanément.

Le gouverneur général de Lorraine fut, d'autre part, avisé et prié en même temps de remettre un état de cantonnement des troupes sur le territoire du gouvernement général pour la durée de l'armistice.

Il était de première importance, en vue de la reprise des hostilités après la fin de l'armistice, de remettre les troupes de campagne sur le pied de guerre.
Le chef de l'état-major général de l'armée avait avant tout besoin à cet égard de l'aide du Ministre de la guerre ; il lui adressa la lettre suivante :

N° 662.

Au général de l'infanterie de Roon, ministre de la guerre.

Quartier général, Versailles, 30 janvier 1871.

Je me permets de demander à Votre Excellence de vouloir bien prendre, en ce qui la concerne, des mesures pour assurer durant l'armistice, l'arrivée des hommes de complément nécessaires pour remettre autant que faire se pourra les troupes de campagne complètement sur le pied de guerre.

Il semble que les décisions spéciales prises par diverses autorités ont pour effet de mettre empêchement à l'accomplissement intégral de ces mesures.

C'est ainsi, par exemple, que le gouverneur de Metz a donné ordre aux bataillons de dépôt placés sous son commandement, de ne déférer aux réquisitions des troupes de campagne correspondantes qu'autant qu'ils conserveraient toujours un minimum de 400 hommes pour le service. Une limite plus élevée encore (500 hommes par bataillon) aurait été fixée par le gouvernement général des côtes.

La justesse de cette manière de voir fut bientôt confirmée. A la date du 3 février, le Ministre de la guerre transmettait une dépêche à lui adressée par le Chancelier de l'Empire et signalant que malgré l'armistice, les Français continuaient leurs préparatifs. S. M. l'Empereur avait ajouté de sa main, sur ce télégramme, une annotation indiquant la nécessité de compléter aussi nos troupes de campagne et de les reporter à l'effectif de guerre.

L'application des stipulations de l'armistice, amena, en plusieurs cas, l'intervention du chef d'état-major général de l'armée en vue de déterminer les généraux français à reconnaître les mesures arrêtées de concert ou de lever des divergences relatives à la ligne de démarcation établie.

C'est ainsi que le commandant français d'Abbeville refusa, après l'ouverture de l'armistice, d'évacuer cette place sans un ordre spécial de son Ministre de la guerre. Le comte de Moltke envoya la réponse suivante à un compte rendu que lui avait adressé à cet égard le général de Gœben, et fit en même temps connaître à cet officier général que le XIII° corps était dissous.

N° 663.

Au commandant en chef de la Ire armée, Amiens.

TÉLÉGRAMME   Quartier général, Versailles, 31 janvier 1871, 1 h. 30 soir.

La question d'Abbeville sera réglée ici. La Ire armée se limi-
.tera en attendant au reste du territoire à elle affecté.

Le XIIIe corps d'armée est dissous. La 17e division et la 5°
division de cavalerie passent sous les ordres de la Ire armée.
La Ire armée occupera avec ces troupes le terrain qui s'étend
sur la rive gauche de la Seine jusqu'à la limite entre les
départements du Calvados et de l'Orne; elle ne pourra pas
employer la 5e division de cavalerie sur la rive droite. La
22e division est réaffectée au XIe corps sur la rive gauche de la
Seine. Le XIIIe corps a été avisé directement (1).

N° 664.

*Au comte de Bismarck-Schœnhausen, chancelier de l'Empire
allemand.*

Quartier général, Versailles, 31 janvier 1871.

D'après un rapport du commandement en chef de la
Ire armée à Amiens, le commandant français d'Abbeville
ne se croit pas le droit d'évacuer cette ville, sans un ordre
formel du Ministre de la guerre français.

Il résulte des termes de la convention du 28 janvier courant
qu'Abbeville ne se trouve pas parmi les places qui doivent

---

(1) En outre, les commandants en chef des IIe et IIIe armées furent, ainsi que
le Ministre de la guerre (le 4 février 1871), avisés également de la suppression
du XIIIe corps. Mais cette mesure ne fut appliquée qu'au commencement de
février, lorsqu'eurent été levées toutes les difficultés provoquées par les généraux français Dargent et Loysel au sujet de la ligne de démarcation.

rester en possession des Français ; elle ne fait pas davantage partie des points laissés en leurs mains sous la dénomination de forteresse, et ne peut à cet égard se comparer à Bitche, Langres, le Havre, etc. J'ai, par suite, l'honneur de demander à Votre Excellence de vouloir bien agir auprès de M. Jules Favre, pour que les indications voulues soient données à cet égard au commandant français d'Abbeville.

De notre côté, nous évacuerons le Cateau-Cambrésis encore occupé par nos troupes.

Le comte de Bismarck répondit le jour même que M. Jules Favre s'était chargé de provoquer auprès du Ministre de la guerre français l'ordre au commandant d'Abbeville de rendre la place (1). En échange, le Chancelier s'était engagé à faire tous ses efforts pour qu'Abbeville n'eût à supporter aucune autre charge en dehors « de sa quote-part de celles qui incombaient au département de la Somme en général ».

Des plaintes arrivèrent d'autre part au sujet de l'attitude des généraux Faidherbe, Chanzy, Dargent, Loysel, et déterminèrent le comte de Moltke à demander l'intervention du Chancelier.

N° 665.

Au comte de Bismarck-Schœnhausen, chancelier de l'empire
allemand.

Quartier général, Versailles, 31 janvier 1871, soir.

J'ai l'honneur de faire connaître à Votre Excellence que, bien que l'armistice semble avoir été reconnu en principe par tous les commandants en chef français, il en est toutefois quelques-uns qui soulèvent des difficultés au sujet de la ligne de démarcation fixée.

C'est ainsi que, d'après un compte rendu envoyé d'Amiens par le général de Gœben, il n'a pas été possible d'obtenir un accord avec les deux officiers français envoyés par le général

---

(1) Abbeville fut occupé par les troupes allemandes le 6 février seulement.

Faidherbe. L'un d'eux est en route pour venir trouver ici M. Jules Favre.

Le commandant en chef de la IIe armée m'informe d'une interprétation donnée par le général Chanzy à l'article 1er de la convention et en vertu de laquelle la ligne de démarcation qui doit passer par Pont-l'Évêque, Brionze, Fromentel et Lignières, devrait laisser les troupes françaises en possession de Lisieux, Livarot, Argentan et Écouché qu'elles occupent pour le moment (1). Et cependant un coup d'œil jeté sur la carte suffit pour faire voir que les localités en question doivent appartenir à la zone affectée aux armées allemandes. Aucune exception, en effet, n'a été stipulée, lors de la détermination de la ligne de démarcation, au sujet des points momentanément occupés par l'une ou l'autre partie. C'est ainsi que pour notre compte, par exemple dans le nord, nous évacuerons divers territoires dont s'est emparée la Ire armée.

Enfin, l'inspecteur général des étapes de la IIe armée me rend compte qu'un commandant en chef français, dont on ne donne pas le nom, s'oppose à la reconstruction du viaduc de la Roche (à l'est de Joigny, dans le nord du département de l'Yonne) détruit par une bande de francs-tireurs, et émet en outre la prétention de rester dans la région.

Comme il ne s'agit pas, semble-il, dans ce dernier cas, d'un désaccord avec des troupes régulières, mais bien des prétentions d'un chef de bande isolé, les ordres nécessaires ont été donnés pour y porter remède sans retard (2).

Quant aux divergences d'avis existant avec les généraux Chanzy et Faidherbe, je me permets de recourir à la bienveillante intervention de Votre Excellence, pour que les indications voulues soient envoyées par le gouvernement de la Défense nationale à ces officiers généraux.

____

(1) En marge, du comte de Bismarck : « Non ».
(2) En marge, du comte de Bismarck : « D'accord ».

Le comte de Moltke put, à la date du 2 février, faire connaître au général de Gœben, au commandant en chef de la IIe armée, ainsi qu'au grand-duc de Mecklembourg-Schwerin, que Jules Favre venait d'adresser une dépêche à Gambetta à Bordeaux, et que les commandants en chef français allaient être avisés, par suite, d'avoir à se conformer à la ligne de démarcation fixée.

Le § 4 de l'article 1 de la convention pour l'armistice donnait tous les droits voulus pour réprimer énergiquement les bandes de francs-tireurs mentionnées plus haut.

N° 666.

Aux gouverneurs généraux de Strasbourg, Nancy, Reims et Versailles.

Quartier général, Versailles, 31 janvier 1871.

On a l'honneur de prier les gouverneurs généraux de vouloir bien, en application du 4e alinéa de l'article 1 de la convention du 28 courant, profiter du délai qui va s'écouler jusqu'à la date du 19 février prochain pour mettre complètement terme aux opérations des francs-tireurs.

On ajouta pour le gouverneur général de Versailles :

Les commandants en chef des Ire, IIe, IIIe armées et de l'armée de la Meuse, sont invités à déférer, dans la mesure de leurs moyens, aux réquisitions qui leur seront adressées en vue de l'application militaire des mesures prescrites à cet égard.

Les commandants en chef furent avisés :

Qu'il semblait désirable que, même en dehors de toute initiative du gouverneur général de Versailles, les mesures voulues fussent prises, en vue de détruire les bandes qui faisaient leur apparition dans l'intérieur de la zone occupée.

Le commandant en chef de la IIIe armée reçut en outre l'avis suivant :

On pourrait spécialement charger le général-major de Fabeck (1) d'entreprendre la pacification complète du département de l'Yonne, à la tête duquel il n'a pas encore été placé d'administration civile. Le point le plus avantageux pour l'établissement de son quartier général serait Auxerre.

L'armée du Sud reçut des indications particulières.

N° 667.

Au commandant en chef de l'armée du Sud.

Quartier général, Versailles, 31 janvier 1871.

On a l'honneur d'informer dès maintenant le commandant en chef que, sitôt que l'armistice aura été étendu aux départements de la Côte-d'Or, du Doubs et du Jura, il y aura lieu d'y assurer la destruction complète des francs-tireurs.

Le 4° alinéa de l'article 1 de la convention du 28 de ce mois nous fournit à cet égard une base satisfaisante.

On fit tout, du côté allemand, pour éviter la famine dans la capitale de la France. Non seulement toutes les provisions dont pouvaient disposer les magasins allemands furent mises à la disposition des autorités parisiennes, mais, en vue de faciliter l'arrivée des trains de ravitaillement, on permit le rétablissement des voies ferrées, etc.

---

(1) Le général de Fabeck avait été dirigé à la tête d'une brigade mixte dans la région Montargis-Sens-Auxerre, pour en faire disparaître les bandes de francs-tireurs (voir n° 650).

N° 668.

A tous les commandants en chef, inspecteurs généraux des étapes, gouverneurs généraux, ainsi qu'au XIII° corps à Rouen (1).

TÉLÉGRAMME   Quartier général, Versailles, 31 janvier 1871, 10 heures matin

Dès la mise en vigueur de l'armistice, il y a lieu de permettre aux autorités françaises de rétablir les voies ferrées et autres communications. Tous les chemins de fer de la zone occupée continueront à être exploités par nous. Enlever les torpilles des cours d'eaux.

Le comte de Bismarck fut averti de ces dispositions.

Le 31 janvier au soir, le commandant en chef de l'armée de la Meuse télégraphia que les avant-postes d'Aubervilliers prétendaient avoir le jour même entendu dans Paris le bruit du canon et de la mousqueterie. On avait, par suite, donné ordre d'occuper avec un bataillon le village de Saint-Ouen, ainsi que la batterie voisine qui se trouvait encore armée et qui menaçait les cantonnements établis dans la presqu'île de Gennevilliers. Le comte de Moltke répondit aussitôt.

N° 669.

Au commandant en chef de l'armée de la Meuse, Margency.

TÉLÉGRAMME   Quartier général, Versailles, 31 janvier 1891, 10 heures soir.

Aviser toutes les troupes de l'armée de la Meuse de ne pas franchir la ligne de démarcation fixée, tant qu'une attaque ennemie n'en aura pas donné le droit.

Toute démarche contraire à la convention est inadmissible

---

(1) L'inspection générale des étapes à Orléans fut chargée de transmettre le télégramme au IX° corps et au général de Fabeck.

Les commissions d'exploitation des voies ferrées reçurent directement du quartier général le télégramme en question, mais sans la dernière phrase.

de notre part. L'ennemi, d'autre côté, n'a pas le droit d'occuper la batterie près d'Ouen (1).

L'application du paragraphe 10 de la convention rencontre aussi certaines difficultés sur le front Sud, mais elle ne semble pas inapplicable, si l'on fait usage du droit de s'écarter un peu de la ligne de démarcation, qui ne constitue pas nécessairement la ligne de défense. On peut rester à la distance qu'on voudra en arrière de cette ligne.

Nos prisonniers doivent être rendus aujourd'hui à Créteil.

M. Jules Favre avait prié le comte de Bismarck de faire aviser les gouverneurs généraux d'avoir, en raison de l'élection prochaine d'une Assemblée nationale convoquée à Bordeaux (2), à donner toute liberté aux administrations municipales pour les opérations du scrutin et l'envoi des résultats au gouvernement à Bordeaux. Le chancelier de l'Empire, consentit à présenter cette requête au chef d'état-major général : il ajouta qu'elle n'était pas en contradiction avec les stipulations de la convention du 28 janvier.

Le comte de Moltke prit à cet égard les dispositions suivantes :

N° 670.

A tous les gouverneurs généraux, commandants en chef (3)
ainsi qu'au gouverneur de Metz.

Quartier général, Versailles, 1er février 1871.

J'ai l'honneur d'envoyer les pièces ci-jointes (4) au gouverneur général (ou commandant en chef) en lui faisant remarquer que S. M. l'Empereur, à la suite du rapport immédiat fait aujourd'hui, a prescrit aux autorités militaires de n'apporter

---

(1) Cette batterie fut désarmée peu après.

(2) Les élections eurent lieu le 8 février; l'ouverture de l'Assemblée nationale à Bordeaux le 12.

(3) Le commandant en chef de la IIe armée reçut un exemplaire spécial pour le général Fabeck. (Voir n° 666.)

(4) Non reproduites.

aucun obstacle à l'application des mesures prévues dans les pièces en question.

Avant que le Chancelier de l'Empire n'eût réglé l'administration civile des départements occupés, le prince Frédéric-Charles avait exprimé le désir de recevoir pleins pouvoirs pour nommer des préfets dans la zone qu'occupait son armée.

Le comte de Moltke fit connaître télégraphiquement son acquiescement.

N° 671.

Au commandant en chef de la IIe armée, le Mans.

TÉLÉGRAMME   Quartier général, Versailles, 1er février 1871, 5 heures soir.

Le commandant en chef est autorisé à installer provisoirement des préfets dans la zone occupée, en attendant les nominations définitives émanant du gouverneur général de Versailles. Faire connaître à celui-ci les personnes provisoirement désignées.

Le comte de Bismarck fut mis au courant et fut en même temps prié de faire le nécessaire en vue d'étendre la zone d'action du gouvernement général de Versailles à tous les territoires qui nous étaient dévolus dans l'Ouest.

Le 5 février, le Chancelier de l'Empire informait le comte de Moltke que S. M. l'Empereur avait daigné charger le général de Fabrice, gouverneur général de Versailles, de l'administration civile de tous les départements occupés par la IIe armée.

Le 31 janvier 1871, le Chancelier de l'Empire exprima par écrit le désir de voir pousser les opérations contre Garibaldi « le plus énergiquement et le plus loin possible, afin d'être à même de ne lui accorder un armistice que sous condition de mettre bas les armes. »

Le comte de Moltke répondit :

Nᵒ 672.

*A M. le comte de Bismarck-Schœnhausen, Chancelier
de l'Empire allemand.*

Quartier général, Versailles, 1ᵉʳ février 1871, dans l'après-midi.

J'ai l'honneur de faire connaître à Votre Excellence, en
réponse à la communication qu'elle a bien voulu me faire
hier au sujet de la continuation des opérations militaires dans
l'Est, que je désirerais beaucoup aussi, pour ma part, voir
Garibaldi forcé de mettre bas les armes. Mais il est douteux
qu'on y puisse réussir : le général de Manteuffel, comme l'exigeait la situation, a dirigé la masse de ses forces sur la rive
gauche du Doubs contre l'objectif militaire le plus important,
l'armée française principale ; il n'a employé d'abord, en face
de Dijon, que la quantité de troupes nécessaire pour se garder de ce côté contre toute tentative faite pour troubler ses
opérations. Le détachement opérant contre Garibaldi vient
bien de recevoir, ces jours-ci, d'importants renforts, mais si
celui-ci se décide à une prompte retraite, il n'est guère admissible qu'on puisse encore réussir à lui infliger un échec définitif.

On ne pourrait compter sur ce résultat que dans le cas où
Garibaldi se maintiendrait encore quelques jours à Dijon.

Nᵒ 673.

Au général de la cavalerie baron de Manteuffel, La Barre.

TÉLÉGRAMME   Quartier général, Versailles, 1ᵉʳ février 1871, 3 h. 44 soir.

Il est désirable que les opérations contre Garibaldi soient
continuées assez longtemps et avec assez de vigueur, pour

que l'armistice ne lui soit accordé, si possible, qu'à condition
de mettre bas les armes.

Il était nécessaire, en vue de la reprise des hostilités après l'achèvement de l'armistice, de s'occuper au plus tôt d'armer contre l'enceinte de
Paris les forts occupés par nous. Les ordres suivants furent donnés à
cet effet :

N° 674.

PLAN GÉNÉRAL DE L'ARMEMENT, ETC., DES FORTS DE PARIS

Quartier général, Versailles, 1er février 1871.

Sa Majesté a daigné donner les ordres suivants, en prévision de la reprise possible des hostilités devant Paris, après
l'achèvement de l'armistice.

I. Les forts d'Issy, de Vanves, de Montrouge, de Charenton,
de Nogent, de Rosny, de Noisy, de l'Est, de la Double-Cou-
ronne et de la Briche, ainsi que les redoutes de Gravelle et de
la Faisanderie devront être armés contre l'enceinte de Paris,
de telle sorte seulement qu'ils servent de points d'appui pour
l'investissement et soient mis complètement à l'abri d'un
assaut. On n'a pas l'intention d'entamer de ces forts une lutte
d'artillerie contre l'enceinte ; il n'y a pas lieu par suite de leur
assurer de complément d'artillerie prussienne.

Au contraire, pousser activement l'installation de locaux
d'habitation pour abriter au besoin la garnison contre le feu
supérieur de l'enceinte.

II. L'attaque en règle qu'il peut devenir nécessaire de
continuer devra être dirigée sur l'angle nord-est, devant
le faubourg de la Villette; cette attaque sera appuyée par
un bombardement simultané de toute la ville venant des
forts du Mont-Valérien (où de Courbevoie au pied de ce fort),

de Bicêtre et de Romainville. Les positions de bombardement du Mont-Valérien et de Bicêtre doivent être protégées contre le feu de l'enceinte qui leur fait face au moyen de fortes batteries qu'il y a lieu d'établir près de Bicêtre et dans le fort d'Ivry et environs. Là, comme au Mont-Valérien, un complément en pièces prussiennes est nécessaire. La IIIe armée disposera à cet effet du matériel qui lui a été jusqu'ici affecté à l'exclusion de tous les mortiers rayés ou lisses et des pièces de 24 court rayées. Ces dernières pièces, ainsi que le matériel en service jusqu'ici dans la zone de l'armée de la Meuse, sont destinés à l'exécution de l'attaque en règle.

Le général-major prince Hohenlohe et le général-lieutenant de Kameke détermineront les renforts en personnel (compagnies d'artillerie et de pionniers de forteresse) devenus nécessaires sur le front Nord. Les travaux d'artillerie et du génie devront donc commencer sans délai dans les forts du Mont-Valérien, d'Aubervilliers, de Romainville, d'Ivry et de Bicêtre. On prendra particulièrement en considération les points suivants :

a) Installation de la plus grande quantité possible de pièces d'artillerie sur toutes les faces battant la ville.

b) Établissement de pare-éclats entre les pièces.

c) Protection des entrées des magasins à munitions ; en cas de nécessité, reporter ces entrées du côté de l'autre front.

d) Établissement de batteries entre les forts là où cela sera possible.

e) Création de traverses en cas d'insuffisance.

f) Établissement de dépôts de poudre et de dépôts de munitions.

g) Établissement d'abris pour les troupes chargées de servir ou de protéger les batteries extérieures.

III. Dans *tous* les forts, il y aura lieu d'exécuter les travaux ci-dessous :

a) Les mettre sur tous les fronts à l'abri d'un assaut de vive force.

b) Créer une entrée du côté opposé à la ville.

c) Mettre les locaux d'habitation à l'abri du feu de la place.

d) Relier télégraphiquement tous les forts entre eux.

e) Sonder le terrain sur tous les fronts du côté de la place, pour y découvrir les fils télégraphiques qui pourraient exister.

IV. On déterminera celles des pièces françaises trouvées, qui seront hors d'état d'être employées par nous. Les affûts en seront brisés. Les canons en fer seront mis hors usage en en détruisant la culasse avec de la dualine; les pièces en bronze seront, autant que possible, évacuées sur l'Allemagne.

Cet exposé fut envoyé dans la matinée du 3 au Ministre de la guerre, aux commandants en chef de la IIIe armée et de l'armée de la Meuse, aux généraux prince Hohenlohe, de Kameke et de Stosch et au colonel Meydam, chef de la télégraphie militaire.

Le 4, les commandants en chef de la IIIe armée et de l'armée de la Meuse furent invités, en outre, à envoyer le tableau des garnisons des divers forts, etc., et à faire connaître :

L'effectif qui serait jugé nécessaire dans le secteur de la   ^e armée, si, une fois application faite des indications données par ordre de Sa Majesté pour l'armement, etc., des forts de Paris, il y avait lieu de continuer l'investissement par suite de la reprise des hostilités après l'armistice.

N° 675.

Aux commandants en chef des Ire, IIe, IIIe armées et de l'armée de la Meuse, ainsi qu'au gouverneur général de Versailles.

Quartier général, Versailles, 5 février 1871.

S. M. l'Empereur et Roi, considérant que jusqu'ici il n'a pas été affecté spécialement de troupes de garnison au gouvernement général de Versailles, **a** daigné décider que cette haute autorité aurait droit d'inviter les commandants en chef des armées cantonnées sur son territoire à lui fournir des troupes lorsque cette allocation deviendrait nécessaire, en vue du maintien de l'ordre ou de l'exécution de mesures administratives et en particulier de la levée d'impôts et contributions.

Sa Majesté entend qu'il soit toujours fait droit aux réquisitions en question, et que la détermination de l'effectif et de la composition des détachements nécessaires soit toujours laissée aux chefs chargés d'appliquer les mesures prévues.

Il devra de même être donné satisfaction préalable aux demandes urgentes adressées par les préfets aux autorités militaires les plus voisines. Celles-ci devront rendre compte par la voie hiérarchique des réquisitions reçues et de la solution qui leur aura été donnée.

Afin d'assurer une base ferme aux demandes dont il s'agit, les commandants en chef devront, aussitôt que possible, envoyer au gouvernement général de Versailles un croquis indiquant les zones de cantonnements des armées, ainsi que les points occupés par les troupes d'étape.

Les poursuites judiciaires militaires contre les étrangers soupçonnés d'être coupables des délits prévus au § 4 de l'ordonnance du 21 juillet 1867, portant règlement sur la justice militaire en temps de guerre, doivent être faites conformément à l'ordonnance du 21 juillet 1867, relative aux étrangers. C'est, par suite, au chef revêtu de la haute compétence au point de vue judiciaire et dont les inférieurs ont saisi l'inculpé qu'il appartient de décider l'application de la justice militaire sommaire ainsi que de sanctionner le jugement rendu.

Les peines à prononcer soit contre des isolés pour contraventions d'autre nature, par exemple désobéissance aux décrets administratifs du gouvernement général, soit contre des communes tout entières en raison de délits commis sur leur territoire par des personnes demeurées insaisissables, sont en tout cas de la compétence du gouvernement général, à moins que celui-ci n'ait donné pour certaines catégories, comme par exemple destruction de communications télégraphiques, etc., des indications valables une fois pour toutes et applicables à toute la région.

Le droit de requérir des troupes en vue d'assurer l'application des peines appartient au gouverneur général ou aux préfets.

Copie du rescrit ci-dessus fut envoyée au Chancelier de l'Empire, au ministre de la guerre, à l'intendant général de l'armée, au chef de la télégraphie militaire, ainsi qu'à la commission exécutive du grand quartier général.

———

Le 2 février, M. Jules Favre, au cours des négociations qui continuaient en vue de régler la situation de Paris (1), avait exprimé le vœu qu'un envoyé spécial français mît le commandant de Belfort au courant de la situation où se trouvait alors la France au point de vue militaire.

———

(1) L'exposé ci-dessous de la situation de la zone neutre devant Paris au point de vue du ravitaillement peut sembler intéressant. M. de Moltke le soumit au Chancelier, en lui envoyant les plaintes du commandant en chef de l'armée de la Meuse, et lui demanda son concours à cet égard : « La zone appelée la plaine de Saint-Denis, qui s'étend entre cette ville et l'enceinte de Paris, est habitée par une nombreuse population ouvrière qui relève de la mairie de Saint-Denis. Jusqu'à l'armistice, c'est cette municipalité qui recevait les vivres à distribuer, et auprès de qui cette population venait les chercher.

Les boulangeries et les abattoirs chargés de fournir le pain et la viande à toute cette population pauvre se trouvent dans la ville de Saint-Denis.

La ligne de démarcation vient couper en deux cette vaste zone, en laissant du côté de Paris la partie de beaucoup la plus importante. Les habitants de cette dernière partie, auxquels l'accès dans Paris est refusé, assiègent à toute heure et par centaines, hommes, femmes et enfants, les bureaux de l'officier chargé d'examiner les titres et laissez-passer des personnes qui demandent à pénétrer dans nos lignes. Cet état de choses peut amener les situations les plus désagréables.

De notre côté, nous ne pouvons rien faire pour la subsistance de la population de la zone neutre ; il n'est du reste pas admissible de donner satisfaction aux besoins de ces habitants à l'aide des magasins qui se trouvent dans nos lignes. Ce serait rendre tout investissement illusoire ». Le comte de Moltke concluait en priant de s'entendre avec M. Jules Favre afin que le ravitaillement de la population de la zone neutre fût toujours assuré par Paris.

Le comte de Moltke écrivit à ce sujet au Chancelier de l'Empire, à la date du 3 :

N° 676.

Au comte de Bismarck-Schœnhausen, chancelier de l'empire allemand.

Quartier général, Versailles, 3 février 1871.

J'ai l'honneur de faire connaître à Votre Excellence que j'ai soumis aujourd'hui à S. M. l'Empereur et Roi les questions dont je me suis entretenu hier avec M. Jules Favre et qui sont du ressort de l'autorité militaire.

Sa Majesté a daigné prendre à ce sujet les décisions suivantes :

1. Rien ne s'oppose à l'envoi d'un officier français à Belfort en vue de renseigner le commandant de cette place. Il serait bon, à mon avis, de faire accompagner cet envoyé par un officier à l'aller et au retour.

2. Les officiers de l'administration centrale de la guerre, à Paris, ne doivent pas être considérés comme prisonniers de guerre.

3. L'envoi en province de la garde mobile qui se trouve actuellement prisonnière de guerre à Paris, envoi demandé par les Français, est d'autant moins admissible que les dernières communications de la Délégation de Bordeaux ou de ses organes dont nous ayons avis ne laissent guère de doute sur l'intention qu'on a là-bas de continuer la guerre à outrance après l'achèvement de l'armistice.

En m'en remettant à Votre Excellence pour transmettre ces décisions à M. Jules Favre, je me permettrai de lui faire remarquer, en outre, que la question de l'installation d'une police dans la zone neutre entourant l'enceinte de Paris a été raitée hier. A mon avis, il y aurait avantage à laisser tout

d'abord cette mission à la police française agissant indépendamment. Ce n'est que dans le cas où les forces de celle-ci
seraient, sur un point ou sur l'autre, insuffisantes pour assurer
le maintien de l'ordre qu'elle devrait requérir l'aide des forces
allemandes immédiatement voisines.

L'emploi à ce dernier point de troupes françaises ou de gardes nationales ne serait pas opportun à mon sens.

Enfin, je me permettrai de soumettre à la bienveillante
appréciation de Votre Excellence l'idée suivante. En vue du
règlement rapïde des nombreuses questions de détail relatives
à la situation de Paris, ne serait-il pas avantageux de constituer ici même une commission mixte (1) composée d'un
fonctionnaire des affaires étrangères, d'un officier allemand
et d'un officier français ?

Je proposerais pour mon compte et à cet égard le lieutenant-
colonel de Verdy du Vernois, chef de section à l'état-major
général. Cette commission pourrait décider elle-même toutes
les questions de peu d'importance, et préparerait toutes les
affaires plus sérieuses dont la solution serait donnée en
haut lieu. Les commissaires allemands adresseraient chaque
jour à Votre Excellence et à moi un court exposé de leurs
travaux, ce qui permettrait d'envoyer en temps opportun
aux autorités militaires et autres les avis voulus.

Le 5 février, le général de Tresckow télégraphia qu'il avait autorisé le
commandant de place de Belfort à envoyer un officier à Bâle. Le comte de
Moltke en référa de suite au Chancelier de l'empire.

---

(1) Il fut donné suite à cette proposition.

Nº 677.

Au comte de Bismarck-Schœnhausen, chancelier de l'empire allemand.

Quartier général, Versailles, 5 février 1871, 4 heures soir.

J'ai l'honneur de faire connaître à Votre Excellence, comme suite à ma dépêche du 3, que d'après un télégramme que je viens de recevoir du général de Tresckow, commandant les troupes devant Belfort, le gouverneur de cette place a prié celui-ci, au nom de l'humanité, de vouloir bien l'autoriser à envoyer un officier à Bâle, en vue de se renseigner sur la situation militaire de la France.

Le général de Tresckow ayant fait droit à cette demande, il n'y a plus à mon sens aucune raison d'envoyer un officier français de Paris à Belfort.

Je vous serais reconnaissant, si vous partagez cette manière de voir, d'en faire part à M. Jules Favre.

Le Chancelier répondit le jour même que Jules Favre n'en avait pas moins exprimé le désir d'envoyer un officier français à Belfort. La chose lui ayant déjà été accordée, il n'était plus guère possible de revenir sur le consentement donné. Le comte de Bismarck priait enfin de faire accompagner l'officier français par un officier du grand quartier général Le comte de Moltke ne fit pas d'autre objection et désigna le capitaine comte Nostitz pour se rendre à Belfort avec le colonel Saunier.

Le 3 février dans l'après-midi (1) on reçut un télégramme du général de Manteuffel daté de Pontarlier (remis à La Barre). Il y rendait compte, à

____

(1) Le même jour à 12 h. 30 du soir, le général de Podbielski avait, sur ordre de Sa Majesté, prié le général de Manteuffel d'envoyer des nouvelles. « Depuis quarante-huit heures nous sommes sans nouvelles de l'armée du Sud. Où en sont les choses devant Dijon ? Sa Majesté désire instamment être renseignée. »
Ce télégramme se croisa avec le télégramme du général de Manteuffel, daté du 2 février, indiqué ci-dessus.

la date du 2, qu'il avait refoulé toute l'armée ennemie dans les montagnes de la frontière. Le 31 janvier, des combats nombreux et acharnés avaient été livrés en montagne en vue de s'emparer du nœud de routes situé près du lac de Saint-Point (au sud de Pontarlier). Le 1ᵉʳ février, l'armée du Sud s'était avancée concentriquement sur Pontarlier, et avait occupé la ville sans résistance. Un violent combat d'arrière-garde s'était ensuite engagé au nœud de routes de la Cluse (sud-est de Pontarlier) et ce point avait été occupé dans la soirée. Le général Hann (1) avait pris Dijon le 1ᵉʳ février.

Le général de Moltke télégraphia :

N° 678.

Au général de la cavalerie baron de Manteuffel, La Barre.

(Faire suivre.)

TÉLÉGRAMME   Quartier général, Versailles, 4 février 1871, 12 h. 30 soir.

D'après les conventions, les opérations ne peuvent pas être étendues aux départements de la Nièvre, de Sâone-et-Loire et de l'Ain (2). Sa Majesté vous laisse libre de donner maintenant aux troupes, après de si grands succès, un repos bien mérité. L'armistice n'est pas encore appliqué là-bas.

Un télégramme officiel de Bordeaux annonce que Garibaldi s'est retiré sur Mâcon, le 24ᵉ corps sur Lyon. Le reste de l'armée de Bourbaki est passé en Suisse.

Appuyer aussi vigoureusement que possible le siège de Belfort (3).

Le 6 février, l'armistice fut appliqué sur la ligne de démarcation fixée ; seuls les gouverneurs de Langres et de Bitche firent encore des difficultés.

---

(1) Le général-lieutenant Hann de Weyhern, commandant la 4ᵉ division d'infanterie.

(2) Au sud du département du Jura.

(3) Le gouvernement général d'Alsace fut également invité, par télégramme à la date du 1ᵉʳ février, à soutenir le général de Tresckow en lui allouant tous les pionniers disponibles durant l'armistice.

Le 4 février, en effet, le gouverneur général de Lorraine faisait connaître télégraphiquement que le gouverneur de Langres refusait de reconnaître l'armistice aussi longtemps que le gouvernement français ne lui aurait pas lui-même fait part de cette convention.

Le comte de Moltke prit les mesures suivantes :

N° 679.

Au gouverneur général de Lorraine, Nancy.

TÉLÉGRAMME　　　　Quartier général, Versailles, 4 février 1871, 11 heures soir.

Si le gouverneur de Langres ne veut pas reconnaître l'armistice, continuer les hostilités. On peut disposer pour investir étroitement la ville du détachement Krenski et des bataillons de landwehr arrivés dernièrement. En cas de continuation des hostilités, un équipage de siège sera amené sans retard (1).

Le gouvernement général de Lorraine rendit compte d'une manière détaillée de l'attitude du gouverneur de Langres. Le télégramme précédent dut par suite être complété par les indications suivantes, que l'on communiqua aussi au Chancelier de l'Empire :

N° 680.

Au gouverneur général de Lorraine, Nancy.

TÉLÉGRAMME　　　　Quartier général, Versailles, 6 février 1871, 12 h. 30 soir.

Par ordre de Sa Majesté, le détachement Krenski et les 10 bataillons de landwehr dernièrement arrivés passeront sous les ordres du général de Manteuffel, chargé de l'investissement et éventuellement du siège de Langres. L'investissement sera immédiatement commencé par le gouvernement général. Les

---

(1) Copie de cette dépêche fut adressée au Chancelier de l'Empire. Le Ministre de la guerre fut averti aussi de la destination donnée au détachement Krenski et aux 10 bataillons de landwehr.

troupes ennemies détachées de Langres seront attaquées et refoulées par les autres troupes du gouvernement général.

N° 681.

Au général de la cavalerie baron de Manteuffel, La Barre.
(*Faire suivre.*)

TÉLÉGRAMME   Quartier général, Versailles, 6 février 1871, 12 h. 30 soir.

Sa Majesté confie à Votre Excellence le soin d'investir Langres et éventuellement de l'assiéger si le gouverneur de cette place forte persiste dans son refus de reconnaître l'armistice. Le gouvernement général à Nancy est avisé d'avoir à cet effet à mettre à la disposition de l'armée du Sud 10 bataillons de landwehr et le détachement du colonel Krenski (6 bataillons, 2 escadrons, 2 batteries et les troupes techniques suffisantes).

Un équipage de siège est en route, venant de Longwy par Chaumont où se trouve le colonel Krenski (1). Laisser au gouvernement général le soin des opérations contre les détachements de la garnison de Langres qui se trouvent dans les Vosges, etc.; cette garnison est évaluée à 20.000 hommes.

De fait, un ordre direct du ministère de la guerre français fut nécessaire, en vue d'arriver à faire reconnaître l'armistice devant Langres (2.)

---

(1) Des indications en conséquence furent envoyées au gouvernement de Metz pour faire diriger l'équipage de siège de Longwy sur Langres par Chaumont.

(2) Le 6 février, le gouvernement général d'Alsace rendait compte télégraphiquement qu'il avait refusé au commandant de place de Bitche l'autorisation d'envoyer un officier à Paris. Le comte de Moltke communiqua la dépêche au chancelier d'Empire en faisant remarquer que cette question pouvait être réglée comme pour Langres, c'est-à-dire au moyen d'un ordre direct du Ministre de la guerre français. (Voir pages 761 et 829 au bas.)

N° 682.

Au gouvernement général de Lorraine, Nancy.

télégramme   Quartier général, Versailles, 6 février 1871, 3 h. 30 soir.

Faire parvenir immédiatement le télégramme suivant à son adresse, et autant qu'il sera possible par télégraphe :

« *Le général Le Flô, ministre de la guerre, au général commandant à Langres.*

» L'armistice conclu à Paris est accepté par la Délégation de Bordeaux et par les armées du Nord, de l'Ouest, du Centre et du Havre. Votre devoir est de vous conformer vous-même aux ordres du gouvernement.

» Veuillez donc cesser immédiatement les hostilités et vous entendre avec le chef des troupes allemandes qui sont devant vous pour la délimitation de la zone dans laquelle vous devez vous renfermer et dont le rayon à partir de Langres doit être de dix kilomètres.

» Je vous en donne, au nom du gouvernement de la Défense nationale, l'ordre formel, en en laissant l'inexécution sous votre responsabilité personnelle. L'Assemblée nationale devra seule décider si la guerre doit être continuée. »

Faire connaître par télégramme si le gouverneur de Langres accepte maintenant l'armistice dont les stipulations l'engagent à tout point de vue.

Le gouverneur de Langres arrêta par suite les hostilités, et se retira le 7 février à l'intérieur de la ligne des forts.

Le comte de Moltke se chargea de transmettre aux généraux Chanzy, Faidherbe, Pourcet et Loysel l'invitation que leur adressait le Ministre de la guerre français pour les convoquer à une conférence à Paris, et fit assurer le passage à ces officiers généraux jusque dans la capitale ennemie.

N° 683.

Au commandant en chef de la IIe armée, Le Mans.

(En cas de déplacement, à ouvrir et à exécuter par le général commandant le IIIe corps d'armée ou par la plus haute autorité militaire présente au Mans.)

TÉLÉGRAMME   Quartier général, Versailles, 6 février 1871, 4 heures soir.

Faire parvenir immédiatement et aussi rapidement que possible le télégramme ci-dessous à son adresse.

« *Le Ministre de la guerre, général Le Flô, à M. le général Chanzy, commandant de l'armée de l'Ouest, à Laval ou à Rennes.*

» Le gouvernement de la Défense nationale a le désir et le besoin de vous entendre et de conférer avec vous. Veuillez en conséquence venir à Paris dans le plus bref délai et par la voie la plus rapide. Partez le jour même de la réception de cette dépêche. L'autorité militaire allemande reçoit l'ordre de l'état-major général de vous délivrer un sauf-conduit et de vous faire accompagner à travers les lignes prussiennes. »

Si le général Chanzy veut se rendre à l'invitation ci-dessus, lui donner un sauf-conduit, et le faire conduire par un officier d'état-major depuis nos avant-postes jusqu'à Paris, aussi rapidement que possible, éventuellement par train spécial. Télégraphier ici si le général Chanzy accepte.

Des télégrammes analogues furent adressés au commandant en chef de la 1re armée à Amiens pour le général Faidherbe, au commandant du 9e corps à Orléans pour le général Pourcet et au commandant du 13e corps à Rouen pour le général Loysel.

Le comte de Moltke avait, en prévision de la reprise des opérations après l'armistice, rédigé quelques courtes notes qui ne portent aucune indication de date, mais qui sont certainement du commencement de février. Elles forment la base des dispositions reproduites aux numéros 685 à 688.

N° 684.

Commandant en chef de l'armée de la Meuse.

(Sans date.)

Mettre le IVe corps d'armée en marche sur Le Mans.

Il passera sous les ordres de la IIe armée : envoyer à celle-ci un tableau de marche établi jusqu'à Chartres.

Commandant en chef de la IIIe armée.

Envoyer sans retard le corps d'armée prussien qu'il désignera occuper Orléans, Blois et Tours.

Communiquer à la IIe armée les dates d'arrivée en ces points.

Cantonnements plus larges, par exemple division wurtembergeoise vers Provins, Meaux.

Commandant en chef de la IIe armée.

Le IVe corps passe sous ses ordres.

Déterminer la marche à partir de Chartres, et la dislocation. Le Ve corps relève la garnison d'Orléans, Blois et Tours. La IIIe armée fera connaître la date.

Prendre toutes les mesures voulues pour qu'immédiatement après l'achèvement de l'armistice la IIe armée puisse rouvrir les opérations avec tous ses quatre corps.

Sa Majesté n'a pas en vue l'occupation d'un point particulier ou d'une zone plus étendue; mais elle entend qu'on prenne pour objectif la destruction de l'armée ennemie, ce qui peut comporter une poursuite acharnée.

Le général de Manteuffel doit, après l'armistice, se diriger avec la plus grande partie de l'armée du Sud vers la Loire. Il atteindra la région de Nevers vers le 24 et empêchera probablement la réunion éventuelle du 25° corps français avec l'armée de Chanzy.

Commandant en chef de l'armée du Sud.

Après l'armistice, faire investir et bombarder Langres par dix bataillons de landwehr et le détachement du colonel Krenski. Besançon reste à observer.

Durant les derniers jours de l'armistice concentrer le général de Werder avec le reste de sa subdivision d'armée vers Chalon-sur-Saône et les VII° et II° corps au sud-est du département de la Côte-d'Or; sitôt l'expiration de l'armistice, entamer la marche sur Nevers et Bourges.

N° 685.

Au commandant en chef de l'armée de la Meuse, Margency.

Quartier général, Versailles, 7 février 1871, 1 heure soir.

Par ordre de Sa Majesté l'Empereur et Roi, le IV° corps d'armée sera retiré de la ligne d'investissement durant la journée du 8 courant. Ce corps sera mis en état de pouvoir se diriger au plus tôt vers Chartres, dès le reçu d'ordres ultérieurs.

N° 686.

Au commandant en chef de la III° armée.

Quartier général, Versailles, 7 février 1871, 1 heure soir.

Par ordre de Sa Majesté l'Empereur et Roi, un corps d'armée prussien de la III° armée sera retiré de la ligne d'investissement durant la journée du 8 courant. Il sera mis en état de pouvoir se diriger au plus tôt vers Orléans dès le reçu d'ordres ultérieurs.

N° 687.

Au commandant en chef de la IIe armée, Tours.

Quartier général, Versailles, 8 février 1871 (partie à 1 heure soir).

Sa Majesté l'Empereur et Roi a daigné décider que la IIe armée serait renforcée par le IVe corps, et que le IXe corps d'armée serait relevé par le Ve.

Les commandants en chef de l'armée de la Meuse et de la IIIe armée sont avisés d'avoir à régler sans délai le mouvement des corps d'armée précités et à vous avertir de l'arrivée des têtes de colonnes à Chartres ou sur la Loire (1).

Le Ve corps ayant reçu la mission d'observer ou de combattre les forces ennemies qui se rassemblent à Bourges, etc., la IIe armée sera donc à même, à l'issue de l'armistice, de faire face à l'armée du général Chanzy avec quatre corps d'armée.

Sa Majesté n'a pas en vue l'occupation d'un point particulier ou d'une zone de terrain plus ou moins grande; le but à atteindre est la destruction de l'armée ennemie, ce qui peut comporter une poursuite acharnée.

En même temps, une partie de l'armée du Sud doit se mettre en marche de Dijon sur la haute Loire vers Nevers, et l'on compte de même employer les troupes rassemblées près de Rouen, contre les corps ennemis en opération sur la basse Seine.

---

(1) Le commandant en chef de l'armée de la Meuse fut invité à mettre le IVe corps en mouvement, le 10 février, dans la direction de Chartres, et à communiquer au commandant en chef de la IIe armée le tableau de marche du corps en question. On ferait parvenir au plus tôt l'indication « d'une zone de marche pour les deux premières étapes, à travers la région occupée par la IIIe armée ».

Le commandant en chef est prié de vouloir bien prendre toutes les mesures voulues pour pouvoir entamer les opérations offensives contre le général Chanzy dès l'issue de l'armistice (1).

N° 688.

Au commandant en chef de la IIIe armée.

Quartier général, Versailles, 8 février 1871 (partie à 1 heure soir).

Par ordre de Sa Majesté l'Empereur et Roi, le Ve corps d'armée sera mis en mouvement sans délai sur Gien, Orléans et Blois, pour y relever le IXe corps, qui doit ensuite se porter dans l'Oues.

C'est donc au Ve corps qu'incombera la mission d'observer les forces ennemies qui se réunissent près de Bourges et de Nevers (jusqu'ici on a été avisé de la formation du 25e corps).

A l'issue de l'armistice, il y aurait lieu tout d'abord de tenir la ligne de la Loire jusqu'à ce que la venue de renforts directs ou l'arrivée des fractions de l'armée du Sud qui doivent, ainsi qu'il est prévu, se diriger sur la haute Loire, vinssent permettre de prendre l'offensive.

„ Faire connaître au plus tôt au commandant en chef de la IIe armée, la date de l'arrivée sur la Loire des têtes de colonnes du Ve corps d'armée.

Il vous appartiendra, dans le cas où vous le jugeriez avan-

---

(1) Cette dépêche, envoyée par la poste de campagne, ne parvint au commandant en chef de la IIe armée que le 13 février 1871, à 6 h. 30 du soir. Ce retard est d'autant plus singulier que le commandant en chef se trouvait à Tours dès le 8 février; il eût été explicable en cas de changement de quartier général à ce moment. Le commandant en chef ayant reçu les tableaux de marche des corps qui lui étaient affectés, sans indications complémentaires, le général de Stiehle en rendit compte au grand quartier général à la date du 12. Le comte de Moltke renouvela télégraphiquement, à la date du 13, l'ordre donné le 8, et renvoya en outre un nouvel exemplaire de toute la dépêche.

tageux, de placer ultérieurement le général-major de Fabeck sous les ordres du commandant en chef du Ve corps d'armée.

Le comte de Moltke fit les réponses suivantes à des demandes du gouverneur général de Lorraine et du général de Manteuffel, au sujet de Langres.

N° 689.

Au gouverneur général de Lorraine, Nancy.

TÉLÉGRAMME   Quartier général, Versailles, 9 février 1871, 11 heures matin.

Par ordre de Sa Majesté, et quoique le gouverneur de Langres ait reconnu l'armistice, le colonel Krenski et les 10 bataillons de landwehr resteront sous les ordres du général de Manteuffel. Ce dernier a été prié de laisser, autant que possible, les bataillons de landwehr dans leurs cantonnements actuels.

N° 690.

Au général de la cavalerie baron de Manteuffel, Dôle.

TÉLÉGRAMME   Quartier général, Versailles, 9 février 1871, 11 heures matin.

Le gouverneur de Langres vient de reconnaître l'armistice; il n'y a pas lieu, par suite, d'ouvrir les hostilités. Votre Excellence conservera le commandement supérieur sur le détachement Krenski qui se trouve à Chaumont et sur les 10 bataillons de landwehr que désignera le général Bonin (1) et qui se trouvent actuellement répartis sur le territoire du gouvernement général. Il est désirable de n'apporter des modifications à la répartition de ces troupes que quand, avant la réouver-

---

(1) Gouverneur général de Lorraine.

ture des hostilités, il y aura lieu de les diriger vers Langres. Donner des indications au sujet de l'équipage de siège qui a été mis préalablement en route sur Chaumont. Je propose de s'en remettre au colonel Krenski pour les mesures nécessaires.

A l'issue de l'armistice, qui sera du reste prolongé probablement, il y aura lieu d'entamer de suite l'investissement étroit et le siège de Langres. Sa Majesté approuve les dispositions prises au sujet de l'armée du Sud.

Le 9 février, le général de Tresckow télégraphia que le colonel Denfert, gouverneur de Belfort, demandait un armistice en attendant l'arrivée des ordres de son gouvernement. Il avait repoussé cette demande, le colonel Denfert ne voulant pas consentir à rendre la place.

Le gouverneur de Belfort pria alors de provoquer une décision de la part de Sa Majesté. Le général de Tresckow repoussa préalablement cette demande, mais rendit compte à Versailles de l'état des négociations. Le chef d'état-major général de l'armée fit immédiatement la réponse suivante sur ordre de Sa Majesté.

N° 691.

Au général-lieutenant de Tresckow, Bourogne.

TÉLÉGRAMME   Quartier général, Versailles, 9 février 1871, 1 heure soir.

Sa Majesté estime Elle aussi qu'il n'y a pas lieu de conclure l'armistice devant Belfort, mais de pousser le siège jusqu'à la reddition. Faire connaître au gouverneur que c'est là la décision prise par Elle.

Avis de ces événements fut donné au Chancelier de l'empire.

N° 692.

*Aux commandants en chef de la IIIᵉ armée et de l'armée
de la Meuse.*

Quartier général, Versailles, 10 février 1871.

En raison de diverses plaintes au sujet de la cherté crois-
sante des vivres, Sa Majesté l'Empereur et Roi a daigné décider
qu'il y avait lieu de contrôler dans les cantonnements l'expor-
tation des vivres en vue de la vente dans Paris. Les avant-
postes recevront des instructions sévères pour ne laisser passer des vivres sur Paris que dans les cas spécialement autorisés
par l'intendant général.

N° 693.

*Au comte de Bismarck-Schœnhausen, chancelier de l'empire
allemand.*

Quartier général, Versailles, 11 février 1871.

Les deux tiers de l'armistice conclu le 28 janvier dernier
sont maintenant écoulés; il devient nécessaire d'envisager
l'hypothèse de la réouverture des hostilités le 19 février à
midi. Les mesures militaires à prendre à cet égard ne souf-
frent plus que peu de retard, la concentration des troupes
actuellement réparties en de larges cantonnements nécessi-
tant plusieurs jours.

Au contraire, il serait désirable, en cas de prolongation de
l'armistice, d'épargner aux troupes les mouvements de concentration précités.

Dans ces conditions, je me permets de prier Votre Excellence de vouloir bien me faire connaître, aussitôt que cela
sera possible, s'il faut s'attendre à la réouverture des hostilités

pour le 19, ou bien s'il est probable que l'armistice sera prolongé.

Il serait désirable, dans ce dernier cas, que l'entente définitive fût établie au plus tôt. Je me permettrai du reste de faire remarquer à ce sujet que la reprise énergique des hostilités devant Paris et en province ne serait nullement en opposition avec les intérêts militaires.

Le comte de Bismarck répondit le 12 qu'il serait probablement nécessaire de prolonger l'armistice pour peu de temps. Il pria en même temps de vouloir bien indiquer les conditions qui sembleraient avantageuses au point de vue militaire.

Le comte de Moltke les fit connaître le lendemain.

Nº 694.

Au comte de Bismarck-Schœnhausen, chancelier de l'empire allemand.

Quartier général, Versailles, 13 février 1871, 6 heures soir.

J'ai l'honneur de faire connaître ci-dessous à Votre Excellence, en réponse à la lettre qu'elle m'a fait l'honneur de m'adresser le 12 courant, les conditions désirables en cas de prolongation éventuelle de l'armistice. Elles ont au préalable obtenu l'assentiment de Sa Majesté l'Empereur et Roi.

I. Au point de vue général, il semble juste, dans les stipulations ultérieures, de désigner par l'expression de « Capitulation de Paris » la situation de fait qui existe actuellement.

Comme on ne peut prévoir avec certitude les éventualités que peut amener la situation extraordinaire de Paris et de la France entière, les armées allemandes disposeraient ainsi du droit d'occuper à tout moment soit la ville, soit une de ses parties, ce que certains événements peuvent rendre nécessaire.

On peut toutefois admettre que, à moins d'éventualités extraordinaires et venant à les y forcer, les troupes allemandes ne pénètrent dans la ville que peu de jours avant la fin de l'armistice.

La déclaration publique de la capitulation de Paris nous procurera en outre le droit de réclamer, sans autre forme de procès, les trophées, etc., enlevés aux troupes allemandes dans les guerres précédentes, et de prendre possession de tous les objets importants pour nous qui peuvent se trouver dans les archives françaises. Ce sont, par exemple, les collections de modèles, les plans des forteresses françaises, les levés originaux des provinces à céder à l'Allemagne, etc. (1).

Remarquons enfin à ce sujet, que cette déclaration sera accueillie avec grande satisfaction dans les armées allemandes. Ce sera pour elles le prix des fatigues extraordinaires supportées par elles devant Paris que de voir la chute de cette capitale constatée d'une manière certaine par la capitulation rendue publique.

II. Il semble désirable, en vue de garantir l'armée soit contre de nouveaux combats possibles, soit contre des mouvements révolutionnaires, d'exiger la remise des armes de la garde nationale de Paris.

La remise de ces armes peut avoir lieu successivement, et l'on peut même admettre qu'une certaine quantité, 60.000 à 80.000, soit conservée. Le gouvernement français les emploierait à armer en vue du maintien de l'ordre les éléments les plus sûrs de la garde nationale.

Je me permets enfin d'ajouter que, si le gouvernement français venait à exprimer à nouveau le vœu d'être autorisé à renvoyer dans leurs foyers les gardes mobiles de province se

---

(1) Les commandants en chef furent invités par le général de Podbielski à faire exécuter le levé topographique des champs de bataille.

trouvant à Paris, il y aurait lieu de ne lui donner satisfaction que contre une concession équivalente de sa part.

Cette concession pourrait être la suppression de tout ce qu'on a nommé camps stratégiques ou d'instruction, ainsi que le retrait de la loi actuellement en voie d'application et prescrivant la levée des recrues, etc., de 1871 qui sans cela n'auraient dû être appelées qu'en 1872.

Je crois devoir encore faire remarquer que dans les armées françaises de province il a été procédé à un tel amalgame de la ligne, des mobilisés et des mobiles, que le renvoi d'une quelconque de ces catégories met en danger l'existence de ces armées, et enlève au gouvernement français son point d'appui en province. L'existence des camps d'instruction, la levée de recrues indiquée plus haut sont les mesures les plus importantes en vue de la continuation de la guerre, et le licenciement réclamé par nous permettrait en même temps au gouvernement français de prouver ses intentions pacifiques.

* * *

N° 695.

*Aux commandants en chef de la IIIe armée
et de l'armée de la Meuse.*

Quartier général, Versailles, 11 février 1871.

Prière de vouloir bien prescrire au colonel de Rieff et au colonel Bartsch d'envoyer d'ici le 17 au soir, au général major prince de Hohenlohe, un compte rendu direct (télégraphique) (1) indiquant si l'état de l'armement des forts permet, dans le cas où Sa Majesté viendrait à le prescrire, d'ouvrir le feu le 19 à midi.

---

(1) Pour l'armée de la Meuse seulement.

Les officiers précités devront, en outre, aviser immédiatement le général major prince de Hohenlohe des empêchements apportés à l'exécution des travaux d'armement et qui pourraient rendre douteux le résultat dont il s'agit.

N° 696.

Au général de l'infanterie de Roon, ministre de la guerre.

Quartier général, Versailles, 11 février 1871.

J'ai l'honneur de prier Votre Excellence de vouloir bien me faire connaître si les 12 bataillons de landwehr restés jusqu'ici en Allemagne, mais que Votre Excellence a déclarés disponibles, et si les 4 bataillons de landwehr appartenant à la 3ᵉ division de réserve et restés également jusqu'ici en Allemagne, peuvent être amenés sur le théâtre de la guerre, et à quelle date.

Je me permettrai de faire à cet égard remarquer à Votre Excellence que l'entrée en ligne des bataillons précités pour le 19 février, ou peu après, me paraît chose très désirable Il s'agit de se préparer en vue de l'ouverture possible des hostilités, à assurer l'occupation du territoire ennemi déjà entre nos mains (1).

Le Ministre de la guerre dans sa réponse du 12, se réserva encore l'indication de l'époque à laquelle les bataillons de landwehr seraient disponibles.

---

(1) Cette dépêche porte en marge l'annotation ci-dessous (au crayon) du ministre de la guerre : « Tous mes regrets. Pas avant que les troupes de garnison ne soient tout à fait complétées et consolidées. Après la chute de Paris, il y aurait lieu à mon avis de renvoyer la landwehr dans ses foyers, plutôt que d'en amener en France. Les opérations d'une guerre qui nous mène jusqu'aux pieds des Pyrénées constituent une tâche qui nécessiterait pour nous des années à moins d'une tension exagérée de nos forces. »

En considération de la vaillante conduite des défenseurs de Belfort, il leur avait été accordé par le grand quartier général de Versailles des stipulations plus favorables, mais à condition d'une reddition immédiate. Avis fut donné au Chancelier de l'empire.

N° 697.

Au comte de Bismarck-Schœnhausen, chancelier de l'Empire allemand.

Quartier général, Versailles, 11 février 1871, au soir.

Sa Majesté l'Empereur et Roi consent, dans le cas où Belfort capitulerait immédiatement, à accorder à la garnison le droit de se retirer avec les honneurs de la guerre, en emportant les archives de la place.

J'ai l'honneur de m'en remettre à Votre Excellence pour inviter le gouvernement de la Défense nationale à aviser en conséquence.le gouverneur de Belfort et à lui faire remarquer que le commandant du corps de siège attend à cet égard les propositions du gouverneur de la place.

Les généraux de Manteuffel et de Tresckow reçurent à la date du 12 les pouvoirs voulus.

N° 698.

Au général de la cavalerie baron de Manteuffel, Dijon.

TÉLÉGRAMME   Quartier général, Versailles, 12 février 1871, midi.
(parti à 1 heure soir).

Par ordre de Sa Majesté, si le gouverneur de Belfort offre de rendre la place, à condition que la garnison pourra se retirer avec les honneurs de la guerre et en emportant les archives, ces offres seront acceptées. Le général de Tresckow en est avisé directement. Prière à Votre Excellence de faire préparer les routes d'étapes pour le mouvement de la garnison française,

le gouverneur de Belfort devant probablement recevoir des
indications de son gouvernement.

N° 699.

Au général-lieutenant de Tresckow, Bourogne.

TÉLÉGRAMME   Quartier général, Versailles, 12 février 1871, midi
(parti à 1 h. 15 soir).

Si le gouverneur de Belfort offre de rendre la place à condition que la garnison pourra se retirer avec les honneurs de la
guerre et en emportant les archives, Sa Majesté vous autorise
à accepter. Le général de Manteuffel a été préalablement avisé
de préparer une ligne d'étapes pour la garnison française.

Sitôt le reçu de cette dépêche, le général de Tresckow télégraphia au
grand quartier général pour demander si l'on ne pouvait pas lui accorder
encore un délai de quarante-huit heures, afin qu'il pût imposer des conditions au gouverneur de Belfort. Le 14, au plus tard, il allait ouvrir le
feu depuis Les Perches (1) avec 60 pièces, et comptait s'avancer à la sape
dès la nuit du 14.

Le chef d'état-major général de l'armée avait reçu entre temps du
Chancelier de l'empire, la copie du télégramme adressé au colonel Denfert
par le gouvernement français, pour inviter éventuellement cet officier à
rendre la place. Il répondit comme il suit au général de Tresckow :

N° 700.

Au général-lieutenant de Tresckow, Bourogne.

TÉLÉGRAMME   Quartier général Versailles, 13 février 1871, 12 h. 30 soir
(départ à 1 h. 30 soir).

On ne reprendra pleine liberté d'action au sujet de la capitulation que si le gouverneur de Belfort refuse de rendre la

---

(1) Les Hautes et Basses-Perches, forts de Belfort.

place aux conditions favorables qui ont été arrêtées ici, et après qu'il en aura eu connaissance par la dépêche que lui envoie son gouvernement. Jusque-là nous sommes liés.

Le comte de Bismarck avait transmis au comte de Moltke une prière de Jules Favre, relative à l'extension de l'armistice aux départements du Doubs, de la Côte-d'Or et du Jura, ainsi qu'à une entente prochaine sur la ligne de démarcation dans cette région. Le comte de Moltke envoya à cet égard les propositions suivantes :

N° 701.

Au comte de Bismarck-Schœnhausen, chancelier de l'empire allemand.

Quartier général, 12 février 1871 (partie à 6 heures soir).

J'ai l'honneur de faire connaître à Votre Excellence, en lui retournant ci-joint le télégramme de M. Jules Favre, qu'elle a bien voulu me transmettre, qu'au point de vue militaire il n'y a aucun inconvénient à étendre l'armistice aux départements du Doubs, de la Côte-d'Or et du Jura, et à arrêter ainsi par une convention les opérations militaires, qui de fait sont déjà suspendues dans tout l'est de la France.

On pourrait admettre comme condition préalable de cet arrangement, et ce conformément à l'attitude déjà adoptée par nous, la reddition de la place de Belfort aux clauses déjà adoptées de part et d'autre.

La ligne de démarcation à déterminer devrait, si l'on prenait exclusivement pour base le *statu quo* militaire, suivre la limite sud des départements de la Côte-d'Or et du Jura. Ces départements, comme celui du Doubs, se trouvent dans nos mains, sauf les places fortes.

Toutefois, je ne vois aucun inconvénient à laisser aux Français la partie sud du département du Jura, de telle sorte que

Lons-le-Saunier demeure en notre possession. La considération que rien ne nous empêche maintenant d'entamer l'attaque des places de Besançon et d'Auxonne suffira sans doute pour faire admettre aux négociateurs français une ligne de démarcation passant à 11 kilomètres au sud de Lons-le-Saunier.

Votre Excellence pourra, et je m'en remets à elle à cet égard, accorder à la place de Besançon une zone de 10 kilomètres de rayon, tandis que 3 kilomètres suffiront, semble-t-il, pour la petite place d'Auxonne et pour les forts situés dans le Jura. Une convention de ce genre devrait aussi résoudre à notre avantage la question de l'emploi de la ligne ferrée qui mène de Gray à Dijon par la rive droite de la Saône. Le parcours libre pour les communications de tout genre à travers la zone neutre d'Auxonne devrait, en outre, nous être tout spécialement réservé.

J'ai l'honneur de faire connaître à Votre Excellence, en lui confiant le soin de la suite ultérieure à donner à cette question, que Sa Majesté l'Empereur et Roi a daigné approuver les idées exposées ci-dessus.

Le même jour, le comte de Bismarck avait fait connaître qu'en raison du résultat des élections il y avait lieu de s'attendre à la prolongation de l'armistice.

Le commandement supérieur envoya, par suite, l'avis suivant aux commandants en chef des armées.

N° 702.

Aux commandants en chef de la Ire armée à Amiens, de la
IIe armée à Tours et de l'armée du Sud à Dijon.

TÉLÉGRAMME   Quartier général, Versailles, le 13 février 1871, 1 heure soir.

La prolongation de l'armistice étant très probable, Sa Majesté prescrit de surseoir jusqu'à nouvel ordre aux mouvements de concentration prévus pour la reprise éventuelle des hostilités.

Ajouté pour la IIe armée :

Ceci ne concerne pas les modifications apportées à la dislocation des IVe et IXe corps.

Le 13 février, l'armistice fut étendu aux fractions de territoire où il n'était pas encore appliqué.

N° 703.

Au général de la cavalerie baron de Manteuffel, Dijon.

TÉLÉGRAMME   Quartier général, Versailles, 13 février 1871, 9 heures soir.

L'armistice est étendu aux départements de l'Est. Les départements du Doubs, de la Côte-d'Or et du Jura restent affectés aux troupes d'occupation allemandes, à l'exception de la partie Sud de ce dernier, délimitée par une ligne tracée à 11 kilomètres au sud de Lons-le-Saunier. Besançon a une zone de 10 kilomètres, Auxonne et les petit forts du Jura une zone de 3 kilomètres chacun. La ligne Gray, Dijon, même à l'intérieur de la zone neutre d'Auxonne, reste à notre disposition. Par contre, les Français conservent l'usage complet de la ligne Nevers, Chagny, Chalon-sur-Saône. La reddition de Belfort aux conditions déjà indiquées fait partie des stipulations. Le général de Tresckow est à aviser par vos soins. Arrêter par suite tout mouvement offensif de l'armée du Sud et s'entendre préalablement pour les mesures ultérieures avec les commandants en chef ennemis.

M. Jules Favre avait demandé au chancelier de l'empire que les lignes ferrées de Tours à Orléans, Châtellerault, Saumur, Vierzon, fussent rendues à la circulation sitôt rétablies. Le comte de Bismarck avait, dans sa lettre du 11 février adressée au chef d'état-major général de l'armée, insisté en faveur de cette demande, dont la satisfaction ne pouvait que mieux faire sentir aux Français tous les bienfaits de la paix.

Le comte de Moltke répondit :

N° 704.

Au comte de Bismarck-Schœnhausen, chancelier de l'empire allemand.

Quartier général, Versailles, 13 février 1871.

J'ai l'honneur de faire connaître à Votre Excellence, en réponse à la lettre qu'elle a bien voulu m'adresser le 11 courant, que le commandant en chef de la IIe armée a été avisé télégraphiquement, à la date d'hier, d'avoir à autoriser les Français à reprendre l'exploitation sur les lignes ferrées de Tours à Châtellerault, Saumur et Vierzon. Toutefois, des considérations militaires obligent l'autorité allemande à conserver l'exploitation de la ligne d'Orléans à Tours. Il n'y a cependant pas d'inconvénient à permettre aux Français d'utiliser ces lignes dans les conditions qui ont été réglées déjà de concert avec eux au sujet d'autres lignes occupées et exploitées par nous. La IIe armée a reçu des instructions (1) dans ce sens.

---

(1) Elles n'ont pas été reproduites, leur texte étant à peu près le même que celui de la lettre ci-dessus.

Le général de Gœben, dans une dépêche du 11, datée d'Amiens, s'était exprimé comme il suit au sujet des opérations ultérieures de la Iʳᵉ armée en cas de réouverture des hostilités : « Si la guerre venait réellement à continuer, je serais d'avis de prendre d'abord une attitude expectante du côté de la Seine et face à l'armée du Havre (général Loysel) et de rester sur la défensive, ou d'attirer cette armée le plus possible en avant pour l'attaquer vigoureusement et avec d'autant plus de chances qu'elle se serait plus avancée. Du côté de l'armée du Nord (général Faidherbe), au contraire, il y aurait lieu de prendre de suite une offensive énergique et de manière à la couper de la mer, et à l'aborder par l'ouest pour la rejeter sur ses places. »

La réponse du comte de Moltke fut la suivante :

Nᵒ 705.

Au général de l'infanterie de Gœben, Amiens.

Quartier général Versailles, 14 février 1871.

J'ai l'honneur de faire connaître à Votre Excellence, en réponse à la lettre qu'elle a bien voulu m'adresser à la date du 11 courant, que je partage complètement les vues qu'elle y a développées au sujet des opérations à exécuter par la Iʳᵉ armée après l'expiration de l'armistice. La 17ᵉ division, suivant les prévisions, restera à votre entière disposition dans les rangs de la Iʳᵉ armée.

Votre Excellence a reçu entre temps le télégramme du 13 courant, qui indique la probabilité d'une prolongation de l'armistice, et prescrit de surseoir jusqu'à nouvel ordre aux mouvements de concentration qu'on avait l'intention de faire exécuter. Dans ces conditions il ne serait pas admissible, pour le moment, de procéder au barrage de la Seine en coulant des navires, ou en posant des torpilles, ni de restreindre les facilités qui ont été apportées momentanément au transit.

Il pourrait peut-être devenir nécessaire d'entraver temporairement ou même d'arrêter complètement l'afflux trop rapide des ravitaillements qui sont dirigés sur Paris par voie ferrée; ces mesures seraient à prendre dans le cas où l'on viendrait à remarquer des tendances nouvelles à la résistance, ou bien si la négligence apportée à la livraison des armes dans les délais fixés par la convention, négligence remarquée ces jours derniers, devenait chose constante.

Les mesures qu'il y aurait lieu de prendre à cet égard seront notifiées à Votre Excellence en temps utile.

Hier soir un accord est intervenu en vue d'étendre l'armistice aux trois départements du Doubs, de la Côte-d'Or et du Jura; Belfort nous est livré à condition pour la garnison de pouvoir se retirer librement. Notre zone d'occupation s'étend à l'ensemble des trois départements précités, à l'exception de la pointe sud-est du département du Jura et des places fortes de Besançon, etc., qui sont encore aux mains des Français.

Dans le cas où l'armistice actuellement conclu et dont la prolongation est éventuelle ne conduirait pas à la paix, il a été décidé que l'on entamerait de suite le siège de Langres. De plus, les IVe et V^e corps d'armée se sont mis en mouvement il y a quelques jours déjà, le premier pour aller renforcer directement la IIe armée, l'autre pour aller relever le IXe corps d'armée à Gien, Orléans et Blois.

La prolongation de l'armistice, décidée le 15 par entente entre le comte de Bismarck et M. Jules Favre, donna lieu aux communications suivantes :

N° 706.

A tous les commandements en chef, gouverneurs généraux,
et au gouverneur de Metz (1).

TÉLÉGRAMME   Quartier général, Versailles, 16 février 1871, 12 h. 45 soir.

L'armistice avec ses stipulations précédentes est prolongé jusqu'au 24 courant à midi, et étendu à toute la France.

---

(1) Avis fut donné également aux généraux de Kameke et prince de Hohenlohe.

On ajouta pour le gouvernement général d'Alsace :

Vos comptes rendus au sujet de la place de Bitche ont été transmis au Chancelier de l'empire. La solution n'est pas encore intervenue.

Ceci avait trait à un compte rendu du gouvernement général, daté du 12 février, exposant que le commandant de Bitche n'avait pas encore reçu d'avis de son gouvernement.

––––––––

Le 15 février, le gouverneur de Belfort se déclara prêt à rendre la place aux conditions décidées. Mais les pourparlers traînèrent en longueur, les Français ayant réclamé le droit d'emporter l'artillerie de forteresse et les réserves d'armes.

Le général de Tresckow en rendit compte au grand quartier général et reçut la réponse suivante du comte de Moltke :

N° 707.

Au général-lieutenant de Tresckow, Bourogne.

TÉLÉGRAMME   Quartier général, Versailles, 16 février 1871, 12 h. 30 soir.

L'article 1er de la convention arrêtée ici à la date du 15 débute par les phrases suivantes :

Suivent les deux premiers alinéas de l'article 1er de la convention donnée plus loin.

Cela donne tort aux prétentions du gouverneur.

Compte rendu fut adressé en même temps au Chancelier de l'empire, afin qu'il provoquât de la part du gouvernement français des communications officielles adressées au gouverneur de Belfort.

Le 17 février, le texte de la convention fut communiqué dans son intégrité.

N° 708.

*A tous les commandants en chef, gouverneurs généraux
et au gouverneur de Metz.*

Quartier général, Versailles, 17 février 1871.

J'ai l'honneur de porter à votre connaissance le texte de la
convention additionnelle arrêtée à la date du 15 février courant, par S. E. le comte de Bismarck, chancelier de l'empire
allemand, et M. Jules Favre.

ANNEXE

Versailles, le 15 février 1871.

Les soussignés, munis des pouvoirs en vertu desquels ils
ont conclu la convention du 28 janvier; considérant que, par
ladite convention, il était réservé à une entente ultérieure de
faire cesser les opérations militaires dans les départements
du Doubs, du Jura, de la Côte-d'Or et devant Belfort, et de
tracer la ligne de démarcation entre l'occupation allemande
et les positions de l'armée française à partir de Quarré-les-
Tombes, dans le département de l'Yonne, ont conclu la convention additionnelle suivante :

ARTICLE PREMIER. — La forteresse de Belfort sera rendue
au commandant de l'armée de siège avec le matériel de guerre
faisant partie de l'armement de la place.

La garnison de Belfort sortira de la place avec les honneurs
de la guerre, en conservant ses armes, ses équipages et le
matériel de guerre appartenant à la troupe, ainsi que les
archives militaires.

Les commandants de Belfort et de l'armée de siège se
mettront d'accord sur l'exécution des stipulations qui pré-

cèdent, ainsi que sur les détails qui n'y sont pas prévus et sur
la direction et les étapes dans lesquelles la garnison de Belfort
rejoindra l'armée française au delà de la ligne de démarcation.

ART. 2. — Les prisonniers allemands se trouvant à Belfort
seront mis en liberté.

ART. 3. — La ligne de démarcation, arrêtée jusqu'au point
où se touchent les trois départements de l'Yonne, de la Nièvre
et de la Côte-d'Or, sera continuée le long de la limite méridionale du département de la Côte-d'Or jusqu'au point où le
chemin de fer qui de Nevers, par Autun et Chagny, conduit à
Chalon-sur-Saône, franchit la limite dudit département. Ce
chemin de fer restera en dehors de l'occupation allemande, de
manière que la ligne de démarcation, en se tenant à la distance
d'un kilomètre de la ligne ferrée, rejoindra la limite méridionale du département de la Côte-d'Or à l'est de Chagny, et
suivra la limite qui sépare le département de Saône-et-Loire
des départements de la Côte-d'Or et du Jura. Après avoir
traversé la route qui conduit de Louhans à Lons-le-Saunier,
elle quittera la limite départementale à la hauteur du village
de Mallerety, d'où elle se continuera de manière à couper le
chemin de fer de Lons-le-Saunier à Bourg (1), à une distance
de onze kilomètres sud de Lons-le-Saunier, se dirigeant de là
sur le pont de l'Ain, sur la route de Clairvaux, d'où elle suivra
la limite nord de l'arrondissement de Saint-Claude jusqu'à la
frontière suisse.

ART. 4. — La forteresse de Besançon conservera un rayon
de dix kilomètres à la disposition de la garnison. La place
forte d'Auxonne sera entourée d'un terrain neutre de trois
kilomètres, à l'intérieur duquel la circulation sur les chemins
de fer qui de Dijon conduisent à Gray et à Dôle sera libre pour
les trains militaires et l'administration allemande.

____

(1) Au nord-est de Lyon.

Les commandants des troupes, de part et d'autre, règleront le ravitaillement des deux forteresses et des forts qui, dans les départements du Doubs et du Jura, se trouvent en possession des troupes françaises, et la délimitation des rayons de ces forts, qui seront de trois kilomètres chacun. La circulation sur les routes ou chemins de fer traversant ces rayons sera libre.

ART. 5. — Les trois départements du Jura, du Doubs et de la Côte-d'Or seront compris, dès à présent, dans l'armistice conclu le 28 janvier, en y appliquant, pour la durée de l'armistice et pour les autres conditions, la totalité des stipulations consignées dans la convention du 28 janvier dernier.

Approuvé à Versailles, le 15 février 1871.

Signé : Jules FAVRE.   Signé : v. BISMARCK.

N° 709.

Au commandant en chef de l'armée du Sud, Dijon.

Quartier général, Versailles, ce 17 février (partie le 18).

Sa Majesté l'Empereur et Roi a décidé qu'une fois l'occupation de Belfort effectuée, il serait constitué de nouveau, avec les troupes de la 1re division de réserve et du détachement du général-major de Debschitz, une division qui resterait également sous les ordres du général-lieutenant de Tresckow. Elle porterait le titre de « 1re division de réserve » et aurait l'effectif suivant :

    1 régiment d'infanterie de ligne,
   12 bataillons de landwehr,
    4 escadrons,
    4 batteries de réserve,
    1 compagnie de pionniers de forteresse.

D'autre part, le général-major de Debschitz avec :

8 bataillons de landwehr,

2 escadrons,

1 batterie de réserve,

devra être remis à la disposition du gouvernement général d'Alsace, qui devra, avec ces troupes, assurer la constitution de la garnison de Belfort.

Sa Majesté confie au soin du commandant en chef le choix des troupes à désigner. Il y aura lieu, à cet égard, de s'en tenir d'une manière ferme au principe que les bataillons, etc., qui ont subi les pertes les plus fortes doivent être affectés au gouvernement général d'Alsace.

On sera reconnaissant au gouvernement en chef de vouloir bien faire connaître aussitôt que possible les dispositions prises à cet égard et envoyer l'ordre de bataille de la 1re division de réserve.

Les fractions d'artillerie et de sapeurs de forteresse, précédemment employées devant Belfort recevront l'affectation suivante :

1o Deux compagnies de pionniers de forteresse seront rendues au gouvernement général d'Alsace ;

2o Affecter en outre à cette haute autorité les compagnies d'artillerie et de sapeurs de forteresse qui lui seront nécessaires pour mettre à bref délai Belfort en état de défense ;

3o Procéder au renforcement voulu des troupes techniques destinées au siège de Langres, mais sans dépasser toutefois le minimum admissible ;

4o Le reste restera disponible à Belfort. L'affectation à donner à cette fraction, ainsi qu'au parc de siège, doit rester réservée jusqu'à ce qu'on ait reçu ici communication des fractions employées en exécution des §§ 1, 2, 3 (avec indication de chaque unité).

La place de Belfort elle-même, à partir du 24 courant à midi, fera partie du ressort du gouvernement général d'Alsace.

Charger le général-major de Mertens et le lieutenant-colonel de Scheliha d'établir de suite un projet d'armement de Belfort et de le mettre autant que possible à exécution.

Prière au commandant en chef de faire droit, dans la limite de ses moyens, à toutes leurs requêtes concernant les travailleurs, etc.

Même avis est envoyé au gouvernement général d'Alsace, en ce qui le concerne, à partir du 24 courant.

Copie fut envoyée le 18 à cette haute autorité. Communication de la minute fut donnée au Ministre de la guerre et au chef du cabinet militaire.

N° 710.

Au comte de Bismarck-Schœnhausen, chancelier de l'empire allemand.

Quartier général, Versailles, 17 février 1871.

J'ai l'honneur de communiquer à Votre Excellence le compte rendu ci-joint (1) de l'armée de la Meuse.

Il résulte de ce compte rendu, qu'il a été trouvé dans le terrain en avant de l'enceinte de Paris, soit, par conséquent, dans la zone neutre, un système de mines complètement chargé.

On ne peut affirmer à l'avance qu'un système analogue se trouve également dans les autres fronts, mais son existence semble très vraisemblable.

En tout cas, en raison de la clause concernant le désarmement de l'enceinte et contenue dans la convention, on est en

____

(1) Non reproduit.

droit d'attendre que les travaux de défense établis dans le terrain en avant de cette enceinte soient de même supprimés. Cette conséquence semble d'autant plus justifiée, qu'à la suite de la dépêche communiquée à Votre Excellence à la date du 31 janvier dernier (1), il a été procédé au relèvement des torpilles posées par nous, et que l'on a fait connaître tout spécialement que l'on s'attendait à voir les Français en faire autant de leur côté.

Il n'est pas besoin d'insister sur les avantages qu'en cas de continuation des hostilités l'adversaire pourrait retirer pour la défense de cette conduite contraire à la convention. Je me permets, par suite, de prier Votre Excellence de bien vouloir par les voies et moyens appropriés assurer à cet égard également l'application de la convention.

Le Chancelier de l'empire en écrivit à Jules Favre, qui répondit le 21 qu'une enquête avait été immédiatement ordonnée.

Le commandant en chef de l'armée de la Meuse avait demandé si, dans les circonstances présentes et étant donnée la prolongation de l'armistice, il y avait lieu de continuer à procéder à l'armement de la batterie construite en vue de l'attaque sur La Villette, armement qui exigeait de grands efforts. Le chef de l'état-major général de l'armée répondit :

N° 711.

Au commandant en chef de l'armée de la Meuse.

TÉLÉGRAMME   Quartier général, Versailles, 17 février 1871, midi.

Les travaux d'armement ne doivent subir aucun arrêt; mais ils n'ont besoin d'être terminés que le 24 à midi.

A la fin de janvier, les généraux de Zastrow et Hann de Weyhern, sans ordre supérieur et sur simple avis qui leur avait été donné par

(1) Voir n° 668.

l'ennemi de la conclusion d'un armistice, avaient interrompu, pour un instant seulement il est vrai, les opérations offensives qui leur avaient été confiées par le commandant en chef de l'armée du Sud. Cet armistice, comme on sait, ne s'étendait pas aux troupes opposées à cette armée. Il fallut un nouvel ordre pour provoquer la reprise des opérations.

De même, le général de Fabeck, qu'on avait envoyé purger le département de l'Yonne des bandes de francs-tireurs, avait arrêté ses opérations en se basant sur des renseignements incomplets qui lui avaient été fournis, au sujet de l'armistice, par des fonctionnaires des étapes et par les chefs ennemis. L'application de l'armistice au département de l'Yonne avait pour condition, en effet, l'évacuation de ce département par les troupes françaises.

L'ordre suivant fut par suite envoyé :

N° 712.

A tous les commandants en chef et aux gouverneurs généraux
d'Alsace, de Lorraine et de Reims.

Quartier général Versailles, 18 février 1871.

Sa Majesté l'Empereur et Roi a appris que dans les derniers jours du mois de janvier plusieurs hautes autorités militaires se sont laissé déterminer, par des renseignements communiqués par l'ennemi au sujet de la conclusion de l'armistice, à suspendre les opérations qui leur avaient été confiées.

Il a été constaté par la suite, ainsi qu'on pouvait le prévoir, que dans tous les cas ci-dessus l'allégation faite de la conclusion d'un armistice n'était pas fondée, et que l'arrêt des opérations n'a fait qu'être utile à l'ennemi contre lequel elles étaient dirigées.

Sa Majesté prescrit donc qu'à l'avenir il n'appartiendra qu'aux commandants d'armée, aux généraux commandant en chef des troupes opérant en dehors d'une armée, ou enfin aux commandants d'un corps de siège, d'accorder sans autorisation supérieure l'arrêt des opérations, dans le cas où cet arrêt serait demandé par l'ennemi. Les commandants de troupe d'un rang inférieur devront toujours, et jusqu'au reçu d'un ordre contraire, faire l'emploi le plus large des troupes placées sous leurs ordres, jusqu'à ce qu'ils aient atteint le but des opérations qui leur étaient confiées.

Par ordre de Sa Majesté l'Empereur et Roi, l'ordre précité devra être communiqué à tous les commandants de troupes, jusqu'aux commandants de régiment inclus.

N° 713.

*Aux commandants en chef de la IIIe armée et de l'armée
de la Meuse.*

Quartier général, Versailles, 19 février 1871, 9 heures soir.

Le service de police et de sécurité de la zone neutre entourant Paris sera, à partir du 20 courant au soir, exercé par la gendarmerie française.

Ces gendarmes sont reconnaissables à leur uniforme spécial, savoir : képi bleu clair à bande blanche, veste bleu foncé, pantalon bleu foncé à bande noire. Ils sont armés de la carabine et du sabre.

La nuit, les patrouilles se feront reconnaître, lorsqu'elles approcheront des avant-postes allemands, par le cri : « Gens d'armes de Paris » et par une lanterne allumée.

Il y a lieu par suite d'aviser les avant-postes de n'apporter aucune entrave au service que les gens d'armes de Paris assureront de nuit et de jour à l'intérieur de la zone neutre, et, quand ceux-ci auront à s'approcher de la ligne des sentinelles, d'agir avec précaution afin d'éviter autant que possible les chances d'accident.

Le comte de Bismarck avait fait connaître que, d'après des nouvelles de source française et venant du Havre, de Caen et de Lisieux, les troupes allemandes de la région de la basse Seine n'avaient pas encore connaissance de la prolongation de l'armistice jusqu'à la date du 24. Le comte de Moltke adressa à cet égard une demande au commandant en chef de la Ire armée à Amiens et au commandant du Ier corps d'armée à Rouen (1).

La dépêche ci-dessous indique la réponse qui lui fut faite.

N° 714.

Au comte de Bismarck-Schœnhausen, chancelier de l'empire allemand.

Quartier général, Versailles, 19 février 1871 (partie à 10 h. 30 soir).

J'ai l'honneur de retourner ci-joint à Votre Excellence le télégramme dans lequel M. Jules Favre se plaint que les autorités allemandes de la région de la basse Seine n'aient encore aucune connaissance de la prolongation de l'armistice jusqu'à la date du 24 de ce mois.

Le général commandant le Ier corps, à qui j'en ai demandé compte télégraphiquement, vient de me faire connaître qu'il n'existe à cet égard aucun doute chez les autorités allemandes. L'opinion régnante du côté des Français doit probablement se baser sur les contributions de guerre qui ont été imposées. C'est là une mesure que les autorités de la ville de Honfleur, par exemple, considèrent comme une violation de l'armistice.

Les Français sont donc, semble-t-il, dans l'erreur.

Je saisis cette occasion pour vous faire remarquer qu'au point de vue militaire, il serait très désirable de savoir au plus tôt si l'on compte sur la reprise des hostilités à partir du 24 à midi, ou bien sur une prolongation de l'armistice.

Si l'on ne pouvait avoir à ce sujet aucun renseignement, il deviendrait nécessaire, pour des considérations purement défensives, en vue de se garantir contre une offensive ennemie

---

(1) Même demande fut faite à cette occasion aux commandants en chef de la IIe armée et de l'armée du Sud.

entamée le 24 à midi, de concentrer étroitement les troupes qui actuellement sont réparties dans de larges cantonnements pour s'y reposer dans de meilleures conditions.

J'ai fait provisoirement suspendre les mouvements déjà prescrits à cet effet par le commandant en chef de la Ire armée. Mais j'estime que les commandants en chef devront être avisés télégraphiquement, le 20 courant au soir au plus tard, soit d'avoir à préparer la reprise des opérations (même au point de vue purement défensif), soit de conserver leurs dispositions précédentes.

Je désirerais voir éviter aux troupes tout dérangement inutile, et je me permets par suite de vous prier de vouloir bien, si possible, me dire en quelques mots d'ici le 20 courant si la situation politique permet de maintenir les troupes dans les cantonnements étendus qu'elles occupent, ou si l'on prévoit, ne fût-ce qu'à longue échéance, la reprise des hostilités.

En ce dernier cas, les ordres pour prescrire en temps utile le rassemblement des troupes ne pourraient être donnés au plus tard que le 20 courant au soir.

A la même date du 19 février, le général de Gœben avait rendu compte qu'il était forcé de prendre dès le 20 des mesures pour la reprise des hostilités. Il demandait en même temps s'il y avait lieu d'attendre encore des ordres ultérieurs à cet égard.

Le comte de Moltke répondit :

N° 715.

Au commandant en chef de la Ire armée, Amiens.

TÉLÉGRAMME   Quartier général, Versailles, 19 février 1871, 9 heures soir.

Ne prescrire de mouvements de troupes pour la reprise possible des hostilités qu'autant que cela serait nécessaire pour votre propre sûreté. Sinon, attendre encore des ordres jusqu'au 20.

N° 716.

Au commandant en chef de la Ire armée, Amiens, de la IIe armée,
Tours, et de l'armée du Sud, Dijon.

TÉLÉGRAMME   Quartier général, Versailles, 20 février 1871, midi
(parti à 1 h. 5 soir).

On ne peut prévoir si l'armistice se prolongera après le 24.
Prescrire de suite tous les mouvements nécessaires pour
parerà une offensive ennemie. Attendre les ordres en vue
de l'offensive de notre côté et préparer celle-ci autant que
possible.

Ajouté pour le commandant en chef de l'armée du Sud :

Il y a lieu de prévoir l'investissement étroit de Langres.

Le 21 février, à midi, le commandant en chef de la•IIIe armée reçut
également connaissance du télégramme envoyé la veille aux autres armées.

N° 717.

Au commandant en chef de la IIIe armée.

Quartier général, Versailles, 21 février 1871.

J'ai l'honneur de faire connaître qu'on ne sait encore si
l'armistice sera prolongé au delà du 24 courant à midi, ou si
les hostilités seront rouvertes. Les commandants en chef des
Ire et IIe armées, ainsi que de l'armée du Sud, ont par suite
reçu l'ordre de rassembler leurs troupes de manière à parer
à une offensive ennemie et à préparer celle que nous pourrions prendre nous-mêmes.

Prière de vouloir bien donner des indications analogues au
V^e corps d'armée ainsi qu'à la brigade détachée du VIe corps, en

ajoutant de même que l'on ne prévoit pas pour le moment de mouvement offensif à exécuter par ces dernières troupes.

Le comte de Moltke, dans une lettre adressée le 20 février au commandant en chef de l'armée du Sud, s'exprima comme il suit au sujet du rôle de cette armée en cas de reprise des hostilités :

N° 718.

Au général de la cavalerie baron de Manteuffel, Dijon.

Quartier général, Versailles, le 20 février 1871.

Que Votre Excellence me permette de lui adresser tout d'abord mes cordiales félicitations pour le résultat de l'opération hardie, habile et féconde en résultats, conduite par elle, opération qui a fait disparaître du théâtre de la guerre toute une armée ennemie. Sa Majesté a de suite apprécié toute la grandeur de ce succès, ainsi que le montrent les salves tirées à Berlin à l'occasion de cette nouvelle, jointe il est vrai à celle de l'occupation des forts de Paris. La capitulation si importante de Clinchant brillera d'un vif éclat dans l'histoire de la guerre : pour le public ignorant, son effet dramatique a été diminué par le fait qu'on a appris le résultat avant la cause. On a su par les journaux que les troupes ennemies avaient dû passer la frontière avant que vos comptes rendus n'eussent montré comment elles y avaient été forcées.

On ne peut encore prévoir si l'armistice sera prolongé jusqu'à la fin du mois environ.

S'il ne se termine pas par la paix, il y aurait lieu, à mon avis, pour l'armée du Sud de profiter de sa supériorité pour diriger une offensive rapide vers le sud. On peut croire que l'ennemi n'abandonnera pas sans résistance des points comme Autun et Chalon-sur-Saône. Le mouvement ne devrait pas être poussé plus loin que Mâcon, car au delà il nous mènerait presque jusqu'à Lyon. Faire un nouveau siège, lorsqu'il s'agit d'une place de cette importance, serait une entreprise difficile à soutenir et qui nous plongerait dans de longs embarras. Si vous réussissiez à infliger une défaite à l'ennemi au nord de Lyon, je proposerais à Sa Majesté de laisser le général de Werder quelque part vers Chalon pour couvrir nos communications et de diriger Votre Excellence vers Bourges par Nevers ou Moulins pour la ramener dans l'ouest.

Le Ve corps suffira tout d'abord dans cette région pour tenir et défendre la ligne de la Loire, tandis que le prince Frédéric-Charles prendra immédiatement l'offensive contre le général Chanzy avec les IIIe, IVe, IXe et X^e corps d'armée.

En cas de besoin et s'il faut arriver à une décision rapide, le général de Gœben peut recevoir encore des renforts d'ici. Les forts détachés ont été mis à l'abri d'un assaut du côté de la gorge et ont été armés en bonne partie avec des pièces françaises : nous disposons de plus de 600 pièces de gros calibre prêtes à ouvrir le feu, et en état d'atteindre n'importe quel édifice dans Paris.

J'espère que les Français en ont assez de répandre inutilement le sang, mais qui peut répondre des grandes assemblées?

Je regrette qu'il vous faille abandonner Beaune (1), mais la ligne de démarcation ne pouvait dépasser au sud la frontière du département.

Après le départ de cette dépêche, arriva au cours de la nuit du 20 au 21 une dépêche du général de Manteuffel faisant connaître que toutes les dispositions avaient été prises en vue de la réouverture des hostilités. Il comptait attaquer en même temps Langres, Auxonne et Besançon et avait chargé le général de Decker, commandant de l'artillerie de l'armée du

---

(1) Ceci a trait à une question posée le 19 février par le général de Manteuffel et à laquelle on avait répondu de suite par télégramme. Beaune fut évacué le 21 par les troupes allemandes. (Voir page 856.)

Sud, en permission en Versailles, de provoquer par entente avec le grand quartier général l'envoi d'un parc de siège nécessaire. Il avait en outre l'intention de faire arrêter le sous-préfet de Beaune, pour avoir fait paraître une décision inconvenante à l'égard du préfet nouvellement nommé.

Le comte de Moltke répondit :

N° 719.

Au commandant en chef de l'armée du Sud, Dijon.

TÉLÉGRAMME   Quartier général, Versailles, 21 février 1871, midi.

Le général Decker ne s'est pas encore présenté. Le siège simultané de Langres, Auxonne et Besançon dépend de la possibilité de fournir les troupes techniques nécessaires. On ne peut provisoirement, et en dehors des compagnies qui se trouvent à Chaumont, disposer que de celles qui sont devenues libres à Belfort. L'arrestation du sous-préfet de Beaune présente des inconvénients. Cette ville évacuée, il faudrait que des soldats pénétrassent dans la zone neutralisée en violation des stipulations de l'armistice (1).

Après la visite de l'envoyé de l'armée du Sud, le chef d'état-major général de l'armée compléta ses indications du 21 dans le télégramme suivant :

N° 720.

Au commandant en chef de l'armée du Sud, Dijon.

TÉLÉGRAMME   Quartier général, Versailles, 22 février 1871, 1 heure soir.

Après conférence avec le général Decker, il semble possible d'attaquer simultanément Langres et Auxonne. Il y aura lieu, au contraire, de se borner à investir Besançon. Le parc d'artil-

______

(1) Voir page 856.

Corresp. de Moltke, III.   7

lerie de Belfort est à votre disposition, après qu'on aura laissé dans cette ville le nécessaire. On a demandé au Chancelier de l'empire d'envoyer des fonctionnaires.

La prolongation de l'armistice fut, sitôt l'avis reçu du Chancelier de l'empire, communiquée aux commandants en chef, etc.

N° 721.

A tous les commandants en chef (1) et gouverneurs généraux.

TÉLÉGRAMME   Quartier général, Versailles, 22 février 1871, 1 heure soir.

L'armistice est prolongé jusqu'à minuit dans la nuit du 26 au 27.

La nouvelle du transport du 22ᵉ corps français de Calais à Cherbourg, provoqua l'ordre suivant à la Iʳᵉ armée :

N° 722.

Au général de l'infanterie de Gœben, Amiens.

TÉLÉGRAMME   Quartier général, Versailles, 22 février 1871, 2 h. 4 soir.

Concentrer la Iʳᵉ armée sur sa gauche, en laissant des forces suffisantes pour observer la Somme. Rien ne s'oppose à l'emploi de la ligne ferrée. Rendre compte du procédé choisi pour l'exécution.

A 9 heures du soir, le général de Gœben répondit par télégramme : « Reçu votre ordre. Ne sachant rien de précis sur la situation, je compte, tout d'abord, réunir le Iᵉʳ corps et la division Rheinbaben sur la rive gauche et la 17ᵉ division près de Rouen, pousser une division du VIIIᵉ

---

(2) Par écrit au commandant en chef de la IIIᵉ armée et aux généraux de Kameke et prince de Hohenlohe.

corps avec 8 batteries près de Rouen par voie ferrée et par voie de terre et tenir la division prince Albert (fils) (1) prête à suivre. Restent sur la Somme, une division d'infanterie, une division de cavalerie et un groupe d'artillerie à cheval. Le mouvement ne sera possible en grand que le 25. Est-ce bien ainsi? »

Sous cette dépêche, le comte de Molke écrivit :

Près de Rouen.... 50. 64. 30. environ 40.000 baïonnettes.
Sur la Somme..... 18. 44. 15.   —   15.000   —

Il fut répondu :

N° 723.

Au commandant en chef de la Ire armée, Amiens.

TÉLÉGRAMME   Quartier général, Versailles, 24 février 1871, 12 h. 4 soir.

J'approuve complètement les intentions que vous avez fait connaître par télégramme du 23.

L'heureuse tournure des négociations entamées pour la paix le 21 février, permit dès le 24 de renoncer à exécuter l'ordre donné à la Ire armée.

N° 724.

Au commandant en chef de la Ire armée, Amiens, de la IIe armée, Tours, et de l'armée du Sud, Dijon.

TÉLÉGRAMME   Quartier général, Versailles, 24 février 1871, 8 h. 45 soir.

Suspendre pour le moment les marches en vue de la concentration.

N° 725.

Au comte de Bismarck-Schœnhausen, chancelier de l'empire allemand.

Quartier général, Versailles, 24 février 1871.

J'ai l'honneur de prier Votre Excellence de vouloir bien

---

(1) Commandant la 3e division de réserve.

apprécier s'il ne serait pas possible, dans les négociations pour la paix, de s'assurer la restitution des trophées allemands, etc., qui se trouvent à Paris à la suite des guerres précédentes.

La liste ci-jointe indique les objets précités, tout au moins ceux dont on a connaissance ici.

Je me permets en même temps d'attirer l'attention de Votre Excellence sur l'importance particulière qu'il y aurait, lors de la conclusion éventuelle de la paix, d'obtenir la remise :

1º Des levés originaux, planches, etc., des territoires cédés,

2º Et des plans des places cédées, qui se trouvent à Paris.

ANNEXE

Trophées allemands à Paris.

1º Aigle noir,

2º Épée de petite tenue.
   (Le nº 2 doit se trouver
     dans la coupole des In-
     valides.)
              de Frédéric II.

3º Hausse-col,

4º Écharpe russe,

5º Deux étendards,
              de Frédéric-Guillaume Iᵉʳ.

Enlevés à Potsdam par Duroc en 1806.

6º La grande pièce en bronze de l'électorat de Trèves « Le Griffon ». [Doit se trouver au musée d'artillerie. L'inscription qu'elle porte commence par : « Der Vogel Greif heis ich… (1) »].

7º Petites pièces d'artillerie allemandes et plusieurs pièces prussiennes de Frédéric Iᵉʳ, Frédéric-Guillaume Iᵉʳ et Frédéric II, devant les Invalides. Parmi elles une coulevrine wurtembergeoise avec de belles ciselures.

Par lettre du 22 février, le Chancelier de l'empire avait demandé au comte de Moltke de lui faire savoir, s'il y aurait inconvénient, après la

---

(1) Je m'appelle le Griffon…

signature de la paix, à ce que l'armée française de l'Est revînt de Suisse-par fractions désarmées, en prenant aussi les directions Les Brenets, Morteau et les Verrières-Pontarlier. Si des considérations militaires n'y mettaient pas d'obstacles, on serait heureux, pour des raisons politiques, de donner satisfaction à cette demande du Conseil fédéral suisse.

Le chef d'état-major général de l'armée répondit :

<h2 style="text-align:center">N° 726.</h2>

Au comte de Bismarck-Schœnhausen, chancelier de l'empire allemand.

Quartier général, Versailles, 24 février 1871.

J'ai l'honneur de faire connaître à Votre Excellence, en réponse à la lettre qu'elle a bien voulu m'adresser à la date du 22, au sujet du retour des prisonniers français de Suisse, qu'on ne voit aucun empêchement à ce que la ligne ferrée de Pontarlier soit employée pour les transporter vers le sud.

Au contraire, le transport par la voie de terre présenterait des inconvénients tant que les districts qu'elle traverse sont occupés par nos troupes.

Toutefois, pour donner satisfaction dans la mesure du possible, avis a été donné au commandant en chef de l'armée du Sud d'avoir, en cas de demande du représentant du Conseil fédéral, à s'entendre avec lui au sujet des détails et à lui accorder toutes les facilités possibles.

La minute de cette dépêche fut communiquée au commandant en chef de l'armée du Sud pour avis et exécution.

N° 727.

Aux commandants en chef de la Ire armée, Amiens, de la
IIe armée, Tours, et de l'armée du Sud, Dijon.

TÉLÉGRAMME   Quartier général, Versailles, 25 février 1871, 12 h. (minuit).

La zone neutre, même après la fin de l'armistice dans la soirée du 26, ne devra pas être franchie sans un ordre précis envoyé d'ici.

Communication fut donnée le 26 au matin au commandant en chef de la IIIe armée.

N° 728.

Au comte de Bismarck-Schœnhausen, chancelier de l'empire
allemand.

Quartier général, Versailles, 26 février 1871 (partie à 11 h. 45 matin).

Les troupes se trouvant prêtes ce soir à se porter en avant ou à ouvrir le feu sur Paris, j'ai l'honneur de prier Votre Excellence de vouloir bien me faire connaître aussitôt que possible si les opérations pourront recommencer demain matin. Je crois devoir faire remarquer qu'au point de vue militaire, une nouvelle prolongation de l'armistice pour une courte durée entraîne des inconvénients multiples.

Le comte de Bismarck renvoya immédiatement la dépêche ci-dessus, avec cette annotation au crayon écrite de sa main : « Je suis convaincu, que nous signerons aujourd'hui. Je vous prie, par suite, de télégraphier de suite, et assez tôt, pour qu'en aucun cas on ne reprenne demain les hostilités ».

Les préliminaires de paix furent arrêtés le jour même dans l'après-midi et l'armistice prolongé en même temps. Avis en conséquence fut donné aux autorités militaires.

N° 729.

A tous les commandants en chef, sauf celui de la IIIe armée, à tous les gouverneurs généraux, sauf celui de Versailles, et au gouverneur de Metz.

TÉLÉGRAMME   Quartier général, Versailles, 26 février 1871, 6 h. 15 soir.

Les préliminaires de paix sont signés. Armistice jusqu'au 12 mars. Il peut toutefois être dénoncé à partir du 3 mars, pour reprendre les hostilités le 6. Les contributions en argent sont dorénavant interdites. Dans le cas de paiement ultérieur de sommes précédemment imposées, tout ce qui n'a pas été payé jusqu'ici devra être restitué.

N° 730.

Au commandant en chef de la IIIe armée et au gouverneur général de Versailles.

Quartier général, 26 février 1871.

J'ai l'honneur de faire connaître que les préliminaires de paix ont été signés à la date d'aujourd'hui, et qu'en même temps l'armistice a été prolongé jusqu'au 12 mars, avec cette réserve, toutefois, qu'à partir du 3 mars cet armistice pourra, de part et d'autre, être dénoncé avec délai de trois jours.

Il a été en outre décidé que désormais on ne pourrait plus frapper de contributions de guerre. Le reste des contributions précédemment imposées et qui n'auraient pas encore été soldées, devra être abandonné ou bien restitué dans le cas où le paiement en serait effectué à partir de demain.

Des indications ultérieures seront envoyées au sujet de

l'entrée successive, à partir du 1ᵉʳ mars, des troupes qui se trouvent autour de Paris (1).

Enfin, j'ai l'honneur de faire remarquer que le texte de la convention conclue aujourd'hui et relative à l'armistice sera communiqué demain.

Le 27 février, tous les commandants en chef, etc., reçurent communication des préliminaires de paix (A) et de l'accord prolongeant l'armistice (B). Le texte de ces pièces était le suivant :

A

Entre le Chancelier de l'Empire germanique, Monsieur le Comte Otto de Bismarck-Schœnhausen, muni des pleins pouvoirs de Sa Majesté l'Empereur d'Allemagne, Roi de Prusse,

Le Ministre d'Etat et des Affaires Etrangères de Sa Majesté le Roi de Bavière, Monsieur le Comte Otto de Bray-Steinburg,

Le Ministre des Affaires Etrangères de Sa Majesté le Roi de Wurtemberg, Monsieur le Baron Auguste de Wœchter,

Le Ministre d'Etat, Président du Conseil des Ministres de Son Altesse Royale Monseigneur le Grand-duc de Bade, Monsieur Jules Jolly, représentant l'Empire germanique,

      d'un côté,

      et de l'autre

Le chef du Pouvoir exécutif de la République française, Monsieur Thiers, et

Le Ministre des Affaires Etrangères, Monsieur Jules Favre, représentant la France ;

Les pleins pouvoirs des deux parties contractantes ayant été trouvés en bonne et due forme, il a été convenu ce qui suit pour servir de base préliminaire à la paix définitive à conclure ultérieurement.

ARTICLE PREMIER. — La France renonce en faveur de l'Empire allemand à tous ses droits et titres sur les territoires situés à l'est de la frontière ci-après désignée.

La ligne de démarcation commence à la frontière nord-ouest

---

(1) Phrase supprimée dans la lettre envoyée au gouverneur général de Versailles.

du canton de Cattenom vers le Grand-Duché de Luxembourg, suit vers le sud les frontières occidentales des cantons de Cattenom et Thionville, passe par le canton de Briey en longeant les frontières occidentales des communes de Montois-la-Montagne et Roncourt ainsi que les frontières orientales des communes de Sainte-Marie-aux-Chênes, Saint-Ail, Habonville, atteint la frontière du canton de Gorze qu'elle traverse le long des frontières communales de Vionville, Buxières et Onville, suit la frontière sud-ouest resp. sud de l'arrondissement de Metz, la frontière occidentale de l'arrondissement de Château-Salins jusqu'à la commune de Pettoncourt dont elle embrasse les frontières occidentale et méridionale pour suivre la crête des montagnes entre la Seille et le Moncel jusqu'à la frontière de l'arrondissement de Sarrebourg au sud de Garde. La démarcation coïncide ensuite avec la frontière de cet arrondissement jusqu'à la commune de Tanconville, dont elle atteint la frontière au nord; de là elle suit la crête des montagnes entre les sources la Sarre-Blanche et la Vezouse jusqu'à la frontière du canton de Schirmeck, longe la frontière occidentale de ce canton, embrasse les communes de Saales, Bourg-Bruche, Colroy-la-Roche, Plaine, Raurupt, Saulzures et Saint-Blaise-la-Roche du canton de Saales, et coïncide avec la frontière occidentale des départements du Bas-Rhin et du Haut-Rhin jusqu'au canton de Belfort, dont elle quitte la frontière méridionale non loin de Vourvenans, pour traverser le canton de Delle aux limites méridionales des communes de Bourogne et de Froide-Fontaine, et atteindre la frontière suisse en longeant les frontières orientales des communes de Joncherey et Delle.

L'Empire allemand possèdera ces territoires à perpétuité en toute souveraineté et propriété. Une commission internationale composée de représentants des Hautes Parties contractantes en nombre égal des deux côtés sera chargée, immédiatement après l'échange des ratifications du présent traité, d'exécuter sur le terrain le tracé de la nouvelle frontière, conformément aux stipulations précédentes.

Cette commission présidera au partage des biens-fonds et capitaux qui jusqu'ici ont appartenu en commun à des districts ou des communes séparés par la nouvelle frontière; en cas de désaccord sur le tracé et les mesures d'exécution, les membres de la commission en référeront à leurs Gouvernements respectifs.

La frontière telle qu'elle vient d'être décrite se trouve marquée en vert sous deux exemplaires conformes de la carte du territoire formant le Gouvernement général d'Alsace, publiée à Berlin, en septembre 1870, par la division géographique et statistique de l'état-major général, et dont un exemplaire sera joint à chacune des deux expéditions du présent traité.

Toutefois le tracé indiqué a subi les modifications suivantes de l'accord des deux parties contractantes : Dans l'ancien département de la Moselle, les villages de Sainte-Marie-aux-Chênes près de Saint-Privat-la-Montagne, et de Vionville, à l'ouest de Rezonville, seront cédés à l'Allemagne. Par contre la ville et les fortifications de Belfort resteront à la France avec un rayon qui sera déterminé ultérieurement.

Art. 2. — La France paiera à Sa Majesté l'Empereur d'Allemagne la somme de cinq milliards de francs.

Le paiement d'au moins un milliard de francs aura lieu dans le courant de l'année 1871, et celui de tout le reste de la dette dans un espace de trois années à partir de la ratification des présentes.

Art. 3. — L'évacuation des territoires français occupés par les troupes allemandes commencera après la ratification du présent traité par l'Assemblée nationale siégeant à Bordeaux. Immédiatement après cette ratification les troupes allemandes quitteront l'intérieur de la ville de Paris ainsi que les forts situés à la rive gauche de la Seine, et dans le plus bref délai possible fixé par une entente entre les autorités militaires des deux pays, elles évacueront entièrement les départements du Calvados, de l'Orne, de la Sarthe, d'Eure-et-Loir, du Loiret, de Loir-et-Cher, d'Indre-et-Loire, de l'Yonne, et de plus les départements de la Seine-Inférieure, de l'Eure, de Seine-et-Oise, de Seine-et-Marne, de l'Aube et de la Côte-d'Or jusqu'à la rive gauche de la Seine. Les troupes françaises se retireront en même temps derrière la Loire, qu'elles ne pourront dépasser avant la signature du traité de paix définitif. Sont exceptées de cette disposition la garnison de Paris, dont le nombre ne pourra dépasser quarante mille hommes, et les garnisons indispensables à la sûreté des places fortes.

L'évacuation des départements situés entre la rive droite de la Seine et la frontière de l'Est par les troupes allemandes s'opérera graduellement après la ratification du traité de paix définitif et le paiement du premier demi-milliard de la contribution stipulée par l'article II, en commençant par les départements les plus rapprochés de Paris, et se continuera au fur et à mesure que les versements de la contribution seront effectués. Après le premier versement d'un demi-milliard cette évacuation aura lieu dans les départements suivants : Somme, Oise, et les parties des départements de la Seine-Inférieure, Seine-et-Oise, Seine-et-Marne situées sur la rive droite de la Seine, ainsi que la partie du département de la Seine et les forts situés sur la rive droite.

Après le paiement de deux milliards, l'occupation allemande ne comprendra plus que les départements de la Marne, des Ardennes, de la Haute-Marne, de la Meuse, des Vosges, de la Meurthe, ainsi que la forteresse de Belfort avec son territoire, qui serviront de gage pour les trois milliards restants et où le nombre des troupes allemandes ne dépassera pas cinquante mille hommes. Sa Majesté l'Empereur sera disposé à substituer à la garantie territoriale consistant dans l'occupation partielle du territoire français une garantie financière si elle est offerte par le Gouvernement français dans des conditions reconnues suffisantes par Sa Majesté l'Empereur et Roi pour les intérêts de l'Allemagne. Les trois milliards dont l'acquittement aura été différé porteront intérêt à cinq pour cent à partir de la ratification de la présente convention.

Art. 4. — Les troupes allemandes s'abstiendront de faire des réquisitions soit en argent soit en nature dans les départements occupés. Par contre, l'alimentation des troupes allemandes qui resteront en France aura lieu aux frais du Gouvernement français dans la mesure convenue par une entente avec l'intendance militaire allemande.

Art. 5. — Les intérêts des habitants des territoires cédés par la France, en tout ce qui concerne leur commerce et leurs droits civils, seront réglés aussi favorablement que possible lorsque seront arrêtées les conditions de la paix définitive. Il sera fixé, à cet effet, un espace de temps pendant lequel ils jouiront de facilités particulières pour la circulation de leurs produits. Le gouvernement allemand n'apportera aucun obstacle à la libre émigration des habitants des territoires cédés et ne pourra prendre contre eux aucune mesure atteignant leurs personnes ou leurs propriétés.

Art. 6. — Les prisonniers de guerre qui n'auront pas déjà été mis en liberté par voie d'échange seront rendus immédiatement après la ratification des présents préliminaires. Afin d'accélérer le transport des prisonniers français, le Gouvernement français mettra à la disposition des autorités allemandes à l'intérieur du territoire allemand une partie du matériel roulant de ses chemins de fer dans une mesure qui sera déterminée par des arrangements spéciaux et aux prix payés en France par le Gouvernement français pour les transports militaires.

Art. 7. — L'ouverture des négociations pour le traité de paix définitif à conclure sur la base des présents préliminaires aura lieu à Bruxelles immédiatement après la ratification de ces derniers par l'Assemblée nationale et par Sa Majesté l'Empereur d'Allemagne.

Art. 8. — Après la conclusion et la ratification du traité de paix définitif l'administration des départements devant encore rester occupés par les troupes allemandes sera remise aux autorités françaises. Mais ces dernières seront tenues de se conformer aux ordres que les commandants des troupes allemandes croiraient devoir donner dans l'intérêt de la sûreté, de l'entretien et de la distribution des troupes.

Dans les départements occupés, la perception des impôts après la ratification du présent traité s'opérera pour le compte du Gouvernement français et par le moyen de ses employés.

ART. 9. — Il est bien entendu que les présentes ne peuvent donner à l'autorité militaire allemande aucun droit sur les parties du territoire qu'elle n'occupe point actuellement.

ART. 10. — Les présentes seront immédiatement soumises à la ratification de Sa Majesté l'Empereur d'Allemagne et de l'Assemblée nationale française siégeant à Bordeaux.

En foi de quoi les soussignés ont revêtu le présent traité préliminaire de leurs signatures et de leurs sceaux.

Fait à Versailles le 26 février 1871.

(L. S.) Signé : v. BISMARCK.　　(L. S.) Signé : A. THIERS.

　　　　　　　　　　　　　　　(L. S.)　　　　Jules FAVRE.

Les Royaumes de Bavière et de Wurtemberg et le Grand-Duché de Bade ayant pris part à la guerre actuelle comme alliés de la Prusse et faisant partie maintenant de l'Empire germanique, les soussignés adhèrent à la présente convention au nom de leurs souverains respectifs.

Versailles, le 26 février 1871.

Signé : Comte de BRAY-STEINBURG.
Baron de WÆCHTER.
MITTNACHT.
JOLLY.

B

Entre les soussignés, munis des pleins pouvoirs de l'Empire d'Allemagne et de la République française, la convention suivante a été conclue :

ARTICLE PREMIER. — Afin de faciliter la ratification des préliminaires de paix conclus aujourd'hui entre les soussignés, l'armistice stipulé par les conventions du 28 janvier et du 15 février dernier est prolongé jusqu'au 12 mars prochain.

Art. 2. — La prolongation de l'armistice ne s'appliquera pas à l'article 4 de la convention du 28 janvier, qui sera remplacé par la stipulation suivante sur laquelle les soussignés sont tombés d'accord :

La partie de la ville de Paris à l'intérieur de l'enceinte, comprise entre la Seine, la rue du Faubourg-Saint-Honoré et l'avenue des Ternes, sera occupée par des troupes allemandes dont le nombre ne dépassera pas trente mille hommes. Le mode d'occupation et les dispositions pour le logement des troupes allemandes dans cette partie de la ville seront réglés par une entente entre deux officiers supérieurs des deux armées, et l'accès en sera interdit aux troupes françaises et aux gardes nationales armées pendant la durée de l'occupation.

Art. 3. — Les troupes allemandes s'abstiendront à l'avenir de prélever des contributions en argent dans les territoires occupés. Les contributions de cette catégorie dont le montant ne serait pas encore payé seront annulées de plein droit; celles qui seraient versées ultérieurement par suite d'ignorance de la présente stipulation devront être remboursées. Par contre, les autorités allemandes continueront à prélever les impôts de l'Etat dans les territoires occupés.

Art. 4. — Les deux parties contractantes conserveront le droit de dénoncer l'armistice à partir du 3 mars selon leur convenance et avec un délai de trois jours pour la reprise des hostilités s'il y avait lieu.

Fait et approuvé à Versailles, le 26 février 1871.

Signé : v. Bismarck.   Signé : A. Thiers.

Jules Favre.

Les prescriptions complémentaires, réglant l'occupation d'une partie de Paris, occupation décidée à l'article 2 de l'armistice précité, furent arrêtées par le comte de Moltke et le général de Valdan, chef d'état-major de l'armée de Paris. Cet officier général avait à cet effet, et après entente avec le comte de Bismarck, accompagné, le 26, M. Thiers de Paris à Versailles.

Avant que le comte de Moltke n'en ait eu connaissance, il avait soumis au Chancelier d'empire les considérations suivantes relatives aux négociations en cours à ce sujet.

N° 731.

Au comte de Bismarck-Schœnhausen, chancelier de l'empire allemand.

Quartier général, Versailles, 26 février 1871 (partie à 11 h. 45 matin).

Il semble résulter pour moi, d'une communication de M. le conseiller intime Abeken (1), que les négociateurs français comptent, pour assurer le cantonnement des troupes prussiennes lors de leur entrée dans Paris, se borner à employer les casernes et autres bâtiments publics.

Il serait, de cette manière, difficile d'assurer un cantonnement convenable aux officiers. Mais sans tenir même compte de cet inconvénient, il y aurait lieu, à mon sens, de considérer qu'une partie des édifices publics a été employée comme ambulances durant le siège ; d'autre part, les casernes, etc., ont servi au logement des troupes françaises, qui, comme on sait, ont souffert de maladies épidémiques, et, en particulier, de la variole.

Si donc le texte de l'accord se borne à spécifier pour notre armée le droit de pénétrer dans un secteur donné de Paris, le meilleur moyen de régler la chose serait peut-être d'en confier le soin à des commissaires militaires choisis de part et d'autre.

J'ai l'honneur de soumettre ces observations à la bienveillante appréciation de Votre Excellence.

---

(1) Conseil intime actuel de légation au ministère des affaires étrangères.

Cette dépêche se croisa avec un avis du chancelier de l'empire faisant connaître l'arrivée prochaine d'un officier général qui venait de Paris pour régler par entente tous les détails d'ordre militaire relatifs à l'occupation de la capitale. Le comte de Bismarck ajoutait : « Hier, à la suite d'un compte rendu verbal qui lui avait été fait sur l'état des négociations, Sa Majesté a daigné décider qu'on ne cantonnerait pas chez les habitants de Paris, ainsi du reste qu'il avait été fait en 1814 et 1815. Les troupes bivouaqueront la première nuit, et seront ensuite réparties autant que possible dans les bâtiments publics.

» Les plénipotentiaires français m'ont à cet effet désigné le palais de l'Industrie, l'École militaire et l'hôtel des Invalides, admettant ainsi la rive gauche. Sa Majesté a déclaré accepter ces propositions. »

Après l'arrivée du plénipotentiaire français, commencèrent les négociations pour l'occupation de Paris par les troupes allemandes. Le chef d'état-major général de l'armée en communiqua le résultat au Chancelier de l'empire en ajoutant les remarques ci-après :

N° 732.

Au comte de Bismarck-Schœnhausen, chancelier de l'empire allemand.

Quartier général, Versailles, 26 février 1871.

J'ai l'honneur d'envoyer ci-joint à Votre Excellence le texte de la convention arrêtée par entente entre moi et le général de Valdan, au sujet de l'entrée des troupes allemandes dans Paris.

Le général de Valdan a déclaré consentir à prendre toutes mesures militaires ou autres nécessaires à l'application de cette entente, mais il ne s'est pas considéré comme autorisé à conclure à cet égard une convention écrite.

Votre Excellence appréciera s'il y a lieu de prier M. Thiers de vouloir bien apposer sa signature au bas de la pièce ci-jointe; le général de Valdan assure avoir reçu son assentiment aux décisions arrêtées.

Un exemplaire a été remis au général de Valdan.

ANNEXE

Convention relative à l'occupation d'une partie de Paris par les troupes allemandes, conclue à Versailles, le 26 février 1871.

§ 1.

Les troupes allemandes occuperont, dès le mercredi 1er mars à 10 heures du matin, le terrain compris entre la Seine (rive droite), l'enceinte depuis le Point-du-Jour jusqu'à la porte des Ternes, la rue du Faubourg Saint-Honoré jusqu'à la rue des Champs-Elysées, le garde-meuble et le ministère de la marine, le jardin des Tuileries, en réservant toutefois les bâtiments des vivres militaires et la circulation sur les deux ponts de l'Alma et d'Iéna.

§ 2.

Il est formellement interdit aux gens armés de franchir la la ligne susindiquée.

Toutefois, la circulation pourra rester libre pour toute personne non militaire et non armée.

§ 3.

La troupe d'occupation aura la facilité de visiter les galeries du Louvre et l'établissement des Invalides. Les détails de ces promenades seront réglés d'un commun accord par les autorités militaires des deux pays.

Il est bien entendu que les soldats n'auront pas leur fusil et seront conduits par des officiers.

§ 4.

Les troupes allemandes seront logées soit dans les bâtiments publics, soit chez les habitants. Une commission mixte, composée de délégués des municipalités et d'un ou de plusieurs

officiers allemands, se réunira mardi, le 28 février, à 2 heures,
au pont de Sèvres, pour faciliter les détails du logement.

§ 5.

Les soldats seront nourris par les soins de l'autorité allemande.

Aucune signature n'a été ultérieurement apposée à cette convention.

Les ordres suivants furent par suite envoyés :

N° 733.

Au commandant en chef de la IIe armée.

Quartier général, Versailles, 26 février 1871.

J'ai l'honneur de vous prier de vouloir bien donner ordre à
un officier d'état-major, de grade élevé, de se rendre demain,
à 10 heures du matin, au bureau de l'état-major du grand
quartier général. Il prendra part à une conférence sur l'entrée
successive des troupes qui se trouvent autour de Paris, dans
le secteur Neuilly-Sèvres.

On a l'intention de combiner l'entrée des divers corps dans
Paris avec un mouvement dans la direction de l'est.

N° 734.

Au commandant en chef de l'armée de la Meuse, Margency .

TÉLÉGRAMME   ' Quartier général, Versailles, 26 février 1871, 4 heures soir.

Un officier d'état-major de grade élevé sera rendu ici lundi
matin, à 10 heures, pour conférer sur l'entrée successive des
troupes qui se trouvent autour de Paris, dans le secteur Neuilly-

Sèvres, entrée combinée avec un mouvement dans la direction du nord-est.

N° 735.

Aux commandants en chef de la IIIe armée et de l'armée de la Meuse.

Quartier général, Versailles, 27 février 1871.

J'ai l'honneur d'envoyer ci-joint 25 (ou 12) exemplaires des mesures arrêtées par accord entre le quartier-maître général de l'armée (1) et le chef d'état-major de l'armée de Paris, en vue de régler l'occupation d'une partie de Paris. Sa Majesté a daigné donner son assentiment à ces mesures.

Elle a, en outre, daigné prescrire les dispositions ci-après :

I. Le général-lieutenant de Kameke est nommé commandant de la partie de Paris à occuper. Il aura à régler l'entrée et la sortie des troupes par les diverses portes de la place, leur cantonnement et leur subsistance, ainsi que le service de garde et de garnison.

Dans le cas de troubles, il disposera directement des troupes ; les conditions du commandement seront, pour le reste, réglées par les commandants des armées.

Ces hautes autorités auront à fournir au général-lieutenant de Kameke, pour la veille de l'entrée des troupes, à midi, l'effectif de celles-ci, en généraux, officiers supérieurs, officiers, sous-officiers, hommes et chevaux.

Le lieutenant-colonel comte de Waldersee, aide de camp de Sa Majesté l'Empereur et Roi, est adjoint au général-lieutenant

---

(1) Voir au contraire n° 732, où le comte de Moltke dit : « Entre moi et le général de Valdan. » Il n'est pas douteux que le chef d'état-major général de l'armée et le quartier-maître général ont tous deux pris part aux négociations avec le général de Valdan.

(2) Voir numéro 732.

de Kameke. Le conseiller intime de guerre de Schwedler remplira les fonctions d'intendant.

II. L'entrée dans la zone de Paris, affectée à l'occupation allemande aura lieu les 1er, 3 et 5 mars par échelons de 30.000 hommes.

Il y aura lieu de compter dans cet effectif de 30.000 hommes tous les officiers, fonctionnaires, etc. La proportion de cavalerie et d'artillerie ne devra pas être trop forte vu le manque d'écuries.

Chaque échelon comprendra, toutefois, au moins 8 escadrons et 48 pièces attelées.

Il y aura lieu d'exclure les colonnes de convoi attelées et les convois.

III. Le 1er échelon comprendra :

11.000 hommes du VIe corps d'armée.

11.000   —   du IIe   —

 8.000   —   du XIe   —

Le commandant en chef de la IIIe armée donnera des ordres pour que ces troupes se trouvent à 11 heures du matin à Longchamps, prêtes à entrer. Les avant-gardes et les détachements des fourriers entreront d'avance, d'après l'heure fixée à cet égard par le général-lieutenant de Kameke (1).

Un bataillon de 700 hommes et un escadron de 100 chevaux entreront en premier lieu. Ils demeureront pendant toute la durée de l'occupation d'une manière permanente et à la disposition spéciale du général-lieutenant de Kameke.

IV. Le 2e échelon entrera le 3 mars à l'effectif de 29.200 hommes, fournis par

La garde ;

La division de landwehr de la garde ;

____

(1) Ils entrèrent à 8 heures du matin.

Le régiment des grenadiers du Roi n° 7 (2e régiment de la Prusse occidentale) avec 2.200 hommes ;

Une partie des compagnies d'artillerie de forteresse et de pionniers de forteresse, à l'effectif total de 3.000 hommes.

La division de landwehr de la garde passera sous les ordres du commandant de l'armée de la Meuse. La IIIe armée devra également fournir à l'armée de la Meuse pour les 3 et 5 mars, en outre du régiment des grenadiers du Roi, qui sera amené de la Loire par voie ferrée, 5 compagnies combinées d'artillerie de forteresse et 2 compagnies combinées de pionniers de forteresse, chacune à l'effectif de 200 hommes.

L'armée de la Meuse formera de même 7 compagnies d'artillerie de forteresse et 1 compagnie de pionniers de forteresse, chacune à l'effectif de 200 hommes.

Sa Majesté réserve encore sa décision au sujet de l'éventualité d'une revue à passer aux troupes qui entreront à Paris le 3 mars.

V. Le 3e échelon comprenant :

15.000 hommes du XIIe corps d'armée,

7.200 hommes du 1er corps bavarois,

7.000 hommes de la division wurtembergeoise,

entrera le 5 mars.

Le mouvement du XIIe corps sera réglé par le commandant en chef de l'armée de la Meuse; celui des troupes du 1er corps bavarois et de la division wurtembergeoise par le commandant en chef de la IIIe armée.

Sa Majesté réserve encore sa décision tant au sujet d'une revue à passer à ces troupes qu'à celui de la nomination d'un commandant en chef à leur donner.

VI. Le départ des divers échelons aura lieu respectivement les 3, 5 et 7 mars, et de telle sorte que chaque fraction ait un jour plein de repos à Paris.

VII. Pour faciliter les mouvements d'entrée ou de départ,

ainsi que la circulation entre Paris et les environs, deux ponts de bateaux seront jetés sur la Seine durant la journée du 28 courant :

a) L'un près de Suresnes par l'armée de la Meuse ;

b) L'autre près de Saint-Cloud par la IIIe armée.

Les ponts seront couverts sur la rive droite par une garde.

En outre, à partir du 1er mars, on pourra employer le pont fixe de Courbevoie et le pont de bateaux de Sèvres.

Le 1er mars, la IIIe armée aura le plein usage, pour son entrée à Paris, des quatre ponts précités.

Le 3 mars, l'armée de la Meuse disposera, pour l'entrée des troupes, du pont de Courbevoie et des ponts de bateaux de Suresnes et de Saint-Cloud.

La IIIe armée disposera pour le départ des troupes du pont de bateaux de Sèvres. Elle pourra utiliser les ponts de bateaux de Suresnes et de Saint-Cloud, en tant qu'ils ne seront pas employés pour l'arrivée des troupes de l'armée de la Meuse.

Le 5 mars, l'armée de la Meuse aura plein usage des ponts de Courbevoie et de Sèvres. Elle pourra utiliser pour le départ le pont de Saint-Cloud, en tant qu'il ne sera pas employé pour l'arrivée des troupes de la IIIe armée. Celle-ci aura, en outre, plein usage du pont de Sèvres.

Pour le départ du 7 mars, l'armée de la Meuse aura les ponts de Courbevoie et de Suresnes ; la IIIe armée les ponts de Saint-Cloud et de Sèvres.

VIII. Les dispositions à prendre pour l'arrivée et le départ des troupes en exécution des prescriptions ci-dessus devront être communiquées en temps utile au général-lieutenant de Kameke, afin de permettre à cet officier général d'arrêter, de son côté, les mesures voulues pour l'entrée et la sortie par les portes de la place de Paris.

IX. Afin de faciliter le cantonnement des troupes désignées pour l'entrée dans la ville, etc., la IIIe armée aura, les 28 février et 4 mars, l'emploi exclusif de la partie de Courbevoie occupée par la division de landwehr de la gardé, ainsi que de Suresnes et de Puteaux. Ces mêmes points seront le 2 mars à la disposition de l'armée de la Meuse. La division de landwehr de la garde devra avoir évacué les cantonnements susindiqués le 28 courant à 10 heures du matin.

X. Les localités de Billancourt, Boulogne et Neuilly, qui jusqu'ici faisaient partie de la zone neutre, pourront être occupées à partir du 1er mars. Elles sont à la disposition tout d'abord :

Les 2 et 5 mars, des troupes du 2e échelon ;

Le 3 mars, des troupes du 1er échelon ;

Les 4 et 7 mars, des troupes du 3e échelon.

XI. Les officiers des fractions qui ne pénètreront pas dans Paris ainsi que quelques hommes de troupe des mêmes fractions, conduits par des officiers, pourront être autorisés à visiter la zone occupée, mais seulement dans les conditions suivantes :

a) Les 1er et 2 mars : corps de la garde, division de landwehr de la garde, artillerie de forteresse, pionniers de forteresse et sections télégraphiques de campagne ;

b) Les 3 et 4 mars : XIIe corps d'armée, Ier corps bavarois et division wurtembergeoise ;

c) Les 5 et 6 mars ; VIe et XIe corps d'armée et IIe corps bavarois.

Ces personnes n'auront droit ni au cantonnement ni aux subsistances.

XII. Les forts de Paris devront conserver une garnison suffisante.

Il y aura lieu, dans tous les cantonnements occupés par des troupes qui pénétreront dans la capitale, de laisser des détachements suffisants pour la garde des convois, trains, etc.

Copie de ces dispositions fut remise au général de Kameke et au général de Tresckow (chef du cabinet militaire). Ils furent priés en même temps, le premier de faire connaître au général français de Valdan que des ponts seraient jetés à Saint-Cloud et Suresnes ; le général de Tresckow, de vouloir bien provoquer de la part de Sa Majesté une décision au sujet de la revue à passer aux troupes entrant dans Paris, les 3 et 5 mars et au sujet de la nomination d'un commandant en chef pour le 3ᵉ échelon.

La IIIᵉ armée reçut, pour le jour de l'entrée des troupes allemandes dans Paris, des indications spéciales, afin de pouvoir pénétrer immédiatement dans la ville en cas de troubles.

N° 736.

Au commandant en chef de la IIIᵉ armée.

Quartier général, Versailles, 28 février 1871, midi.

Par ordre de S. M. l'Empereur et Roi, toutes les troupes qui n'entrent pas dans Paris resteront demain dans leurs cantonnements. Toutes les garnisons des forts se tiendront prêtes à agir éventuellement.

L'ordre précité fut communiqué télégraphiquement à l'armée de la Meuse, en y ajoutant ces mots :

Il y aura lieu de rendre compte quand le pont de Suresnes sera terminé et en état d'être franchi par Sa Majesté.

Il fut répondu dans l'après-midi que le pont était fini et praticable aux voitures.

Les préliminaires de paix avaient fixé les conditions générales dans lesquelles devait être assurée la subsistance des troupes allemandes restant provisoirement en France, mais des prescriptions de détail étaient nécessaires pour assurer ce service.

Le comte de Moltke s'exprima comme il suit au Chancelier de l'empire au sujet des négociations à ouvrir à cet égard :

N° 737.

Au comte de Bismarck-Schœnhausen, chancelier de l'empire allemand.

Quartier général, Versailles, 1er mars 1871.

Les préliminaires de paix arrêtés à la date du 26 février et la convention conclue le même jour par Votre Excellence et les plénipotentiaires français contiennent respectivement, aux articles 4 et 3 les stipulations suivantes : Aucune contribution en argent ou réquisition en nature ne pourra dorénavant être imposée; les contributions en argent payées après cette date devront être rendues; la France, par contre, s'engage à supporter les frais de l'entretien des troupes allemandes.

Une entente ultérieure avec les autorités administratives allemandes a été réservée à l'égard de ce dernier point.

Le général-lieutenant de Stosch, intendant général de l'armée, vient de demander :

1° De provoquer au plus tôt les négociations dont il s'agit;

2° D'aviser les gouverneurs généraux d'avoir à conserver provisoirement les contributions frappées avant le 26 février et qui seraient payées après cette date. Il sera préférable de tenir compte de ces sommes dans les frais de subsistance de notre armée, frais qui, depuis la date indiquée, sont à la charge du pays ennemi.

Je partage cette manière de voir, et dans le cas où Votre Excellence voudrait bien y adhérer également, j'ai l'honneur de m'en remettre à elle pour la suite ultérieure à donner.

Des décisions complémentaires, nécessaires en vue de l'application de la convention du 26 février, furent arrêtées le 11 mars à Ferrières, par entente entre le général de Stosch et M. Jules Favre. (Pages 838 et suiv.).

Le lendemain de l'entrée des troupes allemandes à Paris, le général de Kameke télégraphia de cette capitale à S. M. l'Empereur :

« Des difficultés ont été soulevées au sujet de la visite du Louvre et des Invalides. Le général Vinoy (1), auquel j'ai envoyé le prince de Putbus (2), a promis de faire d'ici 11 heures les préparatifs voulus pour la visite du Louvre. Quant au droit de visiter les Invalides, le général Vinoy ne veut pas l'accorder, alléguant qu'il n'a pas assez de troupes pour tenir la foule en ordre, et que la garde nationale n'est pas sûre. Dois-je employer la force pour les occuper ? »

Cette question parvint à Versailles à 10 h. 30 du matin. Le comte de Moltke répondit par ordre de Sa Majesté, et fit savoir que l'Assemblée nationale de Bordeaux avait accepté les préliminaires de paix (1er mars).

N° 738.

Au général-lieutenant de Kameke, Paris.

TÉLÉGRAMME   Quartier général, Versailles, 2 mars 1871, 1 h. 15 soir.

Les préliminaires de paix ont été acceptés à Bordeaux. Les troupes d'occupation ne seront plus relevées demain. L'échelon entré hier partira probablement demain. Faire tous les préparatifs voulus, mais attendre l'ordre.

Sa Majesté entend qu'on n'emploie pas la force pour visiter les Invalides.

L'ordre définitif d'évacuer la capitale ennemie put être donné peu après, par suite de l'échange des ratifications qui eut lieu dans l'après-midi du 2 mars.

---

(1) Gouverneur de Paris.
(2) Major à la suite de l'armée, affecté à l'état-major du général Kameke.

Nᵒ 739.

Au général-lieutenant de Kameke, Paris.

TÉLÉGRAMME   Quartier général, Versailles, 2 mars 1871, 3 heures soir.

Demain matin, à 11 heures, parade pour le 2ᵉ échelon à Longchamps, mais cet échelon n'entrera pas dans Paris. Partez avec le 1ᵉʳ échelon, de manière à avoir complètement évacué la ville pour 11 heures du matin. Le commandant en chef de la IIIᵉ armée est avisé.

Nᵒ 740.

Au commandant en chef de l'armée de la Meuse, Margency.

TÉLÉGRAMME   Quartier général, Versailles, 2 mars 1871, 3 heures soir.

Les préliminaires de paix sont acceptés à Bordeaux. Prévenir les troupes convoquées pour la parade de Longchamps qu'elles n'entreront pas dans Paris. Par suite, ne pas envoyer au préalable sur la rive droite les trains et bagages.

La minute de ces deux télégrammes fut envoyée en communication au commandant en chef de la IIIᵉ armée.
En outre, la dépêche suivante lui fut adressée :

Nᵒ 741.

Au commandant en chef de la IIIᵉ armée.

Quartier général, 2 mars 1871.

On a l'honneur de faire connaître que l'échange des ratifications des préliminaires de paix du 26 février a été échangé ici dans l'après-midi d'aujourd'hui.

Les troupes allemandes se trouvent par suite dans l'obligation d'évacuer immédiatement l'intérieur de Paris et les forts situés sur la rive gauche de la Seine.

Relativement à la première de ces deux |questions un ordre direct a déjà été envoyé au général-lieutenant de Kameke : communication de la minute vous a été faite.

Quant à ce qui est de l'évacuation des forts de la rive gauche de la Seine, prière de vouloir bien accélérer autant que possible l'évacuation du matériel de guerre qui s'y trouve. Il suffira du reste, dans le cas où le matériel ne pourrait pas être immédiatement enlevé par voie ferrée, de le faire parquer en attendant en dehors des forts.

La détermination de la date de la remise des forts aux autorités militaires françaises fera probablement l'objet d'une entente avec ces dernières (1).

Avis des mesures prises fut donné au chancelier de l'empire.

Nᵒ 742.

*Au comte de Bismarck-Schœnhausen, chancelier de l'empire
allemand.*

Quartier général, Versailles, 2 mars 1871.

J'ai l'honneur de faire connaître à Votre Excellence que, par ordre de Sa Majesté, le 1ᵉʳ échelon de troupes, qui est entré hier dans Paris, aura complètement évacué cette ville demain à 11 heures du matin. A cette même heure, Sa Majesté passera en revue à Longchamps le 2ᵉ échelon, qui désormais ne doit plus pénétrer dans Paris.

Ordre a été donné au commandant en chef de la IIIᵉ armée de faire évacuer au plus vite les forts situés sur la rive gauche de la Seine.

---

(1) Cf. nᵒ 751.

Les commandants d'armée intéressés reçurent, à la date du 3 mars et en exécution de l'article 3 des préliminaires de paix, les ordres nécessaires en vue de commencer aussi l'évacuation des provinces françaises.

N° 743.

Au commandant en chef de la Ire armée, Amiens.

TÉLÉGRAMME   Quartier général, Versailles, 3 mars 1871, 10 heures matin.

Par ordre de Sa Majesté, la Ire armée entamera immédiatement l'évacuation de la rive gauche de la Seine. La 5e division de cavalerie est affectée à l'armée de la Meuse; indiquer de suite son quartier général. Un feldjæger est en route.

N° 744.

Au commandant en chef de la IIe armée, Tours.

TÉLÉGRAMME   Quartier général, Versailles, 3 mars 1871, 10 heures matin.

Par ordre de Sa Majesté, la IIe armée se portera immédiatement vers l'est et sur la rive droite de la Loire, et se portera sur la ligne Châtillon-sur-Seine, Nogent-sur-Seine. Le IVe corps d'armée fera retour à l'armée de la Meuse et franchira la Seine entre Paris et Rouen (1). Faire connaître de suite à l'armée de la Meuse, à Margency, le quartier général de ce corps d'armée. La 4e division de cavalerie doit être affectée à la IIIe armée. Le Ve corps d'armée a ordre de se porter par Orléans sur Dijon.

Un feldjæger est en route porteur d'un ordre détaillé.

La minute de ces deux dépêches fut communiquée au commandant en chef de la IIIe armée pour avis et pour indications ultérieures à donner au Ve corps d'armée.

______

(1) Ce corps d'armée franchit la Seine à Mantes. (Cf. n°s 751 et 754.)

Les prescriptions ultérieures à prévoir furent résumées dans le document ci-dessous :

N° 745.

*Instruction relative à l'exécution des préliminaires de paix
et de l'armistice du 26 février 1871.*

Quartier général, Versailles, 3 mars 1871.

I. Les bataillons de landwehr, les bataillons de chasseurs de réserve, les régiments de cavalerie de réserve, les batteries de réserve qui se trouvent actuellement sur le territoire français ou dans les territoires nouvellement acquis par l'Allemagne, doivent être renvoyés aussitôt que possible dans leurs foyers, ainsi que les bataillons de dépôt des régiments qui ne sont pas affectés à l'occupation permanente des nouvelles provinces.

II. Sont affectés à la garnison permanente de l'Alsace, etc. :

a) Troupes prussiennes :

Régiment de grenadiers n° 5 ;
　　　— d'infanterie n° 14 ;
　　　— — n° 60 ;
　　　— — n° 47 ;
　　　— — n° 22 ;
　　　— — n° 17 ;
　　　— — n° 25 ;
　　　— de dragons n° 10 ;
　　　— de uhlans n° 4 ;
　　　— de dragons n° 14 ;
　　　— — n° 15 ;
　　　— de uhlans n° 15 ;

2e groupe monté du régiment d'artillerie de campagne n° 8 ;

Groupe à cheval ⎫ du régiment d'artillerie de campagne
et 1er groupe monté ⎭　n° 11 ;

2 compagnies du régiment d'artillerie à pied n° 8 ;

Groupe d'artillerie de forteresse de Hanovre n° 10 ;

—   Hesse n° 11 ;

Bataillon de pionniers n° 5 ;

—   n° 9 ;

b) Régiment d'infanterie de Brunswick n° 92 ;

1 régiment d'infanterie saxonne ;

2   —   d'infanterie bavaroise ;

1   —   d'infanterie wurtembergeoise ;

1   —   de cavalerie bavaroise ;

Le groupe d'artillerie de forteresse saxonne n° 12 ;

c) Ci-joint un projet de dislocation provisoire de ces troupes (1).

Les régiments d'infanterie ci-dessus désignés cesseront de faire partie des unités auxquelles ils comptent actuellement. Ils devront être au plus tôt transportés en Alsace, etc., par voie ferrée, pour relever les troupes qui occupent actuellement ce pays.

III. Le VIIe corps d'armée passera sous les ordres directs du grand quartier général. Il aura dorénavant à occuper les départements de la Meuse et des Vosges ainsi que les parties des départements de la Meurthe et de la Moselle qui restent à la France, et devra relever au plus tôt les troupes chargées de cette mission par les gouvernements généraux.

Le régiment n° 60 est, comme il est indiqué plus haut, désigné pour tenir garnison en Alsace. Le régiment n° 72 passera pour le moment au Xe corps d'armée, dont il y aura lieu de provoquer la décision au sujet de la mise en route de ce régiment. Le 5e régiment de uhlans de réserve entamera son mouvement de retour.

—————

(1) Voir page 811.

IV. Le XII° corps d'armée (saxon) passe également sous les ordres directs du grand quartier général, Il est chargé d'occuper les départements de l'Aisne et des Ardennes. La division wurtembergeoise passe sous le même commandement et s'établira dans le département de la Marne. Les troupes chargées par les gouvernements généraux d'occuper les départements ci-dessus indiqués devront être relevées au plus tôt.

V. La Ire armée évacuera complètement la rive gauche de la Seine; elle cantonnera dans les départements de la Somme, de la Seine-Inférieure et de l'Eure (rive droite de la Seine), ainsi que dans la partie ouest du département de l'Oise délimitée par la route Gisors, Beaumont, Breteuil, Amiens, y compris les localités situées sur cette route.

Le régiment de fusiliers n° 33 remplacera le régiment de grenadiers n° 5 dans l'ordre de bataille du Ier corps d'armée; le régiment n° 81 sera provisoirement rattaché au VIII° corps d'armée. Le régiment n° 19 sera envoyé au V° corps d'armée par voie ferrée.

Les fractions détachées de la garde et du XII° corps d'armée rejoindront leur corps d'armée.

La 5° division de cavalerie (1) est mise à la disposition de l'armée de la Meuse.

La brigade de cavalerie combinée du général-major de Strantz ainsi que les trois batteries de réserve du V° corps d'armée seront immédiatement mises en marche sur Mézières. Envoyer ici l'itinéraire de ces unités.

VI. La II° armée portera immédiatement les III°, IX° et X° corps d'armée, les 2° et 6° divisions de cavalerie vers l'est entre la Loire et la Seine; elle franchira ce dernier fleuve entre

---

(1) Cette division fut retenue deux jours près de Mantes, durant sa marche sur la rive droite de la Seine, par suite de la présence de 12.000 hommes de troupes françaises qui attendaient leur transport sur Paris par voie ferrée.

sa source (1) et l'embouchure de l'Aube, et établira ses cantonnements dans les départements de la Haute-Marne, de l'Aube (rive droite de la Seine), de la Côte-d'Or (rive droite de la Seine), en ayant comme limite au sud-est une ligne allant de la source de la Seine à Grancey.

Le IVe corps d'armée fera retour à l'armée de la Meuse, la 4e division de cavalerie (2) à la IIIe armée; la 1re division de cavalerie sera affectée à l'armée du Sud.

Les régiments n°s 17 et 92 seront remplacés dans le Xe corps d'armée par les régiments n°s 67 et 72 qui font actuellement partie de l'armée du Sud.

VII. L'armée de la Meuse, à laquelle seront attribués le IVe corps d'armée et la 5e division de cavalerie, continuera à occuper les forts de Saint-Denis, de l'Est et d'Aubervilliers, et cantonnera dans les départements de l'Oise (partie non occupée par la 1re armée) et de Seine-et-Oise (rive droite de la Seine et du canal de l'Ourcq).

La division de landwehr de la garde sera renvoyée en Allemagne par voie ferrée, et doit être de suite mise en marche vers Reims.

VIII. La IIIe armée évacuera aussitôt que possible les forts de la rive gauche en emmenant le matériel. Elle occupera, sur la rive droite, les forts de Nogent, de Rosny, de Noisy et de Romainville où jusqu'ici l'armée de la Meuse avait garnison.

Les XIe, VIe corps, le IIe corps bavarois, ainsi que la 4e division de cavalerie qui fait retour à la IIIe armée, passeront sur la rive droite de la Seine, et prendront cantonnements dans le département de Seine-et-Marne et dans la partie du département de Seine-et-Oise encore disponible.

---

(1) Le IIIe corps d'armée et la 2e division de cavalerie franchirent la Seine à Nogent, le IXe corps d'armée et la 6e division de cavalerie à Troyes, le IXe corps d'armée et la 1re division de cavalerie à Châtillon. Voir pages 820 et 827.

(2) La division rejoignit la IIIe armée par Chartres et Melun.

Le Ve corps passera à l'armée du Sud. Il recevra ordre de se mettre immédiatement en marche sur Dijon par Auxerre. Le régiment n° 19 sera dirigé par voie ferrée sur la première de ces villes en remplacement du régiment n° 47.

IX. L'armée du Sud recevra le Ve corps d'armée et la 1re division de cavalerie. Elle aura comme zone de cantonnement les départements de la Haute-Saône, du Doubs et du Jura (en tant qu'ils faisaient partie jusqu'ici de la zone d'occupation allemande), ainsi que le département de la Côte-d'Or. Exception est faite dans ce dernier département pour la partie affectée à la IIe armée, ainsi que pour le secteur limité par une ligne allant de la source de la Seine jusqu'à Chagny, qui rentrera dans la zone d'occupation française à l'arrivée de la IIe armée.

L'armée du Sud est d'autre part chargée de fournir la garnison de Belfort.

Le régiment n° 34 remplacera dans le IIe corps d'armée le régiment n° 14 qui quitte ce corps.

Les troupes de landwehr, etc., qui avaient été affectées au XIVe corps d'armée, devant être incessamment rapatriées, et les régiments d'infanterie de ligne prussienne n°s 30, 34, 67 et 25 ayant reçu une autre affectation, il y a lieu de considérer comme dissous le XIVe corps d'armée, les 1re et 4e divisions de réserve et le détachement du général von der Goltz.

Les décisions à intervenir au sujet des personnels, de l'affectation des personnels administratifs, des trains, etc., sont réservées.

X. Le rapatriement des troupes d'occupation fournies par la landwehr et qui se trouvent encore dans les zones de cantonnement des Ire, IIe et IIIe armées, de l'armée de la Meuse et de l'armée du Sud, sera prescrit au fur et à mesure de leur remplacement par des troupes de ligne ou d'étapes. Les commandants en chef des armées précitées sont priés à cet égard de vouloir bien faire connaître au plus tôt la date à partir de laquelle la présence des troupes d'occupation ne sera plus utile.

XI. Il y aura lieu enfin de prévoir au plus tôt le renvoi des troupes d'étapes dans leurs foyers.

Le service assuré par ces troupes incombera, dans la zone de cantonnement des diverses armées, aux troupes de ligne de ces armées; dans la zone des XIIe, VIIe corps d'armée et de la division wurtembergeoise, aux troupes de ces unités; en Alsace, etc., aux garnisons de ce pays. Les indications seront données à cet égard par les hautes autorités militaires qui seront respectivement établies dans ces diverses régions.

XII. Des indications ultérieures seront données pour le rapatriement des compagnies d'artillerie de forteresse et des compagnies de pionniers de forteresse (pour ces dernières, en tant qu'elles n'appartiennent pas aux troupes d'occupation des gouvernements généraux, aux troupes d'étape, ou aux divisions de réserve).

XIII. Les inspections générales des étapes des Ire, IIe et IIIe armées resteront en fonctions. L'inspection générale des étapes de la IIIe armée assurera l'expédition des affaires concernant l'armée de la Meuse; l'inspection des étapes de cette dernière sera mise à la disposition de l'armée du Sud.

XIV. Les stations télégraphiques établies dans la zone à évacuer, et qui sont occupées par des fonctionnaires non mobilisés, pourront, dans le cas même où ces employés n'auraient pas été relevés par les sections télégraphiques de campagne ou d'étapes, rester ouvertes jusqu'au départ des troupes. Toutefois, les autorités militaires devront avoir soin de garantir leur sécurité, en même temps que d'assurer tous les moyens de transport nécessaires aux fonctionnaires et à leurs appareils.

XV. Les commandants d'armée, gouverneurs généraux, etc.,

sont priés de s'entendre en vue d'assurer l'exécution des rem-
placements de troupes, etc., prévus dans les instructions ci-
dessus.

Les demandes relatives aux transports de troupe par voie
ferrée prévues plus haut doivent être adressées aux commissions de ligne, qui ont déjà reçu d'ici des avis en conséquence.
Les troupes intéressées devront entre temps être averties de
déférer au besoin aux réquisitions directes des commissions
de ligne.

ANNEXE

Répartition des troupes en temps de paix en Alsace-Lorraine.

GARNISONS et EFFECTIFS.	UNITÉS.			
	INFANTERIE.	CAVALERIE.	ARTILLERIE.	PIONNIERS.
Thionville. 3 bat. d'inf. 5 escad. 2 comp. d'art. de forteresse.	4ᵉ rég. d'inf. du Rhin n° 30.	1ᵉʳ rég. d'uhlans de Poméranie n° 4.	2 comp. du rég. d'art. de forteresse du Rhin n° 8.	
	Jusqu'à la reconstruction des casernes, un escadron sera détaché à Metz.			
Metz. 12 bat. d'inf. 5 escad. 4 batt. 8 comp. de forteresse. 1 bat. de pionn.	1ʳᵉ brig. d'inf. bavaroise. 4ᵉ rég. de gren. de la Prusse orient. n° 5. 3ᵉ rég. d'inf. de Poméranie n° 14.	Rég. de drag. de la Prusse orient. n° 10.	2ᵉ groupe monté du rég. d'art. de campagne du Rhin n° 8. Groupe d'art. de forter. du Hanovre n° 10. Groupe d'art. de forteresse saxonne n° 12.	Bat. de pionn. du Schleswig-Holstein n° 9.
Saint-Avold. 2 escad.		2 escad. bavarois.		
Sarreguemines. 2 escad.		Et.-maj. et 2 esc. bavarois.		
Haguenau. 3 batt. à cheval.			Groupe à cheval du rég. d'art. de campagne de Hesse n° 11.	
Wissembourg. 1 bat. d'inf.	Et.-maj. et bat. de fusil. du 7ᵉ rég. d'inf. de Brandebourg n° 60.			
Bitche. 1 bat. d'inf.	1 bat. du 7ᵉ rég. d'inf. de Brandebourg n° 60.			
Dieuze-Marsal. 1 bat. d'inf.	2ᵉ bat. du 2ᵉ rég. d'inf. de la Basse-Silésie n° 47.			
TOTAL, à reporter.	17 bataillons.	14 escadrons.	7 batteries, 10 cⁱᵉˢ de fort.	1 bataillon.

GARNISONS et EFFECTIFS.	UNITÉS.			
	INFANTERIE.	CAVALERIE.	ARTILLERIE.	PIONNIERS.
Report.....	17 bataillons.	14 escadrons.	7 batteries. 10 c^ies de fort.	1 bataillon.
Phalsbourg. 2 bat. d'inf.	2e bat. du 7e rég. d'inf. de Brandebourg n° 60. Et.-maj. et 1er bat. du 2e rég. de la Basse-Silésie n° 47.			
Sarrebourg. 1 bat. d'inf.	Bat. de fus. du 2e rég. d'inf. de la Basse Silésie n° 47.			
Strasbourg. 9 bat. d'inf. 5 escad. 4 batt. 4 comp. de forteresse. 1 bat. de pionn.	1 rég. d'inf. saxonne. 1 rég. d'inf. wurtembergeoise. Rég. d'inf. de Brunswick n° 92. 2e bat. du 1er rég. d'inf. de la Hte-Silésie n° 22.	Rég. de uhlans du Schleswig-Holstein n°15.	1er groupe monté du rég. d'art. de campagne de Hesse n° 11.	Bat. de pionn. de la Basse-Silésie n° 5.
Schlettstadt. 2 bat. d'inf. 5 escad.	Etat-major, 1er bat. et bat. de fus. du 1er rég. d'inf. de la Hte-Silésie n° 22.	3e rég. de drag. de Silésie n° 15.		
Colmar. 2 bat. d'inf. 3 escad.	Etat-major, 1er bat. et bat. de fusil. du 4e rég. d'inf. de Westphalie n° 17.	Etat-major, 1er, 2e et 3e escad. du rég. de drag. de la Marche électorale n° 14.		
Neuf-Brisach. 2 bat. d'inf. 2 escad. 1 comp. de forteresse.	2e bat. du 4e rég. d'inf. de Westphalie n° 17. 2e bat. du 1er rég. d'inf. du Rhin n° 25.	4e et 5e escad. du rég. de drag. de la Marche électorale n° 14.	1re comp. d'art. de forteresse badoise.	
Mulhouse. 2 bat. d'inf.	Etat-major, 1er bat. et bat. de fusil. du 1er rég. d'inf. du Rhin n° 25.		Le 1er rég. d'inf. du Rhin n° 25 à Neuf-Brisach et à Mulhouse sera remplacé ultérieurement par un rég. d'inf. badoise.	
Total.....	38 bataillons.	29 escadrons.	11 batteries. 15 c^ies d'artill. de forter.	2 bataillons.

Ces instructions furent adressées le 4 mars aux autorités et personnages ci-dessous :

Au commandant en chef de la 1ʳᵉ armée à Amiens, avec prière

de vouloir bien rendre compte au plus tôt de la date à laquelle la rive gauche de la Seine serait évacuée par les troupes de la Iʳᵉ armée (1).

Au commandant en chef de la IIᵉ armée à Tours, avec la même prière et la demande

d'envoyer les tableaux de marche.

Au commandant en chef de la IIIᵉ armée à Versailles, en faisant remarquer :

que l'époque du mouvement des troupes de la IIIᵉ armée qui se trouvent sur la rive gauche de la Seine (à l'exclusion du Vᵉ corps d'armée) est encore à déterminer d'après l'entente qui doit avoir lieu entre les commissaires français et allemands aux termes des préliminaires de paix (l'article 3).

Au commandant en chef de l'armée de la Meuse, à Margency, avec prière :

d'envoyer au plus tôt le tableau de marche du XIIᵉ corps d'armée (saxon).

Au commandant en chef de l'armée du Sud, à Dijon, avec même prière au sujet du VIIᵉ corps d'armée.

Aux gouverneurs généraux de Versailles, de Reims, de Lorraine à Nancy, d'Alsace à Strasbourg, et au gouverneur de Metz ; aux généraux de Tresckow (chef du cabinet militaire) et de Stosch, ainsi qu'au colonel Meydam pour avis et transmission ultérieure.

Enfin, au Ministre de la guerre, avec prière

---

(1) La 1ʳᵉ division d'infanterie établie sur la Rille fut portée d'abord sur Rouen où elle entra le 12 mars.

de vouloir bien, dans le cas où il y aurait avantage à diriger les troupes de landwehr, etc., revenant du théâtre de la guerre, sur d'autres points que les lieux de formation, indiquer au plus tôt les localités sur lesquelles il y avait lieu d'acheminer ces troupes. J'ai également l'honneur de prier Votre Excellence de vouloir bien faire le nécessaire pour que les fractions de dépôt des troupes affectées à la garnison permanente de l'Alsace soient transportées près des régiments, etc., correspondants.

Le 2ᵉ échelon des troupes destinées à entrer dans Paris avait été passé en revue dans la matinée du 3 mars, et Sa Majesté émit le désir de voir également la plus grande partie des autres corps d'armée.

Sur ordre de Sa Majesté, le comte de Moltke, dans la soirée du 3 mars, envoya au commandant en chef de la IIᵉ armée la dépêche suivante :

Nᵒ 746.

A S. A. R. le prince Frédéric-Charles de Prusse, Tours.

TÉLÉGRAMME   Quartier général, Versailles, 31 mars 1871, 11 h. 15 soir
(parti à 11 h. 58).

Prière de faire au plus tôt connaître par télégramme à Sa Majesté s'il est possible, pour les journées du 8 au 11 mars, de concentrer en grandes masses les troupes de la IIᵉ armée, pour Lui permettre d'en passer la revue, et sur quels points (voisins de la ligne ferrée) ces troupes pourront être réunies.

Le Prince fit la réponse suivante à la date du 4, en demandant en même temps de vouloir bien prendre une décision immédiate. En imposant aux troupes de grands efforts, il était possible de rassembler, le 11 près d'Artenay, la plus grande partie du IXᵉ corps d'armée et de la 6ᵉ division de cavalerie, le 12 au sud de Chartres la plus grande partie du IIIᵉ corps et de la 2ᵉ division de cavalerie.

Le comte de Moltke fit connaître par le télégramme ci-dessous la décision de Sa Majesté.

N° 747.

Au commandant en chef de la IIe armée, Tours.

TÉLÉGRAMME   Quartier général, Versailles, 4 mars 1871, 3 h. 45 soir.

Sa Majesté se réserve de passer la revue du IIIe corps sur le sol national, un voyage à Chartres, le 12, ne semblant pas opportun, étant données les communications sur le théâtre de la guerre.

Au contraire, Elle désirerait voir le 10 à Orléans, ou près de la ligne ferrée Orléans, Blois, le plus de troupes possible, et écarte la proposition d'une revue le 11 près d'Artenay. Dire par télégramme ce qu'on pourra voir le 10..... Dans quelle direction marche le Xe corps d'armée?

Le commandant en chef répondit que le Xe corps et la 1re division marchaient sur Orléans par Blois, et que le 10 mars l'on pouvait rassembler deux brigades mixtes près de la ligne ferrée à Beaugency. Toutefois ces revues n'eurent pas lieu.

Par contre, Sa Majesté passa en revue, le 7 mars, sur le plateau de Noisy-le-Grand, Villiers-sur-Marne, le Ier corps bavarois, le XIIe corps d'armée et la division wurtembergeoise. En même temps et par ordre de Sa Majesté, S. A. I. et R. le Prince royal passait en revue le 12 mars, à Rouen, le Ier corps d'armée et la 17e division; le 13 mars, à Amiens, le VIIIe corps d'armée, la 3e division de cavalerie et la 3e division de réserve.

A la suite d'un soulèvement de la garde nationale à Paris, le général Vinoy, gouverneur de la capitale, télégraphia au ministre de la guerre français à Bordeaux, en lui demandant une division de renfort.

Des ordres durent par suite être envoyés par l'autorité allemande.

N° 748.

Aux commandants en chef de la Ire armée, Amiens; de la IIe armée, Tours, et de l'armée de la Meuse, Margency.
(Très urgent.)

TÉLÉGRAMME   Quartier général, Versailles, 4 mars 1871, 3 heures soir.

Des troubles graves à Paris rendent nécessaire de renforcer

immédiatement la garnison française. Le gouvernement français fait venir des troupes du Havre, de Cherbourg, de Laval, de Poitiers (1), de Châteauroux et de La Rochelle (2). Laisser passer sans les retenir les trains de troupe qui franchiront à cet effet les zones des Ire et IIe armées et de l'armée de la Meuse. Rendre compte ici de la nature des troupes qui passeront et de leur effectif approximatif.

Avis fut donné au commandant en chef de la IIIe armée, en faisant remarquer que la plupart de ces trains de troupe passeraient par Versailles, et qu'il y avait lieu de munir le Ve corps d'armée d'instructions en conséquence.

On venait également, à la suite des nouvelles arrivant de Paris, de faire la réponse suivante à diverses questions posées par le commandant en chef de l'armée de la Meuse :

N° 749.

Au commandant en chef de l'armée de la Meuse, Margency.

TÉLÉGRAMME   Quartier général, Versailles, 4 mars 1871, 1 h. 15 soir.

Lever le pont de bateaux de Suresnes. Suspendre encore le désarmement des batteries et des forts sur le front Nord–Est. Des renseignements dignes de foi venant de Paris nous annoncent le commencement de troubles dans les quartiers de Montmartre et de Belleville.

Supprimer l'obligation des laissez-passer. Entrée libre des subsistances.

Avis fut donné le 4 mars, au Chancelier de l'empire, de l'ordre de renvoyer la landwehr dans ses foyers, et des cantonnements prévus pour les armées. En même temps on lui soumettait la question de la suppression des gouverneurs généraux.

---

(1) Sud-ouest de Tours, département de la Vienne.
(2) Sur l'océan Atlantique, au sud-ouest de Poitiers.

N° 750.

Au comte de Bismarck-Schœnhausen, chancelier de l'empire allemand.

Quartier général, Versailles, 4 mars 1871.

J'ai l'honneur de faire connaître à Votre Excellence que Sa Majesté, à la suite de la ratification des préliminaires de paix, a daigné prescrire la rentrée successive des troupes de landwehr sur le sol allemand.

Les territoires acquis par l'Allemagne seront immédiatement occupés par les troupes chargées d'y tenir garnison permanente. Dans les gouvernements généraux de Lorraine et de Reims, les troupes de landwehr mises à la disposition des gouvernements, etc., seront relevées par deux corps d'armée et une division. La Ire armée restera avec deux corps d'armée et demi dans la région de Rouen, Amiens, etc. L'armée de la Meuse et la IIIe armée, à l'effectif total de six corps d'armée, seront cantonnées sur la rive droite de la Seine et en telles conditions qu'on puisse rassembler leurs troupes en trois jours.

La IIe armée, avec trois corps d'armée, s'établira en cantonnements sur la rive droite de la Seine, en amont de l'embouchure de l'Aube jusqu'au delà de Châtillon : elle occupera tout le département des Vosges.

Enfin l'armée du Sud, avec deux corps d'armée et demi, tiendra les départements du sud-est.

Je me permets donc d'appeler l'attention de Votre Excellence sur la question de savoir s'il n'y aurait pas lieu, par suite de l'exécution des dispositions précitées, de supprimer les gouverneurs généraux. Cette mesure paraît d'autant plus justifiée que les impôts vont dorénavant être levés par des fonctionnaires français. Peut-être même sera-t-il possible, même avant le délai prévu par l'article 8 des préliminaires, de remplacer les préfets et sous-préfets allemands établis durant la guerre par des fonctionnaires français plus au courant de la situation locale; ceci, bien entendu, à condition que ces derniers offriront des garanties personnelles et s'engageront à exercer leur fonction sous l'autorité supérieure des commandants d'armée ou des généraux.

Le comte de Bismarck envoya le 5 mars son rapport immédiat daté du 4 sur l'organisation nouvelle à donner à l'administration civile, en même temps qu'un ordre du cabinet de Sa Majesté en date du 5, en vertu duquel les gouvernements généraux de Versailles, Reims et Nancy étaient supprimés et leurs attributions transférées aux commandants en chef des diverses armées (1).

Le général-lieutenant de Fabrice, ministre de la guerre de Saxe, jusquelà gouverneur général de Versailles, fut, ainsi que le comte de Bismarck l'avait fait connaître à la date du 4, chargé de remplacer le chancelier de l'empire dans les négociations « juridiques, administratives et diplomatiques avec le gouvernement français » durant le voyage que celui-ci allait faire à Berlin.

Le 5 mars (2), on envoya aux commandants en chef un accord conclu la veille, au sujet de l'évacuation de la rive gauche de la Seine.

N° 751.

A tous les commandants en chef, gouverneurs généraux, au gouverneur de Metz, au chancelier de l'empire, au ministre de de la guerre, au chef du cabinet militaire, au général-lieutenant de Stosch et au colonel Meydam.

Quartier général, Versailles, 5 mars 1871.

J'ai l'honneur d'envoyer ci-joint au commandant en chef,

---

(1) Voir pages 877 et suivantes.

(2) Le 5 mars, on envoya également aux commandants d'armée, gouverneurs généraux, au gouverneur de Metz et au ministère de la guerre, les prescriptions relatives au rapatriement, au maintien, ou au changement de cantonnement, des compagnies d'artillerie de forteresse ou du génie de forteresse.

etc., pour avis et à toutes fins utiles, ... exemplaires de la convention conclue hier entre le quartier-maître général de l'armée allemande et le chef d'état-major de l'armée de Paris, et relative à l'évacuation de la rive gauche de la Seine par les troupes allemandes.

ANNEXE

§ 1er.

Les forts de la rive gauche de la Seine seront évacués le 7 mars à onze heures du matin. Un officier de l'armée allemande restera dans chaque fort et le remettra à un officier français, qui se présentera pour en prendre possession avec sa troupe.

§ 2.

Toute la presqu'île de Gennevilliers sera évacuée en même temps que la forteresse du Mont-Valérien.

§ 3.

Jusqu'à l'évacuation complète des troupes allemandes qui sont à Versailles et aux environs et pour permettre le transport du matériel d'artillerie, il sera tracé une ligne de démarcation que les troupes des deux pays ne pourront pas franchir :

1º De la Seine à Bougival à Saint-Cloud en passant par Buzenval ;

2º Du Bas-Meudon à la Seine en laissant dans la zone neutre les villages de Meudon, Clamart, Châtillon, Bagneux, Cachan, Villejuif et Vitry. Les redoutes des Hautes-Bruyères et du Moulin-Saquet pourront être occupées par l'armée française.

§ 4.

La ligne de démarcation sur la rive droite restera comme elle avait été fixée par la première convention.

§ 5.

Tout le matériel de guerre qui se trouverait encore dans la nouvelle zone neutre qui vient d'être tracée sera enlevé par le soin des autorités allemandes dans le plus bref délai et sans être inquiétées. Les autorités allemandes sont autorisées à établir un service de surveillance pour ce matériel.

§ 6.

Les troupes qui occupent Versailles ainsi que les environs de Paris sur la rive gauche auront complètement terminé leur mouvement d'évacuation sur la rive droite le 19 mars.

§ 7.

Les troupes allemandes qui occupent Bernay, Nogent-le-Rotrou, Evreux, Dreux, Chartres et tous les environs, repasseront sur la rive droite de la Seine entre Rouen et Paris, et elles auront terminé leur mouvement le 12 mars (1).

§ 8.

Les troupes allemandes qui occupent en ce moment Alençon, Le Mans, Tours et les environs repasseront sur la rive droite de la Seine, de la source jusqu'au confluent de l'Aube, et elles auront terminé leur mouvement le 28 mars.

Le même jour, les troupes allemandes dans la partie méridionale de la Côte-d'Or se retireront derrière une ligne qui partira de la source de la Seine et qui se dirigera vers la limite de l'arrondissement de Beaune, lequel sera complètement évacué par lesdites troupes.

§ 9.

Les autorités françaises auront toute facilité pour faire venir à Paris, par les voies ferrées, les troupes qui sont destinées à composer la garnison de 40.000 hommes venant du Havre, de

---

(1) Pour le Xᵉ corps, dont le mouvement était le plus long, le terme de l'évacuation fut, par accord à la date du 6 mars, reporté au 1ᵉʳ avril. Cf. p. 827, § 9.

Cherbourg, de Laval, de Poitiers, de Châteauroux, de La Rochelle et de Saint-Amand-Cher.

§ 10.

Les mêmes facilités leur sont reconnues pour renvoyer dans leurs départements les militaires et marins désarmés qui se trouvent aujourd'hui à Paris. On pourra se servir soit des voies de terre, soit des chemins de fer.

Fait à Versailles, le 4 mars 1871.

Signé : v. Podbielski.   Signé : Gal de Valdan.

Des prescriptions spéciales furent nécessaires pour assurer le retour dans leurs foyers des gardes nationaux qui se trouvaient à Paris. Elles furent adressées aux autorités intéressées les 5 et 6 mars.

Nᵒ 752.

Aux commandants en chef des Iʳᵉ, IIᵉ armées et de l'armée de la Meuse, ainsi qu'aux gouverneurs généraux de Reims et de Lorraine.

Quartier général, Versailles, 5 mars 1871.

En vertu d'une entente conclue avec les autorités militaires françaises, les gardes nationaux mobiles qui se trouvent actuellement à Paris seront renvoyés, sans armes, dans leurs foyers, pour y être licenciés. Ils y [seront dirigés par voie de terre conformément au tableau de marche ci-joint (1).

Les bataillons français emportent leurs subsistances avec eux. Ils devront être cantonnés dans les gîtes d'étapes désignés ou dans leur voisinage. On tiendra la main à ce que partout où les troupes françaises emprunteront la zone de l'occupation allemande toute collision soit évitée et qu'elles soient installées autant que possible à part.

---

(1) Non reproduit.

Le commandant en chef (gouverneur général) est prié d'envoyer en toute urgence les avis nécessaires aux commandants de troupes ou d'étapes placés sous ses ordres.

Le 6 mars, le comte de Moltke adressa la lettre suivante au Chancelier de l'empire :

N° 753.

Au comte de Bismarck-Schœnhausen, chancelier de l'empire allemand.

Quartier général, Versailles, 6 mars 1871 (parti à 11 heures matin).

J'ai l'honneur d'adresser ci-joint à Votre Excellence, une lettre de M. Jules Favre (1) en date du 5 courant, qui lui est adressée et qui a été remise ici par le général-lieutenant de Stosch. Cette lettre a trait à l'évacuation aussi rapide que possible de Versailles et des environs.

Au point de vue militaire, il n'existe aucun inconvénient à donner satisfaction pour le 11 courant à midi au désir exprimé par M. Jules Favre. Mais je me permettrai de demander à Votre Excellence de vouloir bien apprécier si, en raison *du peu de complaisance montrée par les négociateurs français* dans l'établissement des règles relatives à la subsistance des troupes, à l'emploi des lignes ferrées, etc., il ne serait pas bon de montrer également, de notre côté, moins de condescendance que par le passé.

J'ai prié par télégramme le général de Valdan de vouloir bien se rendre ici aujourd'hui pour continuer les négociations. Je serai donc très reconnaissant à Votre Excellence de vouloir bien me faire connaître si elle désire qu'il soit donné satisfaction à la demande précitée.

---

(1) Non reproduite.

A mon sens, toute faveur accordée par nous serait prématurée avant qu'on ne soit arrivé en particulier à une entente complète au sujet de la question des subsistances.

Le comte de Bismarck fit, durant l'après-midi, porter au chef d'état-major général de l'armée, par M. Abeken, conseiller intime de légation, la copie du télégramme qu'il adressait à M. Jules Favre au moment de son départ pour Berlin :

« On avait commencé, du côté allemand, à exécuter immédiatement les stipulations du traité de paix, et ce dans l'hypothèse qu'il en serait fait de même du côté français. Jusqu'ici cette hypothèse ne s'est pas réalisée en ce qui concerne les points ci-dessous :

1) Réduction de la garnison de Paris à 40.000 hommes. Paris, en outre de 30.000 gardes nationaux armés, renferme encore aujourd'hui plus de 150.000 soldats armés ou désarmés, qui ne sont plus prisonniers de guerre. Enfin, ce n'est qu'aujourd'hui qu'on a commencé à renvoyer dans leurs foyers les 60.000 hommes de la garde mobile, mesure que Votre Excellence avait jadis et d'une manière si pressante exprimé le désir de voir autoriser.

2) La retraite des armées françaises derrière la Loire devait coïncider avec l'évacuation des départements de l'ouest par les troupes allemandes. Jusqu'ici on n'a pas encore seulement essayé de s'entendre avec nos autorités militaires au sujet du passage à travers nos lignes d'un seul régiment se rendant vers la Loire et aucune unité n'a été encore mise en mouvement. Etant donnée cette constatation, on sera forcé d'arrêter également les troupes allemandes dans leurs marches d'évacuation.

Celles-ci ne franchiront pas la Seine avant que les troupes françaises ne se soient retirées au delà de la Loire.

3) Dans le traité de paix, le gouvernement français s'était engagé à assurer la subsistance des troupes allemandes; à la date d'aujourd'hui cet engagement n'a pas encore été mis à exécution. Les troupes seront forcées, par suite, de continuer le système des réquisitions aussi longtemps que les fournitures ne seront pas, conformément aux conventions, assurées par le gouvernement français. Celui-ci aura, d'autre part, à couvrir les frais de la subsistance des troupes d'occupation, frais qu'a dû faire le gouvernement allemand.

4) Les stipulations de l'armistice du 28 janvier, relatives à la remise des prisonniers, n'ont pas encore été complètement appliquées à la date d'aujourd'hui 6 mars.

5) Au cours de leurs marches, les troupes allemandes demeurent

exposées à voir, comme auprès d'Epernay ou de Conches (1), leurs fractions en butte aux attaques de détachements français. Ces attentats à la paix conclue seront nécessairement réprimés et punis par des mesures de rigueur et l'emploi de la force militaire.

S. M. l'Empereur ne croit pas que ces négligences dans l'application du traité de paix répondent aux intentions du gouvernement français. Aussi n'en procèdera-t-on pas moins, du côté allemand, à l'évacuation des forts sud-ouest de Paris, évacuation décidée pour demain, à la condition toutefois que la garnison qui occupera ces forts ne dépassera pas comme effectif le strict nécessaire prévu dans la convention pour les places fortes au nord de la Loire. Mais toutes les autres mesures que nous avons entamées déjà pour exécuter les conditions de la paix, et particulièrement en vue d'évacuer le territoire français jusqu'à la Seine, ne pourront pas être continuées avant que le gouvernement français n'ait également commencé sérieusement à en faire de même de son côté, en ce qui concerne les cinq points exposés ci-dessus. Avant tout, il y a lieu pour nous d'insister pour que tous les corps de troupes armés ou *non qui n'appartiennent pas aux 40.000 hommes de la garnison de Paris* soient dirigés sans délai sur la Loire et pour que l'on se mette immédiatement à assurer la subsistance des troupes allemandes.

Quant à ce qui a trait aux désirs du gouvernement français, relatifs au rétablissement des *communications postales et télégraphiques*, de l'exploitation des *voies ferrées* et des diverses organisations administratives dans les régions occupées par nous jusqu'à la paix définitive, nous sommes prêts à donner toute satisfaction. Mais il faut auparavant que l'on se mette à appliquer les conditions de la paix plus sérieusement que l'on n'a essayé de le faire jusqu'ici et que l'on cherche à s'entendre avec nous sur ces différentes questions par la voie des négociations. Tant qu'il n'en sera pas ainsi les autorités allemandes ont ordre de conserver le *statu quo*.

Des affaires pressantes rendant ma présence nécessaire à Berlin, je prie Votre Excellence de se mettre en rapport avec le général de Fabrice, ministre de Saxe et gouverneur général, pour traiter les divers points qui font l'objet de la présente communication. Le général de Fabrice est chargé, avec l'approbation de Sa Majesté, de poursuivre ces négociations en mon lieu et place (2). Il se rendra mardi à Ferrières avec Sa Majesté.

v. BISMARCK.

------

(1) A l'ouest d'Evreux, département de l'Eure.

(2) Le général de Fabrice télégraphia le 7 mars au comte de Moltke que satisfaction allait être donnée, semblait-il, aux réclamations du prince de Bismarck.

Malgré toutes ces difficultés, l'autorité supérieure allemande consentit préalablement à hâter l'évacuation de Versailles (1), ainsi que le désir en avait été exprimé du côté français. Une entente conclue dès le 6 avec le général de Valdan fut communiquée immédiatement à la III⁰ armée directement intéressée, et transmise le 8 à l'armée de la Meuse.

N° 754.

Au commandant en chef de la III⁰ armée.

Quartier général Versailles, 6 mars 1871 (parti à 11 heures soir.)

J'ai l'honneur d'envoyer ci-joint, pour avis et à toutes fins utiles, copie d'un accord conclu à la date d'aujourd'hui avec le général de Valdan, chef d'état-major de l'armée de Paris.

ANNEXE

Dans le but de faciliter l'occupation de Versailles par l'armée française dans le plus bref délai possible, les dispositions suivantes ont été arrêtées d'un commun accord entre l'état-major général français et l'état-major général allemand.

§ 1ᵉʳ.

L'armée allemande s'engage à évacuer complètement Versailles et le territoire compris dans la ligne de démarcation qui va être indiquée ci-dessous le 11 mars à midi.

§ 2.

La nouvelle ligne de démarcation partira du pont de Bougival sur la Seine, passera par Louveciennes, Bailly, Noisy, Rennemoulin, Bois-d'Arcy, Bouvier, en suivant le cours de la Bièvre jusqu'au Petit-Jouy, continuera par l'Hôtel-Dieu, Velizy, Villebon (2) et le Haut-Meudon où elle rencontre la ligne de démarcation fixée par la convention du 4 mars.

---

(1) Le gouvernement français désirait transporter au plus tôt l'Assemblée nationale de Bordeaux à Versailles.

(2) Ferme au sud-est de Meudon.

§ 3.

Les lignes qui avaient été tracées entre Bougival et Saint-Cloud et de la Seine au Haut-Meudon sont supprimées.

§ 4.

L'armée allemande se réserve la libre circulation et l'établissement d'un service de surveillance dans les villages de Clamart et de Vitry où elle possèdera du matériel jusqu'au 19 mars. Elle est autorisée à y maintenir les hommes et les chevaux nécessaires pour les transports du matériel. Elle est également autorisée à circuler en toute liberté et à faire circuler du matériel de Vitry au pont d'Ivry, et d'établir un poste de surveillance au Port-à-l'Anglais, auprès de la gare de Vitry.

§ 5.

Deux divisions de l'armée allemande et le quartier général de la IIIᵉ armée partant de Versailles pour se rendre sur la rive droite de la Seine aux environs de Saint-Denis, suivront les 10 et 11 mars les routes qui traversent la presqu'île de Gennevilliers de Bougival à Saint-Denis, et occuperont pendant ces deux jours les villages de Courbevoie, Asnières, Colombes, Gennevilliers et Villeneuve-la-Garenne. Ces troupes devront avoir évacué la presqu'île de Gennevilliers le 12 mars au matin.

§ 6.

D'après la convention du 4 mars, la zone neutre doit continuer à exister sur la rive droite de la Seine entre les forts et l'enceinte. Toutefois, cette zone n'ayant plus sa raison d'être au nord-ouest, par suite de la remise du Mont-Valérien aux troupes françaises, elle s'arrêtera à une ligne qui partira de la Seine à l'endroit où l'ancienne ligne rencontre le fleuve, en arrière de Saint-Denis, et qui passera à l'est de Saint-Ouen, en se continuant jusqu'à l'enceinte de Paris.

§ 7.

Il est bien entendu que le 19 mars tout le territoire de Ver-

sailles et les environs de Paris situés sur la rive gauche seront
évacués par les troupes allemandes.

§ 8.

La partie de l'armée allemande qui occupe en ce moment la
ligne d'Alençon au Mans et qui appartient au IVe corps d'armée, devant se replier sur la rive droite entre Paris et Rouen
avec ce même corps, est autorisée, en raison de la distance,
à terminer son mouvement le 19 mars.

§ 9.

Le Xe corps faisant partie de l'armée du prince Frédéric-
Charles, cantonnée en ce moment à l'ouest et au sud de Tours,
est autorisé à exécuter le passage de la Seine le 1er avril au
lieu du 28 mars, ainsi qu'il avait été arrêté pour toute cette
armée par l'article 8 de la convention du 4 mars.

Fait à Versailles, le 6 mars 1871.

Signé : v. PODBIELSKI.   G^{al} DE VALDAN.

Avis préalable fut donné par télégramme :

N° 755.

Au commandant en chef de l'armée de la Meuse, Margency.

TÉLÉGRAMME   Quartier général, Versailles, 6 mars 1871, 10 h. 30 soir.

Par suite d'extension donnée à la convention du 4 mars, le
IVe corps d'armée n'aura à passer la Seine entre Rouen et
Paris que le 19.

Un officier d'état-major français doit se rendre le 8 à Margency pour s'entendre en vue de l'établissement près d'Aubervilliers d'une ligne de démarcation répondant autant que
possible aux intérêts des deux parties. Vous n'êtes pas obligé
de modifier les conditions existantes, mais on serait heureux
de voir donner satisfaction.

N° 756.

Au commandant en chef de la II⁰ armée, Fontainebleau.

TÉLÉGRAMME   Quartier général, Versailles, 6 mars 1871, 10 h. 30 soir.

Par suite d'extension donnée à la convention du 4 mars, le X⁰ corps d'armée n'aura à franchir la Seine que le 1ᵉʳ avril, ainsi que le prévoit le tableau de marche.

N° 757.

Au commandant en chef de l'armée du Sud, Dijon.

TÉLÉGRAMME   Quartier général, Versailles, 6 mars 1871, 10 h. 30 matin.

Le détachement Krenski et les 10 bataillons de landwehr repassent sous les ordres du gouverneur général de Lorraine.

Ce dernier fut également avisé par voie télégraphique.

Tous les commandants d'armées, etc., furent avisés du mouvement prévu pour le grand quartier général.

N° 758.

A tous les commandants en chef, gouverneurs généraux (Reims, Lorraine, Alsace) et au gouverneur de Metz.

TÉLÉGRAMME   Quartier général, Versailles, 6 mars 1871, 1 h. 30 soir.

Le grand quartier général de S. M. l'Empereur et Roi sera à Ferrières demain à midi.

Le général de Hahnenfeld, faisant fonctions de chef d'état-major à Berlin, fut prié de faire la même communication aux gouverneurs généraux d'Allemagne.

Divers actes commis en violation de l'armistice avaient été signalés par le commandant en chef de l'armée de la Meuse. Le comte de Moltke en référa au chef d'état-major du gouverneur de Paris.

N° 759.

Au général de Valdan, Paris, palais du Louvre.

TÉLÉGRAMME   Quartier général, Versailles, 7 mars 1871, 11 h. 30 soir.

D'après un compte rendu que je viens de recevoir, une cinquantaine de coups de feu ont été tirés contre nos avant-postes d'une maison située près de l'église de Saint-Ouen, dans la direction de l'île de Saint-Denis. Nos avant-postes n'ont pas riposté, mais ils ont reçu avis de répondre par la force à toute autre hostilité.

D'autre part, j'ai été averti que 12.000 hommes de troupes françaises se trouvent à Mantes. Si elles sont désignées à tenir garnison dans Paris, je vous serai obligé de vouloir bien les faire venir de suite, nos troupes devant prochainement franchir la Seine dans cette région.

Tous les chassepots viennent de partir pour Mayence; ordre télégraphique a été donné pour en renvoyer 12.000 (1). Je me réserve de vous aviser ultérieurement à cet égard.

Le commandant en chef de l'armée de la Meuse fut avisé de répondre par la force des armes à toute hostilité dans le genre de celle qui s'était produite près de Saint-Denis (Saint-Ouen) et qui avait été signalée par lui. Il y aurait lieu de rendre compte au grand quartier général des difficultés qui pourraient se produire à l'occasion du passage près de Mantes.

Le comte de Moltke avait soumis au chancelier de l'empire, à la date du 5 mars, une demande du gouverneur général d'Alsace relative à l'éva-

---

(1) Le général de Valdan avait demandé la rétrocession de 12.000 chassepots livrés en trop. Le comte de Moltke avait constaté la justesse de cette demande, et prié le Ministre de la guerre de renvoyer ces armes.

cuation de la place de Bitche, que son gouverneur refusait de rendre, et lui avait demandé une décision à ce sujet. Le comte de Bismarck répondit qu'aux termes de l'article 1ᵉʳ des préliminaires de paix, la place était cédée à l'Allemagne et que son gouverneur avait le devoir de l'évacuer incontinent.

Le comte de Moltke télégraphia :

Nº 760.

Au gouverneur général d'Alsace, Strasbourg.

TÉLÉGRAMME   Quartier général, Ferrières, 8 mars 1871, 5 heures soir.

La place de Bitche a été cédée à l'Allemagne en vertu de l'article 1ᵉʳ des préliminaires de paix. Il y a lieu en conséquence de sommer le gouverneur français de l'évacuer sans délai et de quitter, avec ses troupes, le territoire allemand par le chemin le plus court.

Le général de Fabrice fut prié d'adresser au gouvernement français une communication en conséquence, en l'invitant à aviser le commandant de place de Bitche.

On avait auparavant projeté de faire sauter les ouvrages de Soissons, Sedan et Montmédy. Le chancelier de l'empire avait adressé à cet égard une communication écrite au Ministre de la guerre et fait connaître que la destruction des forteresses, dans la zone rendue à la France par suite du traité de paix, serait un acte contraire au droit des gens. Le général de Roon fit part de cette solution au comte de Moltke, qui répondit :

Nº 761.

Au général de l'infanterie de Roon, ministre de la guerre.

Quartier général, Ferrières, 8 mars 1871 (partie le 9).

J'ai l'honneur de faire connaître à Votre Excellence, en réponse à la dépêche qu'elle a bien voulu m'adresser à la date du 6 courant, que, dès le 5 mars, avis a été envoyé par

télégramme (1) aux gouverneurs de Reims et de Nancy, d'avoir
à s'abstenir de faire sauter les places de Soissons, Laon, Sedan,
Montmédy et Toul. On devra, dans les mines qui auraient
été disposées, couper le prolongement extérieur des conducteurs et, lors de la remise des plans aux autorités françaises,
celles-ci devront être avisées de l'existence des dispositifs en
question.

Je serai reconnaissant à Votre Excellence de vouloir bien
faire part de ces mesures au chancelier de l'empire.

Le général de Fabrice avait transmis une prière de M. Jules Favre relative à la remise des soldats français prisonniers en Belgique. Le comte
de Moltke envoya à ce sujet les indications ci-dessous à M. de Balan, notre
ambassadeur à Bruxelles.

Nº 762.

A M. de Balan, ambassadeur de Prusse à Bruxelles.

TÉLÉGRAMME   Quartier général, Ferrières, 8 mars 1871, midi 45.

Nous ne faisons aucune objection à ce que le renvoi des
prisonniers de guerre qui se trouvent en Belgique commence
dès aujourd'hui. Toutefois, ainsi qu'il a été décidé dans l'entente conclue à ce sujet avec la Suisse, ces hommes devront
être sans armes. Les armes ne seront renvoyées en France
qu'après la conclusion de la paix.

Le général de Valdan avait d'autre part demandé par télégramme la
permission de rassembler les prisonniers revenant d'Allemagne à Charleville, Thionville et Lunéville. Il désirait pouvoir établir dans ces
localités des magasins de subsistances, et nommer un commandant de
place français. Le comte de Moltke acquiesça également à ces demandes.

---

(1) Non inséré, le sens en étant reproduit dans la lettre.

N° 763.

Au général de Valdan, Paris.

TÉLÉGRAMME   Quartier général, Ferrières, 9 mars 1871, 10 h. 10 soir.

Il est entendu que dans trois points avantageux à cet égard on pourra établir des intendants français, créer des magasins, et nommer un commandant de place. Mais sur les trois points proposés par vous à cet égard, deux sont sur la même ligne ferrée, ce qui causerait des retards pour l'arrivée des prisonniers et pour le départ de nos troupes.

Afin de faciliter l'entente à ce sujet, je vous prierai de vouloir bien envoyer un officier demain, ou au plus tard après-demain, et de nous avertir de l'heure de son arrivée à Lagny.

Le 11 mars, les négociateurs français et allemands se mirent définitivement d'accord au sujet du rapatriement des prisonniers. La voie de mer dut être employée pour hâter les transports.

Le texte de la convention était le suivant :

CONVENTION

CONCERNANT LA REMISE DES PRISONNIERS DE GUERRE FRANÇAIS

ARTICLE PREMIER. — Le gouvernement français annoncera au ministère de la guerre de Berlin l'arrivée des vaisseaux de transport français à Bremerhafen et à Hambourg. Trois jours après cet avis, le ministère de la guerre à Berlin remettra au gouvernement français 10.000 hommes au plus à Bremerhafen et 14.000 hommes au plus à Hambourg.

ART. 2. — Concernant les prisonniers ramenés par le chemin de fer, le gouvernement français se charge de fournir le matériel nécessaire pour transporter les prisonniers de guerre en France. Ce matériel servira également à ramener l'armée allemande conformément aux stipulations de la convention spéciale réglant l'exécution par les chemins de fer de l'article 6 des préliminaires de paix.

ART. 3. — Les convois des prisonniers rentrant en France seront dirigés :

1° Ceux qui passent par Metz sur Charleville ;

2° Ceux qui passent par Strasbourg sur Lunéville ;

3° Ceux qui passent par Mulhouse sur Vesoul.

ART. 4. — Le gouvernement français est autorisé à installer à Charleville, Lunéville et Vesoul un commandant de place, un intendant militaire, un payeur, ainsi que tout le personnel nécessaire.

L'autorité française y installera également un magasin de vivres et d'habillement.

ART. 5. — L'autorité française pourra congédier dans ces trois places les hommes libérés du service militaire et appartenant aux départements voisins. Tous les autres militaires libérés ou non ne devront être dirigés que par les chemins de fer jusqu'au delà des limites du territoire occupé par les troupes allemandes.

Conformément à l'article 3 des préliminaires de paix, ceux de ces hommes qui ne sont pas libérables seront dirigés sur des points situés sur la rive gauche de la Loire.

ART. 6. — Les autorités allemandes ne s'engagent à faire arriver sur chacun des trois points indiqués ci-dessus que quatre trains par jour, de 800 à 1.000 hommes chacun, et cela autant que le matériel français sera suffisant, et que les mouvements seront possibles sur les lignes allemandes.

ART. 7. — L'autorité française renoncerait au transport par la ligne de Mulhouse sur Vesoul si le passage à pied de Dannemarie à Belfort présentait de trop grandes difficultés.

ART. 8. — Les autorités allemandes remettront de la même manière, soit à Lunéville, soit à Charleville, les militaires français détenus à la prison et au pénitencier de Metz, ainsi que ceux qui pourraient être détenus dans les autres forteresses.

ART. 9. — La garnison de Bitche quittera immédiatement la

place avec les honneurs de la guerre; elle emportera ses armes, ses bagages, son matériel et toutes les archives qui ne concernent pas la place. Elle sera transportée par le chemin de fer de Lunéville jusqu'au delà du pays occupé par l'armée allemande.

Fait à Ferrières, le onze mars 1871.

Approuvé :

Jules FAVRE.   v. PODBIELSKI.

Copie de cette convention fut envoyée le 14 mars de Nancy par le comte de Moltke aux commandants en chef, aux gouvernements généraux, aux commandants des XIIe et VIIe corps d'armée, au commandant de la division wurtembergeoise et au général de Fabrice.

Le rapatriement de nos troupes exigea, comme le transport des prisonniers français en France, des préparatifs multiples.

Au grand quartier général, on avait à cet égard prévu six trains par jour sur les lignes allemandes à une voie et dix trains sur les lignes à deux voies. Le comte d'Itzenplitz, ministre du commerce, ne voulait admettre que quatre à cinq trains par jour pour les premières et huit trains au plus pour les lignes à deux voies.

Dans la réponse envoyée par lui à ce sujet par télégramme, il basait son avis sur ce que la guerre avait diminué la capacité de rendement des voies ferrées et épuisé les ressources de toute nature, si bien que, dans certaines régions, il y avait disette des matières premières les plus indispensables. L'on ne pouvait songer à supprimer ou à diminuer le transit des voyageurs, et, par suite, les transports exigés par le grand quartier général allaient occasionner, pour la plupart des lignes, l'arrêt absolu du trafic des marchandises et le restreindre aux dernières limites pour les autres. Il en résulterait les plus graves inconvénients pour le pays.

Le chef d'état-major général de l'armée répondit :

N° 764.

Au comte d'Itzenplitz, ministre du commerce, Berlin.

Quartier général, Ferrières, 9 mars 1871.

Votre Excellence a exposé, par télégramme du 7 courant, les obstacles résultant, pour les transports de l'armée en Allemagne, de l'état ou se trouve le réseau ferré, et des besoins du trafic à l'intérieur. Elle a indiqué le chiffre de quatre à cinq trains pour les lignes à une voie et de huit trains pour les lignes à deux voies, comme constituant la limite désirable pour les transports de troupes journaliers.

Les considérations exposées par Votre Excellence m'avaient déjà amené à n'admettre que six ou huit trains par jour au lieu du rendement maximum. Je n'ai pas cru pouvoir descendre au dessous en raison de l'influence fâcheuse que le retard apporté au renvoi des hommes de réserve aurait pour les caisses de l'Etat aussi bien que pour les intérêts privés.

Etant donnée l'importance d'ordre général que présente cette question je ne puis que m'en rapporter à Votre Excellence pour vouloir bien provoquer une solution donnant juste satisfaction à tous les intérêts considérés.

Le Ministre de la guerre reçut connaissance à la date du 10 mars du télégramme du comte d'Itzenplitz ainsi que de la réponse du comte de Moltke et fut prié de vouloir bien aider à accélérer les transports.

En outre, et afin de faciliter l'établissement d'un tableau d'emploi des lignes ferrées selon leur capacité, le général de Roon fut prié de vouloir bien faire connaître le plus tôt possible les changements à apporter aux emplacements des troupes, lors de la démobilisation.

L'ordre ci-après avait également pour but d'accélérer les transports de retour :

N° 765.

A tous les commandants en chef, gouverneurs généraux, aux généraux commandant les XIIe et VIIe corps d'armée, ainsi qu'à la division wurtembergeoise.

Quartier général, Ferrières, 11 mars 1871.

Par ordre de S. M. l'Empereur et Roi, en raison des graves difficultés que présente l'envoi à temps aux divers points d'embarquement du matériel roulant nécessaire, et vu le rapport qui Lui a été adressé à ce sujet, il y aura lieu d'exclure des trains de troupe tout cheval, véhicule ou bagage en surplus du chiffre réglementaire, et des trains renfermant du matériel ou des prises tout objet, tel que canon en fonte, vieille voiture, etc. qui paraîtrait d'une valeur insuffisante étant donnés les frais du transport et l'importance que présente actuellement le matériel roulant.

Prière aux commandants en chef, gouverneurs généraux, etc., de vouloir bien donner des instructions en conséquence à toutes les autorités militaires, troupes et administrations militaires sous leurs ordres.

Le personnel des chemins de fer a été avisé de même et doit prendre soin, dans les transports de troupes destinés à l'Allemagne, d'utiliser absolument tout l'espace existant.

Des extraits de cet ordre furent, en outre, adressés à la commission exécutive, au commandant du grand quartier général, aux commissions de ligne de Nancy, Reims, Chaumont et à la commission d'exploitation de Strasbourg.

N° 766.

A tous les commandants en chef.

Quartier général, Ferrières, 9 mars 1871.

La section de géographie et de statistique du grand état-major général provisoire a émis le vœu qu'on profitât de l'occupation du territoire français pour procéder à des reconnaissances géographico-militaires et topographiques qui permettraient de rectifier la carte de France au 80.000ᵉ.

Je crois pouvoir compter que les commandants en chef prêteront leur concours le plus bienveillant à l'exécution de ces reconnaissances.

Tout en m'en remettant à eux pour les prescriptions ultérieures, je ferai les remarques suivantes :

Il y aura lieu d'inviter les corps d'armée, divisions de cavalerie, et formations indépendantes, à faire reconnaître le territoire occupé par eux par des officiers qualifiés pour cette mission opérant chacun à l'intérieur de zones systématiquement déterminées. Les rapports à fournir au sujet de ces reconnaissances et qui devront être envoyés directement au grand état-major à Berlin par les corps d'armée, etc., devront en particulier envisager les points suivants :

Caractère de la région d'après sa nature et ses cultures, au point de vue de l'emploi militaire dans la marche, le cantonnement et le combat.

Une partie spéciale de ces rapports consistera dans les rectifications apportées à la carte au 80.000ᵉ, particulièrement en ce qui concerne la vicinalité et dans l'exposé de données géographiques, topographiques, statistiques et cartographiques.

Les désaccords qui s'étaient élevés au sujet de l'application de divers points des préliminaires de paix, en particulier en ce qui concerne les subsistances, furent aplanis à Ferrières le 11 mars.

Le 10 mars, le comte de Bismarck télégraphiait encore de Berlin pour prier « d'arrêter immédiatement les mouvements d'évacuation (de Versailles) et de reprendre l'emploi des réquisitions dans le cas où l'on continuerait à refuser l'entretien des troupes d'occupation dont l'effectif jusqu'à la conclusion de la paix définitive et jusqu'au paiement de deux milliards dépendait de nous ». Il concluait en ces termes : « Je prie de considérer que ni la stabilité du gouvernement actuel, ni sa bonne volonté, dans le cas où la situation viendrait à changer, ne sont choses certaines ; d'où nécessité de conserver des gages matériels ; il faut que la pression reste suffisante pour déterminer à la paix définitive. »

Le comte de Moltke put répondre aussitôt :

N° 767.

Au comte de Bismarck-Schœnhausen, chancelier de l'empire allemand.

TÉLÉGRAMME   Quartier général, Ferrières, 10 mars 1871, 6 heures soir.

Le texte du projet de convention vient d'être envoyé à Votre Excellence On estime ici qu'il exercera une pression suffisante. On avait déjà prescrit de continuer momentanément à occuper Versailles.

Le texte de la convention conclue le lendemain au sujet de l'entretien des troupes est le suivant (1) :

Convention conclue au château de Ferrières, le 11 mars 1871, entre la France et l'empire d'Allemagne, pour l'exécution des préliminaires de paix du 26 février.

Entre les soussignés :

Son Excellence M. Jules Favre, Ministre des Affaires étrangères de la République française, d'une part, et Son Excellence le général von Stosch, intendant général de l'armée allemande,

----

(1) Cette convention fut envoyée les 19 et 20 mars, en 4.455 exemplaires, aux autorités et personnes suivantes : A tous les commandants en chef, commandants de corps d'armée, ainsi qu'aux divisions de cavalerie, à la division wurtembergeoise, aux inspections générales des étapes des Ire, IIe et IIIe armées, aux gouverneurs généraux de Reims, Nancy, Strasbourg, au gouverneur de Metz, à la télégraphie militaire, aux sociétés volontaires de secours aux blessés, au Chancelier de l'empire, au Ministre de la guerre et au général de Fabrice.

et M. Engelhard, intendant d'armée, munis des pouvoirs de Sa Majesté l'Empereur d'Allemagne, d'autre part,

Il a été arrêté et convenu ce qui suit :

ARTICLE PREMIER. — L'intendance militaire allemande se chargera de l'alimentation des troupes allemandes restant en France jusqu'au 31 décembre de l'année courante, alimentation qui doit avoir lieu, aux frais du gouvernement français, dans la mesure convenue par une entente avec l'intendance militaire allemande, d'après l'article 4 du traité préliminaire de paix conclu le 26 février dernier.

ART. 2. — Le gouvernement français paiera, par contre, une indemnité fixée à 14 gros, soit 1 fr. 75, pour chaque ration de vivres, et à 20 gros, soit 2 fr. 50, pour chaque ration de fourrages. L'indemnité à payer pour chaque ration de fourrage sera réduite à 2 fr. 25, à partir du 1er octobre jusqu'au 31 décembre de l'année courante.

ART. 3. — Cette indemnité ne sera payable qu'à partir du 3 de ce mois, pour 500.000 rations de vivres et 150.000 rations de fourrages par jour. Le gouvernement français ne sera par conséquent pas autorisé à demander aucun dédommagement pour les réquisitions faites depuis le 26 février dernier par les troupes allemandes en France. Les autorités militaires allemandes cesseront, après la signature de la présente convention, de faire toutes réquisitions.

ART. 4. — Après la ratification du traité de paix définitif et le payement du premier demi-milliard de la contribution imposée à la France, l'indemnité susmentionnée sera réduite, par semaine et par quart, de la différence qui existe entre 500.000 rations de vivres et 150.000 rations de fourrages, d'une part, et 150.000 rations de vivres et 50.000 rations de fourrages, d'autre part, et, au bout des quatre semaines, elle ne sera plus décomptée que sur le pied de 150.000 rations de vivres et 50.000 rations de fourrages par jour.

Le chiffre des rations que représente l'indemnité diminuera ensuite au fur et à mesure que le paiement des acomptes des frais de guerre s'effectuera, de sorte qu'il ne restera à payer :

1° Quinze jours après le versement du premier milliard, que pour 120.000 rations de vivres et pour 40.000 rations de fourrages ;

2° Quinze jours après le versement du premier milliard et demi, que pour 80.000 rations de vivres et pour 30.000 rations de fourrages ;

3° Quinze jours après le versement des deux premiers milliards, que pour 50.000 rations de vivres et pour 18.000 rations de fourrages.

Les paiements s'effectueront toujours par anticipation pour quinze jours. Le premier versement, comprenant le laps de temps du 3 au 31 mars, aura lieu dix jours après la signature de la présente convention.

ART. 5. — Si le gouvernement français veut se charger lui-même, à partir du 1ᵉʳ janvier 1872, de l'alimentation des troupes allemandes et des chevaux qui resteront en France, il sera tenu d'en informer l'intendance militaire allemande avant le 1ᵉʳ octobre prochain. Dans ce cas, les distributions dans les endroits respectifs seront faites directement par les agents du gouvernement français aux troupes allemandes, d'après les tarifs contenus dans l'annexe n° 1.

Si un avis pareil n'a pas été donné en temps opportun, l'intendance militaire allemande continuera à se charger, au delà du 1ᵉʳ janvier 1872, de l'alimentation des troupes allemandes en France pour une année encore, moyennant le prix qui sera concerté de nouveau entre l'intendance militaire allemande et l'intendance militaire française, et ainsi de suite pour les années suivantes.

ART. 6. — Pour garantir la régularité des distributions dans le cas où le service serait fait par les soins du gouvernement français, on réunira sans interruption, depuis le 1ᵉʳ décembre, des approvisionnements qui seront constamment entretenus à la même hauteur dans les villes occupées par les troupes allemandes. Ces approvisionnements comprennent les fourrages,

le riz et les légumes secs, le sel, le café, le vin et l'eau-de-vie
pour trente jours, la farine au lieu du pain pour quinze jours,
la viande salée pour dix jours ; la viande fraîche sera assurée
par marché pour trente jours au moins.

Art. 7. — Si cet approvisionnement n'était pas réuni ou
entretenu à la hauteur prescrite par l'article précédent, l'intendance militaire allemande aurait le droit d'y pourvoir en
se procurant elle-même et en faisant entrer en magasin les
denrées qui manqueraient, et de réclamer au gouvernement
français le prix de remboursement, comme il est dit à l'article
suivant.

Dans le cas où des dissentiments s'élèveraient sur la qualité
des denrées, une commission mixte, composée d'un officier
allemand comme président, d'un employé allemand et de
deux employés ou agents français, statuera à la majorité des
voix. A voix égales, celle du président sera prépondérante.

Art. 8. — Les denrées en magasin qui seront refusées par
la commission devront être remplacées, dans les vingt-quatre
heures, par d'autres fournitures d'une qualité irréprochable,
sans quoi les autorités allemandes seront autorisées à remplacer elles-mêmes ces denrées et à les mettre en compte au
gouvernement français, en doublant les prix officiels cotés
sur les marchés de Paris.

Art. 9. — Lorsque la mauvaise qualité des denrées ne sera
reconnue qu'au moment de la distribution. et qu'elles ne
pourront pas être échangées immédiatement contre d'autres
prises dans le magasin ou ailleurs dans la localité, les autorités allemandes y pourvoiront comme il a été stipulé dans
les articles 7 et 8.

Art. 10. — Le gouvernement français prend en outre l'engagement de mettre à la disposition des troupes allemandes,
dans chaque ville ou village occupé par un bataillon, un escadron ou une batterie d'artillerie, tous les établissements militaires dont elles ont besoin, avec les ameublements nécessaires,
leur chauffage et leur éclairage, d'après les prescriptions des
règlements prussiens.

Savoir :

Logements pour officiers, conformément à l'annexe n° 2 ;
Logements pour troupe ;
Corps de garde ;
Salle de discipline ;
Ateliers pour les ouvriers des corps ;
Magasin d'habillement ;
Bureaux pour les chefs de corps et les administrations ;
Ecoles régimentaires ;
Infirmerie ;
Ecole de natation, s'il y a des cours d'eau suffisants ;
Manège couvert, s'il existe, ou manège ouvert ;
Butte pour le tir de l'infanterie et de la cavalerie ;
Champ d'exercice ;
Magasin de vivres et de fourrages ;
Place nécessaire dans l'abattoir, dans une boulangerie et dans une forge.

En ce qui concerne les logements pour troupes, on occupera d'abord les bâtiments publics et ceux pris à loyer dans ce but. Ce n'est qu'en cas d'insuffisance de ces ressources qu'on sera logé chez l'habitant.

Les troupes logées chez l'habitant auront place au feu et à la chandelle.

Toutes ces fournitures seront faites gratuitement à l'armée allemande.

Les officiers mariés pourront recevoir, s'ils le préfèrent, au lieu de logement en nature, une indemnité représentative payée par le gouvernement français, conformément à l'annexe n° 2.

Les établissements susmentionnés, tels qu'ateliers, magasins d'habillement, écoles régimentaires, écoles de natation, ne seront demandés que dans les six départements occupés en dernier lieu, et, en outre, dans ceux où l'occupation paraîtrait prendre une longue durée. On évitera des dépenses coûteuses pour l'établissement des buttes à tir, autant que le permettront la sécurité publique et les exigences de la police. Ces travaux seront, autant que possible, exécutés par les troupes elles-mêmes.

Art. 11. — Dans les départements indiqués à l'article précédent, le gouvernement français s'oblige à procurer, à ses frais, un local meublé, chauffé et éclairé dans les différentes places de garnison, ou par corps, local dans lequel les officiers puissent se réunir dans la journée et prendre leurs repas en commun, ainsi qu'une cuisine.

Dans le cas où le gouvernement pourvoirait lui-même à l'alimentation des troupes allemandes, mais seulement dans ce cas, il paiera pour chaque officier et ceux qui font le service d'officier une indemnité de cinq francs par jour, et l'effectif des troupes à nourrir, d'après l'article 4 de la présente convention, sera diminué du nombre des officiers qui recevront cette indemnité.

Art. 12. — Les indemnités à accorder pour les dégâts causés aux champs par les manœuvres des troupes allemandes seront évaluées par deux experts assermentés nommés, l'un par une des parties, l'autre par l'autre, et, s'ils ne peuvent s'accorder, ils s'adjoindront un tiers expert qui décidera. Le montant en sera remboursé par l'intendance allemande.

Dans le cas où les manœuvres des troupes nécessiteraient l'établissement de bivouacs, le gouvernement français fournira la paille et le bois nécessaires, conformément aux règlements prussiens, qui seront communiqués au gouvernement français.

Art. 13. — Si la location des chevaux et voitures dont pourraient avoir besoin les troupes allemandes pour convois dépassait le prix de 0 fr. 40 par collier et par kilomètre (rien n'étant alloué pour le retour du vide), le fait serait constaté par l'autorité municipale, et le gouvernement français prendrait à sa charge l'excédent de la dépense.

Art. 14. — Le gouvernement français garantira, dans les départements évacués, la sécurité et la tranquillité des hôpitaux militaires, ainsi que des membres de la société de secours volontaires munis de papiers réguliers. Une protection toute particulière sera accordée aux malades non transportables restés dans les départements évacués.

Des trains sanitaires pourront être envoyés de l'Allemagne pour l'enlèvement de ses malades dans les hôpitaux.

Dans le cas où leur évacuation ne serait pas possible de cette manière, le gouvernement français s'engage à la faire avec toutes les conditions de sécurité et de célérité chaque fois que les malades deviendront transportables.

Les malades non transportables que l'armée allemande laissera, soit maintenant, soit plus tard, dans les départements évacués, seront entretenus aux frais du gouvernement français jusqu'à leur évacuation.

ART. 15. — Toutes les caisses françaises seront obligées d'accepter et de changer l'argent en espèces ou en billets de banque allemands ou prussiens, présentés par l'intendance ou les corps de troupes, au cours suivant :

1 thaler	3 fr. 75
1 florin d'Allemagne	2 fr. 15

Ces espèces et billets pourront servir, au même cours, pour le paiement de la contribution de guerre due par le gouvernement français au gouvernement allemand.

ART. 16. — (Voir annexe 3.)

ART. 17. — L'administration française pourra déjà, dès à présent jusqu'à la conclusion de la paix définitive, rétablir et exploiter ses lignes télégraphiques dans le territoire occupé en se conformant aux conditions ci-après :

1º Les fils conducteurs, appareils et stations des autorités allemandes resteront intacts et respectés. Les fils seront à cet effet indiqués à l'administration française dans le plus bref délai possible, et ils seront entretenus en bon état par cette dernière ;

2º Les employés du télégraphe allemand auront le droit de surveiller, dans les chefs-lieux de département, le service télégraphique en tant que contenu des dépêches et ordre de transmission ;

3° Les télégrammes officiels allemands jouiront, comme les dépêches de l'État, de la gratuité et seront expédiés avec préférence.

ART. 18. — L'administration française pourra dès à présent, jusqu'à conclusion de la paix définitive, reprendre l'exploitation du service postal dans le territoire occupé, en se conformant aux conditions ci-après :

Tant que le service postal allemand continuera de fonctionner, le gouvernement français lui devra protection efficace. Partout où le service postal français est repris par les agents français, les autorités allemandes auront le droit d'exercer un contrôle par l'intermédiaire de leurs officiers.

Tout le personnel faisant partie de l'armée d'occupation aura droit au transport gratuit de la correspondance particulière. Il en sera de même pour les envois d'argent et de valeurs ; mais toutefois, ces envois seront restreints dans les limites de l'organisation postale française. En cas de perte, l'administration française aura vis-à-vis des envoyeurs allemands la même responsabilité que vis-à-vis des envoyeurs français.

ART. 19. — La franchise des droits de douane est accordée à toutes les marchandises, aux armes et effets d'habillement et d'équipement destinés à l'armée allemande et adressés aux commandants militaires de cette armée.

ART. 20. — La dénomination d'officiers doit, dans cette convention, comprendre les médecins, les employés militaires supérieurs et ceux qui font le service d'officier.

Les employés inférieurs, les cantiniers et voituriers sont considérés comme hommes de troupe.

Fait double, au château de Ferrières, le 11 mars 1871.

(L. S.) Signé : Jules FAVRE. (L. S.) Signé : V. STOSCH.
(L. S.) Signé : ENGELHARD.

L'**Annexe 1** contient les tarifs des rations de subsistances (voir art. 5).

L'**Annexe 2** contient l'indication des locaux nécessaires

aux officiers, etc., et le tarif des indemnités de logement (voir art. 10).

Annexe 3.

CONVENTION

RELATIVE A L'EXÉCUTION, EN CE QUI CONCERNE LE SERVICE DES CHEMINS DE FER FRANÇAIS, DES ARTICLES 4 ET 6 DES PRÉLIMINAIRES DE PAIX SIGNÉS A VERSAILLES LE 26 FÉVRIER 1871.

Entre :

S. Exc. M. le lieutenant général von Stosch, intendant général de l'armée allemande, et M. Engelhard, intendant-d'armée, d'une part ;

Et M. Durbach, ingénieur en chef des ponts et chaussées, délégué spécial de MM. les Ministres français des affaires étrangères et des travaux publics, d'autre part,

Il a été convenu et arrêté ce qui suit :

ARTICLE PREMIER. — Les autorités allemandes accordent, dès à présent, aux cinq grandes compagnies françaises de chemins de fer, l'autorisation de reprendre l'exploitation de la portion de leur réseau comprise dans les territoires qui, à titre temporaire, resteront occupés par les armées allemandes ; mais elles se réservent le droit de reprendre elles-mêmes cette exploitation en tout ou en partie, quatre jours après en avoir donné avis. Jusqu'à la conclusion de la paix définitive, les chemins de fer compris dans le territoire cédé à l'empire allemand continueront à être administrés et exploités par les autorités allemandes, sans porter atteinte aux droits réservés par l'article 5 des préliminaires de paix.

ART. 2. — Les administrations françaises de chemins de fer seront, pour les transports militaires, placées, vis-à-vis de la commission exécutive et des commissions de lignes allemandes, dans les mêmes conditions que les administrations allemandes de chemins de fer. Ces commissions allemandes

disposent, en Allemagne, suivant les besoins des mouvements
de troupes, du matériel de guerre et des subsistances militaires, ainsi que des transports postaux, de tout le matériel et
de tout le personnel des administrations allemandes. Il est
entendu que, pour les compagnies françaises, cette disposition
sera limitée :

1º Au nombre de véhicules et de machines, calculé au pro-
rata de la totalité du matériel que possède chaque compagnie
et de la longueur des portions de lignes qu'elle exploitera sur
le territoire occupé;

2º Au personnel nécessaire à la conduite des trains qu'il
sera possible de faire avec ce matériel;

3º Au personnel fixe employé dans les sections indiquées au
primo ci-dessus.

ART. 3. — Les compagnies françaises seront tenues d'exécuter, conformément aux clauses de leurs cahiers des charges,
mais avec priorité sur leur propre service, les trains militaires
(troupes, matériel de guerre et subsistances militaires) qui
leur seront demandés par les autorités allemandes. Ces autorités règleront le nombre de ces trains dans la limite du
matériel que les compagnies sont tenues d'affecter à chaque
ligne. Elles fixeront les points d'embarquement, de débarquement, et les itinéraires de ces trains, sous la seule réserve du
maintien des trains de voyageurs-postes et de grand parcours. Elles prescriront l'exécution par les compagnies françaises des dispositions et ouvrages nécessaires à l'accomplissement de l'embarquement et du débarquement des troupes,
du matériel de guerre et des subsistances militaires. Les
compagnies françaises seront remboursées des dépenses faites
pour cet objet dans un délai de huit jours après la présentation
de leurs comptes.

ART. 4. — Le gouvernement français garantit à l'armée
allemande, sur toutes les portions de lignes comprises dans
le territoire occupé, et exploitées par les compagnies françaises, le bénéfice de toutes les dispositions particulières
relatives à la vitesse et à la composition des trains de mili-

taires, de matériel de guerre et de subsistances militaires ainsi que les prix spéciaux dont il jouit en vertu des règlements, des conventions qui régissent les transports du service de la guerre. En conséquence, les compagnies françaises toucheront les prix stipulés dans lesdites conventions, dont des exemplaires seront remis dans le plus court délai possible aux autorités allemandes. Les règlements de comptes se feront chaque semaine et seront soldés dans la semaine suivante.

ART. 5. — Afin de faciliter les relations des autorités allemandes avec les compagnies françaises, celles-ci se feront représenter séparément chacune par un délégué qui traitera directement de la reprise de l'exploitation de son réseau. Elles devront, en outre, pour l'exécution de leurs conventions, nommer des délégués spéciaux auxquels elles donneront pouvoir de les représenter et de traiter valablement en leur nom. Ces délégués résideront aux lieux désignés par les autorités allemandes, qui traiteront directement avec eux pour toutes les affaires concernant l'exécution du présent article.

ART. 6. — Afin d'accélérer le transport des prisonniers français, le gouvernement français mettra à la disposition des autorités allemandes une quantité de wagons dont le maximum est fixé à cinq mille (5.000).

ART. 7. — Les autorités allemandes feront connaître au Ministre français des travaux publics les points sur lesquels elles désirent que ce matériel leur soit successivement remis. Le gouvernement français fera livrer, dans le plus bref délai possible, la quantité de wagons qu'il doit fournir.

ART. 8. — Si, en allant de France aux points dans lesquels sont internés les prisonniers français, les wagons peuvent être utilisés pour le retour des troupes allemandes, les compagnies françaises n'y feront aucune opposition. Ce transport s'effectuera par trains complets remorqués par des machines françaises et conduits jusqu'aux stations mixtes qui seront désignées dans des arrangements spéciaux à intervenir entre les autorités allemandes et les compagnies françaises. Les trains

de prisonniers français seront repris aux mêmes stations par
les machines françaises.

ART. 9. — Les transports exécutés par les compagnies françaises seront payés par les autorités allemandes aux prix
auxquels ces transports s'exécutent en France pour le compte
du gouvernement français. Si les wagons sont livrés vides aux
stations mixtes désignées à l'article 3, il ne sera rien payé par
les autorités allemandes pour les parcours en deçà de ces stations mixtes.

ART. 10. — Les parcours des wagons sur les territoires situés
au delà des stations mixtes donneront lieu, au profit des compagnies françaises, à la perception des redevances fixées par
les conventions anciennes passées entre la compagnie de l'Est,
d'une part, et la direction royale des chemins de fer prussiens
à Sarrebrück, et la direction générale des chemins de fer du
grand-duché de Bade, d'autre part.

La première de ces conventions sera appliquée au parcours
des wagons dirigés sur Sarrebrück ; la seconde aux wagons
dirigés sur Kehl.

Si des wagons sont dirigés par Wissembourg, les taxes seront
réglées d'après les conventions passées entre la direction
des chemins de fer du Palatinat et la compagnie de l'Est.

ART. 11. — Les comptes des sommes dues aux compagnies
françaises seront réglés à la fin de chaque semaine et payés la
semaine suivante.

Les comptes relatifs aux redevances de parcours seront
réglés mensuellement dans la forme usitée avant la guerre.

ART. 12. — Le matériel roulant livré aux autorités allemandes sous le régime de la convention des 28-30 janvier 1871
sera restitué aux compagnies françaises dans un délai de dix
jours à partir de la signature des présentes.

Signé : DURBACH,   v. STOSCH,   ENGELHARD.

Vu pour être joint à la convention relative à l'application des
préliminaires de paix et signée à Ferrières le 11 mars 1871.

Jules FAVRE,   v. STOSCH,   ENGELHARD.

Ces décisions ayant fait droit aux demandes allemandes rien, ne s'opposa plus à l'évacuation de Versailles.

Ordre en fut donné dès l'après-midi du 11 mars.

N° 768.

Au commandant en chef de la IIIe armée, Le Vert-Galant,
et au commandant des troupes de Versailles.

TÉLÉGRAMME   Quartier général, Ferrières, 11 mars 1871, 4 h. 15 soir.

L'accord étant établi avec le gouvernement français, il sera procédé le 12 au matin à l'évacuation complète de Versailles et environs, dans les conditions primitivement fixées pour le 11. Interdiction de procéder dorénavant à des réquisitions, de quelque espèce que ce soit.

La défense précitée fut notifiée à tous les commandants en chef, aux gouverneurs généraux de Reims, Nancy et Versailles (Lagny), ainsi qu'au général commandant le XIIe corps à Nanteuil-le-Haudouin, et à la division wurtembergeoise à Bailly-Château.

Les troupes françaises qui s'étaient mises en mouvement de Paris, le 11 mars au matin, pour occuper Versailles, en exécution de l'article 1er de la convention du 6 mars, n'avaient pu remplir leur mission. Elles durent arrêter leurs têtes de colonne à Viroflay et attendre une décision ultérieure.

Le général de Valdan, ignorant les prescriptions prises par le grand quartier général, s'était plaint au comte de Moltke et reçut la réponse ci-dessous.

N° 769.

Au général de Valdan, Paris, Palais du Louvre.

TÉLÉGRAMME   Quartier général, Ferrières, 11 mars 1871, 9 heures soir.

L'exécution des stipulations des préliminaires de paix du 26 février. ayant été mise en question par le gouvernement français sur divers points essentiels, on avait suspendu ici l'évacuation de Versailles, évacuation déjà commencée. Une entente complète a été obtenue aujourd'hui, et l'on vient par suite de donner ordre d'évacuer Versailles au cours de la journée, de demain. On ne mettra ici aucun empêchement à ce que Versailles soit occupé par une fraction de la garnison de 40.000 hommes admise pour Paris.

L'évacuation de Versailles par les troupes allemandes eut lieu dans la matinée du 12 mars; le général Vinoy avait rappelé ses troupes à Paris, la veille durant l'après-midi.

Le gouverneur général d'Alsace avait adressé diverses questions, auxquelles le chef d'état-major général de l'armée fit la réponse suivante :

N° 770.

Au gouverneur général d'Alsace, Strasbourg.

TÉLÉGRAMME   Quartier général, Ferrières, 11 mars 1871, 11 heures matin.

Le gouverneur de Bitche recevra de son gouvernement l'ordre d'évacuer la place. Il sera décidé ultérieurement si le matériel de défense et les approvisionnements doivent y être laissés. La garnison, en partant, aura avec elle son équipement de marche et de campagne.

La place de Belfort ne relève plus désormais à aucun point de vue du gouvernement général d'Alsace.

La brigade Hügel, de la division wurtembergeoise, avait éprouvé des difficultés au cours de sa marche pour occuper le département de la Marne (voir n° 745). Elle en rendit compte au grand quartier général, qui prit les dispositions suivantes par voie télégraphique :

N° 771.

Au commandant en chef de la IIIe armée, Le Vert-Galant.

TÉLÉGRAMME   Quartier général, Ferrières, 12 mars 1871, 1 h. 54 soir.

La division wurtembergeoise vient de rendre compte qu'aujourd'hui, demain, et probablement aussi après-demain, ses troupes se croisaient avec celles du IIe corps bavarois et avaient mêmes cantonnements. Si le mouvement du corps bavarois n'en était retardé que d'un jour, il y aurait lieu d'éviter tous ces inconvénients pour les jours suivants. Prière d'aviser télégraphiquement la 3e brigade wurtembergeoise à Gretz des dispositions qui pourront être prises par vous.

Cette dernière brigade fut avisée directement des prescriptions ci-dessus.

Les indications ci-après, relatives à l'exécution des marches de retour pour se rendre dans la mère patrie, furent envoyées le 12, pour compléter les directives données le 3 mars.

N° 772.

Au commandant en chef de la Ire armée, Amiens.

TÉLÉGRAMME   Quartier général, Ferrières, 12 mars 1871, 1 h. 30 soir.

Mettre la 17e division en marche, dans la direction de Thionville-Mayence. Comme elle doit traverser les zones des XIIe et VIIe corps d'armée, se mettre en rapport avec ceux-ci à Soissons (13) et Châtel-sur-Moselle (17). Mettre le régiment n° 19 en route vers Strasbourg par voie de terre, et rendre compte ici de ses principaux gîtes d'étape. Échelonner le Ier corps d'armée vers l'est; faire de même pour la 3e division de cavalerie.

N° 773.

Au commandant en chef de l'armée du Sud, Dijon.

TÉLÉGRAMME   Quartier général, Ferrières, 12 mars 1871, 1 h. 30 soir.

Mettre la division badoise en route vers ses foyers par voie de terre. Le régiment n° 19 sera mis en marche vers Strasbourg par les soins de la Ire armée; il rejoindra de là sa garnison probablement par voie ferrée. Belfort doit être occupé par les troupes de la 4e division d'infanterie.

Une question adressée à Munich a trait aux troupes destinées à l'occupation.

N° 774.

Au Ministre de la guerre de Bavière, Munich.

TÉLÉGRAMME   Quartier général, Ferrières, 12 mars 1871, 1 heure soir.

Une division d'infanterie bavaroise fera partie des 50.000 hommes qui doivent rester en France jusqu'à la fin. Laquelle? Prière de télégraphier à Nancy pour le 13 ou le 14.

Le baron de Pranckh, ministre de la guerre de Bavière, désigna à cet effet la IIe division d'infanterie sous les ordres du général de Maillinger.

Des mesures spéciales durent être prises, par suite de l'intention où l'on était de déplacer le grand quartier général.

N° 775.

Aux gouverneurs généraux de Reims et de Lorraine à Nancy, ainsi qu'au commandant en chef de la IIIe armée à Meaux.

TÉLÉGRAMME   Quartier général, Ferrières, 12 mars 1871, 1 h. 30 soir.

Sa Majesté partira de Lagny pour Nancy, le 13, à 8 h. 30 du matin. Arrivée à Nancy, 6 heures.

Protéger la voie ferrée.

Les commandants en chef de la Ire armée, Amiens, de la IIe armée, Fontainebleau, de l'armée de la Meuse, Verberie (entre Compiègne et Creil) et de l'armée du Sud, Dijon, le général commandant le XIIe corps d'armée, Villers-Cotterets, les gouverneurs généraux d'Alsace et de Versailles (Lagny), le gouverneur de Metz, le ministère de la guerre, Berlin, furent avisés que le grand quartier général serait à Nancy le 13 dans l'après-midi et y resterait le 14.

En outre et en exécution du désir exprimé par Sa Majesté, le comte de Moltke demanda par télégramme au gouverneur général de Lorraine et au gouverneur de Metz quelles seraient les troupes présentes à Nancy les 13 et 14, et à Metz le 15, lors du passage de Sa Majesté.

L'avis ci-dessous fut envoyé au chef d'état-major du gouverneur de Paris.

N° 776.

Au général de Valdan, Paris, Palais du Louvre.

TÉLÉGRAMME — Quartier général, Ferrières, 12 mars 1871, midi.

Le grand quartier général des armées allemandes sera tranféré le 13 à Nancy. Le commandant d'armée qui se trouve à Compiègne (1) a les pouvoirs voulus pour traiter ultérieurement les questions militaires relatives à Paris.

Les troubles causés par l'attitude des gardes nationaux parisiens vinrent causer des difficultés au gouvernement français. Il trouva chez nous à cet égard un bon vouloir absolu, et le commandant en chef des armées allemandes fut tout disposé à n'apporter aucune gêne aux mesures de répression prises par les Français.

N° 777.

Au commandant en chef de la IIIe armée, Paris.

TÉLÉGRAMME — Quartier général, Ferrières, 12 mars 1871, midi.

Les troupes françaises doivent opérer ces jours-ci contre

---

(1) Commandant en chef de l'armée de la Meuse, puis de la IIIe armée. (Voir page 858).

les gardes nationaux parisiens soulevés. Dans le cas où le général Vinoy viendrait à demander la permission d'envoyer momentanément des détachements sur la zone neutre, satisfaction pourra lui être donnée. Aviser en conséquence les troupes stationnées dans le voisinage de Paris.

Le même télégramme fut envoyé à l'armée de la Meuse. On y ajouta ces mots :

On peut commencer à désarmer les batteries de bombardement en dehors des forts, ainsi qu'à enlever le matériel.

Le général de Fabrice fit, le 12 mars, connaître au chef d'état-major général de l'armée que, par suite d'une entente préalable conclue la veille avec M. Jules Favre, il y avait lieu de la part des troupes à ne plus procéder désormais à la levée de tous les impôts directs ou contributions encore à recouvrer.

Au contraire, tous les impôts échus à la date du 2 mars et non encore perçus devaient être portés en compte au gouvernement français, et il y avait lieu de prévoir pour les impôts indirects une majoration de 100 à 150 pour cent.

Le général de Fabrice priait enfin de vouloir bien donner les ordres voulus pour qu'il fût usé de ménagement dans la taxation de cet impôt additionnel, et que l'on ménageât en particulier les communes auxquelles la guerre aurait déjà imposé des charges sérieuses.

Après entente verbale, le général de Fabrice reçut le soin d'agir en conséquence auprès des gouvernements généraux.

Le comte de Moltke télégraphia d'autre part.

N° 778.

A tous les commandants en chef, aux gouverneurs généraux de Reims et de Lorraine, au gouverneur de Metz, aux commandants des XIIe et VIIe corps d'armée et à la division wurtembergeoise.

TÉLÉGRAMME   Quartier général, Ferrières, 12 mars 1871
                    (parti de la gare d'Épernay, le 13, 1 heure soir).

Par suite de l'entente survenue avec le gouvernement

français, il y a lieu de cesser dorénavant la perception des contributions et des impôts en retard. Il n'y a pas à déférer aux réquisitions des autorités administratives qui pourraient être faites ultérieurement par erreur. Lettre suit avec détails.

On envoya le 14 de Nancy à toutes les autorités précitées (à l'exception des gouverneurs généraux, qui furent avisés directement) une copie de la dépêche du général de Fabrice en date du 12.

Dans la nuit du 14 au 15 mars, le remplaçant du Chancelier de l'empire communiquait une dépêche de M. Jules Favre. Elle peignait en termes très vifs les démêlés de la population de Beaune (1) avec les troupes allemandes — qui s'y trouvaient encore en dépit de la convention du 26 février — et demandait l'évacuation de cette ville. A Dijon également s'étaient produits des conflits qui rendaient l'évacuation de la ville chose désirable. Du reste, il y avait lieu de donner partout des prescriptions sévères pour le maintien de la discipline.

Le général de Fabrice avait répondu que la discipline de nos troupes *à nous* serait maintenue, et qu'il y avait lieu seulement de souhaiter que l'on pût, du côté des Français, mettre terme avec autant de succès aux nombreux écarts que se permettaient les populations.

Le comte de Moltke télégraphia de Metz, au cours du voyage que faisait le grand quartier général pour se rendre à Francfort-sur-le-Main :

N° 779.

Au général-lieutenant de Fabrice, de l'armée saxonne, Rouen.

TÉLÉGRAMME   Parti de Metz le 15 mars 1871, 11 h. 30 matin.

Beaune sera évacué dès que sa population aura pris une attitude calme. Jusque là, nous userons de notre droit d'occupation (2). Dijon ne sera pas évacué. Prière de notifier à M. Jules Favre que la faute des démêlés survenus entre les troupes allemandes et la population française incombe exclu-

______

(1) Beaune, en vertu des conventions, avait été réoccupé par les troupes allemandes, et n'avait à être évacué que le 28 mars. (Voir n° 751, § 8.)

(2) La population ayant pris une attitude calme, Beaune fut évacué dès le 24 mars.

sivement à cette dernière; la discipline est maintenue actuellement chez nous avec plus de sévérité encore qu'au cours de la guerre. On devra agir avec la dernière rigueur contre toute résistance qui viendrait à se montrer.

Le grand quartier général se transporta le 16 mars de Francfort-sur-le-Main à Erfurt et le 17 il rentrait à Berlin.

Les avis nécessaires avaient été envoyés de Nancy et de Francfort-sur-le-Main.

Le retour dans la mère patrie n'apporta aucun changement à l'activité du grand quartier général. La dépêche ci-dessous le fait ressortir.

Nº 780.

Au comte d'Itzenplitz, ministre du commerce.

Quartier général, Berlin, 18 mars 1871.

La direction supérieure des armées non mobilisées continuant comme précédemment à être assurée par le grand quartier général de S. M. l'Empereur et Roi, et dans les mêmes conditions qu'auparavant, il est absolument indispensable que la commission exécutive reste comme par le passé, et pour tout ce qui concerne l'exercice de ses fonctions, en relations étroites avec l'état-major général. Le bureau de cette commission devra donc être installé dans les bâtiments du grand état-major général, 56, Behrenstrasse.

Je saisis cette occasion pour prier Votre Excellence de vouloir bien décider qui, de M. le directeur ministériel Weishaupt et de M. Kinel, conseiller intime de l'intendance des bâtiments, devra désormais assumer les fonctions de membre civil de cette commission. Le fonctionnaire choisi devra recevoir des indications en conséquence.

L'armée de la Meuse fut dissoute par ordre du cabinet de Sa Majesté en date du 14 mars. Toutes les troupes demeurant devant Paris constituèrent la IIIᵉ armée, qui fut placée sous les ordres de S. A. R. le Prince Royal de Saxe.

Le général de Schlotheim ayant demandé sous les ordres de qui devaient passer les corps de l'armée de la Meuse, etc., la réponse suivante fut envoyée par le comte de Moltke :

N° 781.

Au commandant en chef de la IIIe armée, Compiègne.

TÉLÉGRAMME   Quartier général, Berlin, 18 mars 1871, 11 heures matin.

Les corps, etc., qui faisaient partie de l'armée de la Meuse sont rattachés à la IIIe armée (1).

Des dispositions furent prises au sujet des troupes qui devaient demeurer en France les dernières.

N° 782.

Au baron de Prankh, ministre de la guerre de Bavière, Munich.

TÉLÉGRAMME   Quartier général, Berlin, 18 mars 1871, 11 heures matin.

Les troupes qui doivent demeurer en France les dernières doivent compter au total 50.000 hommes, et l'effectif de chacune des quatre divisions a été fixé par suite à 12.000 hommes, officiers, fonctionnaires.

Prière à Votre Excellence de vouloir bien déterminer en conséquence l'effectif des diverses fractions.

La dépêche suivante fut adressée au général de Manteuffel en réponse à diverses questions.

---

(1) Avis fut donné, le 25 mars, aux autres commandants en chef, aux commandants de corps d'armée relevant directement du grand quartier général (VIIe et XIIe corps), à la division wurtembergeoise placée dans les mêmes conditions, et au gouverneur général d'Alsace, de la composition de la « troisième armée actuelle », savoir : Garde, IVe, VIe, XIe corps d'armée, Ier et IIe corps d'armée bavarois, 4e et 5e divisions de cavalerie. Quartier général, Compiègne.

N° 783.

Au commandant en chef de l'armée du Sud, Dijon.

TÉLÉGRAMME   Quartier général, Berlin, 18 mars 1871, 12 h. 30 soir.

L'état de guerre devra être maintenu jusqu'à nouvel ordre dans les territoires français occupés par les troupes allemandes.

Une décision de Sa Majesté va régler d'une manière spéciale cette situation.

On a fait prévoir au gouvernement français l'évacuation prochaine de Beaune dès que les esprits s'y seront calmés. Lettre suit avec détails.

Le général de Manteuffel eut connaissance, le même jour, des négociations relatives à Beaune (voir page 856). Le 20, ce général télégraphiait que, la population s'étant calmée, il avait prescrit l'évacuation de la ville pour le 24.

Malgré une dépêche de Jules Favre, le gouverneur de Bitche refusait de se retirer. Il exigeait un ordre écrit, ou bien l'envoi d'un officier du ministère de la guerre français, comme ayant seul qualité pour prescrire l'évacuation de la place en exécution des stipulations des conventions.

Le comte de Moltke se vit à nouveau obligé de recourir à l'entremise du remplaçant du Chancelier de l'empire.

N° 784.

Au général-lieutenant de Fabrice, de l'armée saxonne, Rouen

TÉLÉGRAMME   Quartier général, Berlin, 18 mars 1871, 1 heure soir.

Le gouverneur de Bitche ne veut pas accepter d'ordre télégraphique pour l'évacuation; il exige un ordre écrit du Ministre de la guerre français. Il semble que ce n'est qu'un prétexte pour se donner le temps de détruire le matériel de la place. Prière d'en avertir Jules Favre, et de faire remarquer que si Bitche n'est pas évacué de plein gré, nous serons obligés d'en faire l'attaque. On se réserve de réclamer des dommages-intérêts pour le matériel qui aurait été intentionnellement mis hors de service.

Le 22 mars, on eut pour la première fois, depuis l'existence du nouvel empire allemand, à célébrer l'anniversaire de la naissance de l'Empereur. Pour permettre aux troupes de fêter ce jour autant que possible, le comte de Moltke adressa la lettre suivante au chef du cabinet militaire :

N° 785.

Au général-lieutenant de Tresckow.

Quartier général, Berlin, 19 mars 1871.

J'ai l'honneur de soumettre à Votre Excellence une demande du général-lieutenant de Stosch relative à l'allocation aux troupes se trouvant en France et dans les territoires allemands récemment acquis d'une somme prise sur les ressources disponibles, en vue de fêter la naissance de S. M. l'Empereur et Roi. Je serai reconnaissant à Votre Excellence de vouloir bien provoquer aussitôt que possible un ordre du cabinet de Sa Majesté donnant satisfaction à cette demande.

L'insurrection populaire qui éclata à Paris le 18 mars, et l'évacuation de la capitale par les troupes françaises, amenèrent l'envoi des indications ci-dessous, à la demande du Chancelier de l'empire :

N° 786.

*Aux commandants en chef des Ire, IIe, IIIe armées
et de l'armée du Sud.*

TÉLÉGRAMME   Quartier général, Berlin, 20 mars 1871, 1 heure soir.

En raison des événements survenus à Paris, rester vis-à-vis des Français dans une attitude expectante, tant que nos troupes ne seront pas attaquées et qu'on respectera notre zone d'occupation. Si des insurgés armés viennent à se montrer dans cette zone, il y aura lieu de les désarmer et en cas de résistance de les traiter en ennemis. Si le gouvernement français voulait entrer en relations avec nos troupes, accueillir ces ouvertures d'une manière amicale et en rendre compte ici.

Pour la III⁰ armée seule :

Apprécier s'il y a lieu de se concentrer en conséquence.

Le même jour dans la soirée, et, encore une fois, sur l'initiative du comte de Bismarck, qui avait provoqué cette décision auprès de Sa Majesté, l'ordre ci-dessous fut envoyé d'après un projet écrit par le comte de Moltke lui-même.

N⁰ 787.

Au commandant en chef de la III⁰ armée, Compiègne.

TÉLÉGRAMME   Quartier général, Berlin, 20 mars 1871, 7 heures soir.

Prière de faire connaître, par les moyens convenables, aux personnes qui détiennent actuellement l'autorité à Paris, que dans le cas d'entreprises entravant l'application des stipulations des préliminaires de paix, ou dans le cas d'entreprises menaçant la sécurité des troupes allemandes, la ville sera traitée en ennemie.

Prière de nous tenir constamment au courant par télégraphe de la situation dans Paris. Où se trouvent actuellement les pièces et le matériel des anciennes batteries de bombardement du front Nord-Est ?

Le gouverneur général d'Alsace rendit compte, le 20 mars, que le gouverneur de Bitche ne s'était toujours pas décidé à rendre la place. Il avait fait vendre aux enchères publiques aux habitants de la ville des objets qui étaient la propriété militaire, ou la propriété des domaines. La ville et la garnison s'étaient mutuellement donné un banquet.
Le comte de Moltke prit les dispositions suivantes :

N° 788.

Au gouverneur général d'Alsace, Strasbourg.

TÉLÉGRAMME   Quartier général, Berlin, 21 mars 1871, 11 heures matin.

Sommer le gouverneur de Bitche de rendre immédiatement la place et lui faire remarquer qu'après le délai de douze heures les hostilités seront ouvertes et qu'il sera traité, lui et sa garnison, comme bandits pris en territoire allemand.

Préparer immédiatement l'investissement étroit et l'attaque d'artillerie au plus bref délai possible. Faire connaître ici ce qui pourrait être encore nécessaire à cet effet.

En outre, et jusqu'à ce que le gouvernement français ait fourni des dédommagements, le gouverneur sera responsable de tout le matériel de la place qui aurait été détérioré ou vendu; il sera provisoirement retenu après la capitulation : l'en prévenir également en lui faisant les sommations (1).

La place capitula sur ces entrefaites. Il fut constaté lors de sa remise que le matériel était au complet et en bon état, et que les bruits de vente aux enchères étaient par suite erronés. Le gouverneur, qui avait été retenu provisoirement, fut mis en liberté le 26 mars, sur l'ordre du chef d'état-major général de l'armée.

———

Le 21 mars, le général de Fabrice avait rendu compte télégraphiquement au Chancelier de l'empire des événements qui se déroulaient à Paris; il concluait par ces mots :

« Les chemins de fer ne peuvent plus pénétrer dans Paris. Il y a lieu de prévoir que nous serons obligés, en cas de continuation de la crise, de reprendre nous-mêmes l'exploitation. »

Le comte de Bismarck adressa la lettre ci-après au comte de Moltke :

———

(1) Le comte de Bismarck fut également mis au courant de ces prescriptions et déclara y donner son assentiment.

« Berlin, 21 mars 1871.

» J'ai l'honneur de communiquer ci-joint à Votre Excellence le dernier télégramme du général de Fabrice.

» Les événements qui se sont produits à Paris, l'incertitude où l'on est que le gouvernement actuel pourra déployer à cet égard la vigueur nécessaire, rendent plus probable pour nous l'obligation éventuelle de reprendre les hostilités, éventualité que n'excluaient pas du reste les préliminaires de paix. Ce dénouement peut ne pas se produire, mais peut très bien aussi intervenir très vite. A cet égard, les indications verbales qu'a données hier Votre Excellence m'ont causé quelque inquiétude (1). Elle nous a fait connaître en effet qu'en ce moment on ramenait en Allemagne une partie de notre artillerie lourde de siège. S'il en était ainsi, je prierais Votre Excellence de vouloir bien faire décider par Sa Majesté que cette artillerie sera au plus tôt ramenée devant Paris. On dispose encore de munitions suffisantes pour un bombardement éventuel; je crois pouvoir l'admettre d'après les renseignements qui m'ont été fournis avant mon départ de Versailles par des personnes compétentes (2).

Je regarderais en même temps comme désirable que les gouvernants actuels de Paris fussent sommés d'avoir à rétablir la ligne télégraphique passant par Pantin. Cette sommation servirait éventuellement à éclaircir notre situation, et, faute d'autre chose, à amorcer d'autres démarches, si nous le jugeons nécessaire. Je me permets donc de renouveler la prière que j'avais adressée hier à cet égard, mais *sans demander* qu'on fixe un délai de vingt-quatre heures.

Enfin, étant donnée la manière de voir qu'exprime le général de Fabrice à la fin de son télégramme, manière de voir que je crois juste, j'ai l'honneur de prier Votre Excellence de vouloir bien prendre les mesures voulues en vue de la reprise de l'exploitation des voies ferrées par l'autorité allemande.

Le comte de Moltke répondit :

---

(1) Le 23 mars le Chancelier de l'empire exposait à S. M. l'Empereur et Roi la situation politique de la France. Il recevait de Sa Majesté l'assurance que, jusqu'à nouvel ordre, on ne diminuerait pas d'un homme les troupes établies devant Paris, et qu'en particulier la garde et le V° corps conserveraient leurs positions. Le Chancelier fut chargé par Sa Majesté de faire part de cette décision au comte de Moltke.

(2) Point d'interrogation en marge.

N° 789.

*Au comte de Bismarck-Schœnhausen, chancelier de l'empire
allemand.*

Quartier général, Berlin, 22 mars 1871, partie le 23.

J'ai l'honneur de faire connaître à Votre Excellence, en
réponse à la dépêche qu'elle a bien voulu m'adresser hier, en
se référant à nouveau au dernier télégramme du général de
Fabrice, que nous avons actuellement devant Paris, en outre
de tout l'armement des forts occupés par nous, 51 pièces de gros
calibre avec tout le personnel (1) et les munitions voulus. Je
crois donc qu'il est d'autant moins nécessaire de prévoir,
d'autre part, le renvoi devant Paris des pièces de siège que
nous venons de ramener, que nous sommes assurés de pouvoir y déployer des forces suffisantes si l'on était amené à
reprendre les hostilités.

Afin de donner autant que possible satisfaction au désir
exprimé par Votre Excellence au sujet de la réouverture de la
station télégraphique française de Pantin, située hors de notre
zone d'occupation et qui a été mise hors de service, je viens
d'aviser le commandant en chef de la IIIe armée d'adresser à
cet égard une sommation aux gouvernants actuels de Paris.

On a préparé la reprise de l'exploitation des voies ferrées
par notre administration.

Une démarche en conséquence fut faite le 22 auprès du Ministre du
commerce, auquel communication fut donnée de la dépêche du général
de Fabrice. Le texte de cette dernière fut également envoyé au Ministre
de la guerre.

On donna des ordres au sujet de la station télégraphique de Pantin.

---

(1) Vingt-six compagnies d'artillerie de forteresse, d'après une note de la main
du comte de Moltke, mise par lui en marge de la lettre adressée au Chancelier de
l'empire.

N° 790.

Au commandant en chef de la IIIe armée, Compiègne.

TÉLÉGRAMME   Quartier général, Berlin, 22 mars 1871, 1 h. 45 soir.

Le comte de Bismarck désire instamment que sommation soit adressée aux gouvernants actuels de Paris de rétablir la station télégraphique de Pantin, détruite par les insurgés. Rendre compte ici du résultat de cette sommation (1).

Le 24 mars, le comte de Moltke recevait du Chancelier de l'empire une lettre lui annonçant une demande dont il lui avait peu avant signalé de vive voix la probabilité. M. Thiers avait demandé au général de Fabrice l'autorisation de pouvoir, en outre des 40.000 hommes déjà admis par les préliminaires de paix (voir page 785), pour la garnison de Paris, réunir à Versailles un effectif semblable et en surplus. Le comte de Bismarck avait promis d'appuyer cette demande auprès de Sa Majesté, dans le cas où elle ne présenterait pas d'inconvénient au point de vue militaire.

Le comte de Moltke répondit au Chancelier de l'empire, qui venait entre temps de recevoir le titre de prince :

791.

Au prince de Bismarck, chancelier de l'empire allemand.

Quartier général, Berlin, 24 mars 1871.

J'ai l'honneur de faire connaître à Votre Altesse Sérénissime et comme suite à la dépêche qu'Elle a bien voulu m'adresser à la date du 22 courant, que S. M. l'Empereur et Roi a daigné consentir, dans le cas où le gouvernement français en exprimerait le vœu, à ce qu'il réunît à Versailles des forces plus importantes. L'effectif de ces forces pourrait,

---

(1) Le commandant en chef fit connaître, à la date du 27 mars, qu'un chef du comité central de Paris s'était rendu à Pantin en personne et y avait fait rétablir le télégraphe.

sans danger pour nos intérêts militaires et vu la présence
auprès de Paris de nos armées fortes de plus de 200.000
hommes, s'élever au maximum à 80.000 hommes. Mais le
gouvernement français devait s'engager à agir sérieusement
contre l'insurrection.

On pourrait laisser le gouvernement français libre de choisir
le moyen de renforcer ses troupes. Il pourrait soit amener des
troupes de ligne d'autres régions de la France (d'après des renseignements venus de l'extérieur, on aurait déjà rassemblé des
troupes au Mans, malgré les clauses des préliminaires de paix),
soit en réorganisant des unités au moyen des prisonniers revenant de captivité, soit en réunissant des gardes nationales de
province.

On semble avoir eu en vue cette dernière alternative ; c'est ce
que permet de croire le télégramme du général de Gœben que
j'ai joint à ma lettre et que je vous serai reconnaissant de
me renvoyer. Le cas échéant, on pourrait stipuler que les gardes nationaux à armer dans notre zone d'occupation seraient
immédiatement conduits sur la rive gauche de la Seine et là
mis à la disposition du gouvernement français.

Étant données les importantes concessions dont bénéficierait
ainsi le gouvernement français, il serait bon d'établir un contrôle efficace pour empêcher qu'on ne puisse en abuser contre
nous.

J'ai l'honneur de prier Votre Altesse Sérénissime de vouloir bien me mettre le plus tôt possible au courant des conventions qui pourraient être faites à cet égard avec le gouvernement français, afin que je puisse en particulier donner
une décision au général de Gœben.

Le général de Gœben avait en effet télégraphié que la ville de Rouen,
voulait déférer aux demandes de son gouvernement qui appelait à Versailles les gardes nationaux de province. Il demandait une décision à cet
égard.

La réponse, qui fut également soumise au prince de Bismarck, fut la suivante :

N° 792.

Au commandant en chef de la Ire armée, Amiens.

TÉLÉGRAMME   Quartier général, Berlin, 24 mars 1871, 12 h. 30 soir.

La solution à donner à la demande d'armement des gardes nationaux à l'intérieur de notre zone d'occupation dépend au préalable d'une entente du Chancelier de l'empire avec le gouvernement français. La décision définitive est donc réservée.

Le Chancelier fit connaître le jour même qu'il venait de donner au général de Fabrice des instructions dont l'esprit était absolument conforme à celui de la dépêche précitée du comte de Moltke. Il déclarait admettre l'intention de la ville de Rouen d'envoyer sa garde nationale à Versailles, à la condition préalable que celle-ci serait conduite par la rive gauche de la Seine.

Le comte de Moltke donna immédiatement l'ordre suivant :

N° 793.

Au commandant en chef de la Ire armée, Amiens.

TÉLÉGRAMME   Quartier général, Berlin, 25 mars 1871, 11 h. 30 matin.

Autoriser l'envoi à Versailles des gardes nationaux de Rouen, à condition que l'armement et la marche soient effectués sur la rive gauche.

Le commandant en chef de la IIIe armée allemande nouvellement constituée avait envoyé le 20 au soir la notification ci-dessous en langue allemande « au gouverneur de Paris » :

« On a l'honneur de faire connaître que les troupes allemandes occupant les forts situés sur les fronts Nord et Est de Paris et les environs de cette ville sur la rive droite de la Seine, ont reçu ordre de continuer à garder une attitude pacifique et complètement passive, tant que les événements qui se déroulent actuellement à l'intérieur de Paris n'apporteront aucune entrave à l'exécution des clauses des préliminaires de paix, et tant qu'on ne tentera aucune entreprise menaçant la sécurité des troupes allemandes. Si l'une des éventualités ci-dessus mentionnées venait à se produire, la ville de Paris serait traitée en ennemie. »

Le commandant en chef de la IIIe armée allemande,

Le chef d'état-major,

DE SCHLOTHEIM.

La traduction française de cette notification fut publiée dans les journaux, ce qui provoqua l'envoi d'une lettre au prince de Bismarck.

N° 794.

Au prince de Bismarck, chancelier de l'empire allemand.

Quartier général, Berlin, 25 mars 1871.

Les feuilles publiques ont publié un télégramme qui aurait été envoyé par le général-major de Schlotheim aux gouvernants actuels de Paris en vue de préciser la situation des armées allemandes vis-à-vis de l'insurrection.

Le général de Schlotheim, auquel avait été demandé un compte rendu télégraphique, vient de m'envoyer le télégramme dont la copie est ci-jointe et qui a été envoyé en allemand au gouverneur actuel de Paris.

Il ressort de cette pièce que le texte qui a été publié par le Comité central de Paris contient une altération volontaire ou non, le mot « friedlich » y étant traduit par « amicalement ».

J'ai l'honneur de m'en remettre à Votre Excellence pour faire faire à cet égard les rectifications voulues, et en particulier pour les faire parvenir au gouvernement français à Versailles (1).

L'attitude des insurgés parisiens ne permettait pas de prévoir une issue rapide à leur conflit avec le gouvernement français, et, vu la faiblesse de ce dernier, on pouvait craindre des éventualités menaçantes pour les intérêts allemands.

---

(1) Une rectification officielle parut, par les soins du général de Fabrice, dans le *Journal officiel* du gouvernement français.

Aussi le prince de Bismarck, avec l'assentiment de Sa Majesté, avait-il fait entre temps savoir à M. Jules Favre, par l'entremise du général de Fabrice, que dans le cas où les insurgés viendraient à armer l'enceinte de Paris, cet acte de leur part serait considéré comme l'ouverture des hostilités, et que Paris serait en conséquence traité en ennemi.

A la requête du Chancelier de l'empire, le comte de Moltke prit les mesures militaires voulues.

N° 795.

Au commandant en chef de la IIIe armée, Compiègne.

TÉLÉGRAMME   Quartier général, Berlin, 25 mars 1871, 1 heure soir
                                               (parti à 2 h. 12 soir).

Par ordre de Sa Majesté, s'il était fait quelque tentative d'armer l'enceinte de Paris, cette ville devra être traitée en ennemie. On empêcherait l'exécution de ces tentatives par le feu de l'artillerie.

Le chef d'état-major de l'armée avait prié, à la date du 9 mars (n° 764), le comte d'Itzenplitz, ministre des chemins de fer, de prendre le chiffre de 6 ou de 10 trains comme base pour les transports de retour de l'armée. Le comte d'Itzenplitz ne s'était pas rendu à cette demande, estimant qu'elle provoquerait une crise dans le transit national.

Le comte de Moltke s'adressa au Ministre de la guerre, espérant obtenir quelque résultat par son entremise.

N° 796.

Au Ministre de la guerre.

Quartier général, Berlin, 26 mars 1871.

J'ai l'honneur d'adresser ci-jointe au Ministre de la guerre une lettre (1) de M. le Ministre du commerce en date du 25 mars en priant de m'en faire ultérieurement le renvoi. Je lui serai reconnaissant de vouloir bien en prendre connaissance

---

(1) Non reproduite.

et provoquer aussi rapidement que possible une décision définitive au sujet du nombre de trains sur lequel on pourra compter chaque jour pour effectuer le rapatriement de la masse principale de l'armée.

Je ne puis à cet égard que m'en tenir à la manière de voir que j'ai déjà exposée, à savoir qu'il y a lieu d'employer par jour six ou dix trains. On obtiendra ainsi le transport plus rapide de l'armée et c'est là un résultat qui répond aux intérêts publics et à ceux de la prospérité nationale.

Le tableau (1) annexé à la lettre présente fait ressortir tout le temps qui serait nécessaire pour rapatrier l'armée en n'employant par jour que quatre ou six trains. Peut-être pourrait-on diminuer un peu cette durée, en faisant employer la voie de terre à quelques troupes de plus; mais il faut bien considérer aussi les charges sérieuses que l'on imposerait aux régions de l'ouest qui seraient pendant longtemps traversées par de fortes unités en marche.

Enfin, comme conclusion de sa lettre, M. le Ministre du commerce propose d'effectuer d'abord le renvoi des hommes des classes les plus âgées. C'est là une manière de voir que je me vois forcé de repousser nettement, aussi bien en raison de la nécessité de tenir constamment nos troupes prêtes à combattre qu'en raison de la complication qu'elle apporterait forcément dans les transports.

Du reste, une fois les troupes de landwehr renvoyées dans leurs foyers, opération qui sera probablement achevée dans le premier tiers du mois d'avril, il se produira un temps d'arrêt dans l'utilisation militaire intensive des voies ferrées. On aura ainsi l'occasion tout à la fois de regagner le retard qui se serait produit dans l'expédition des marchandises privées, et de mettre en ordre le parc de wagons des voies ferrées.

---

(1) Non reproduit.

C'est dans cet esprit que le Ministre de la guerre écrivit le 28 mars
au comte d'Iztenplitz pour le prier de donner satisfaction aux demandes du maréchal de Moltke. Il fit ressortir qu'en réduisant l'emploi des
voies ferrées à quatre ou six trains par jour, on donnerait une durée de
trois mois aux transports de retour de nos troupes. Si les intérêts de
l'industrie faisaient désirer qu'on pût aussitôt que possible revenir à
l'utilisation des lignes ferrées sur les bases prévues en temps de paix,
la patrie tout entière avait bien aussi le droit le plus fondé, même en
présence de ces intérêts particuliers, de réclamer « le retour de l'armée,
qui l'avait protégée contre des maux plus sérieux que ceux qui étaient
désormais à craindre, afin de pouvoir rendre à leurs emplois du temps
de paix certaines parties de cette armée et de s'épargner les sacrifices
résultant de l'entretien des troupes mobilisées pendant un long espace
de temps ».

Le 26 mars, le général de Fabrice, envoya de Rouen au Chancelier de
l'empire le compte rendu télégraphique suivant :

« Quoique j'aie réclamé par écrit et par télégramme qu'on vînt s'entendre avec moi au sujet de l'effectif à admettre pour les troupes qui doivent
être concentrées à Versailles, je n'ai vu jusqu'ici arriver ni réponse ni
plénipotentiaire. J'ai par suite prié les hautes autorités militaires de
bien vouloir provisoirement et jusqu'à ce qu'une entente fût survenue,
interdire toute arrivée de troupes venant des provinces occupées. Cette
défense devra être étendue à un bataillon de mobiles de la Marne, qui
devait marcher du Havre sur Épernay par Château-Thierry. L'autorisation qui venait d'être accordée aux troupes venant de Rouen est naturellement maintenue. Favre est averti. »

Le prince de Bismarck répondit :

« Reçu votre télégramme; suis d'accord. Vous apprécierez s'il y aurait lieu d'être plus menaçant et de faire prévoir que, dans le cas où
l'on ne chercherait pas de suite et où l'on n'arriverait pas à obtenir une
entente avec nous au sujet des dérogations aux clauses de la paix, nous
réclamerons le renvoi de toute armée qui se trouverait entre la Seine et
la Loire. Prière de télégraphier le résultat. »

S. M. l'Empereur et Roi daigna faire à cet égard la remarque suivante :

« Étant donné que nous avons autorisé à concentrer de
60.000 à 80.000 hommes pour réduire Paris, il faut bien cependant que ces renforts traversent en partie le pays entre la
Seine et la Loire. Aussi, si nous les retenons, on se plaindra

que nous empêchons de réduire Paris. Comment dénouer cette contradiction ? Le général de Fabrice a-t-il plein pouvoir pour donner des ordres aux commandants en chef ?

> » G. 26, 3, 71 ».

On trouve dans les notes du général de Moltke, et de sa main, une remarque au crayon répondant à ces questions.

N° 797.

Au sujet de la remarque mise en marge par Sa Majesté.

Il faut qu'une *entente* intervienne au sujet du rassemblement d'un corps de troupes à Versailles. *Jusque-là* et jusqu'à ce que les conditions soient garanties, les concentrations dans cette ville, au Mans, et la marche de Rouen à Épernay, sont contraires à la convention.

C'est *dans l'hypothèse* de cette entente qu'on a donné ici l'autorisation d'armer la garde nationale de Rouen et de la mettre en mouvement par la rive gauche de la Seine.

Il y aura lieu *d'aviser d'ici* les commandants d'armée d'arrêter tout renfort venant des régions occupées par nous ou les traversant; on peut encore envoyer un contre-ordre à Rouen.

Ces indications servirent de base aux ordres ci-après :

N° 798.

A tous les commandants en chef, commandants de corps d'armée indépendants, ainsi qu'à la division wurtembergeoise.

TÉLÉGRAMME   Quartier général, Berlin, 27 mars 1871, 2 h. 30 soir.

Le gouvernement français de Versailles compte, en vue de réprimer l'insurrection de Paris, former et armer des gardes nationales dans la région occupée par les troupes allemandes et les concentrer dans le pays entre Seine et Loire. Notre assentiment à cet égard dépend des négociations encore en cours. Dès que le général de Fabrice aura signalé l'issue favorable de ces dernières, ne mettre aucun obstacle à la constitution des gardes nationales convoquées par le gouvernement de Versailles ni à leur départ.

N° 799.

Au général-lieutenant de Fabrice, de l'armée saxonne, Rouen.

TÉLÉGRAMME   Quartier général, Berlin, 27 mars 1871.

Par ordre de Sa Majesté, le télégramme ci-après a été adressé aux quatre commandants d'armée, aux généraux commandant les VIIe et XIIe corps d'armée et au commandant de la division wurtembergeoise.

Suit le télégramme reproduit plus haut.

Prière par suite à Votre Excellence d'envoyer le cas échéant les avis voulus, et d'en faire part ici.

Le 28 mars était conclu un accord autorisant le gouvernement de Versailles à réunir près de cette ville 80.000 hommes au lieu de 40.000 hommes admis pour Paris dans les préliminaires de paix.

Cet accord, qui fut communiqué à tous les commandants en chef d'armée, s'exprimait comme il suit :

Entre :

Le lieutenant général M. de Fabrice, muni des pleins pouvoirs de S. M. l'Empereur d'Allemagne, roi de Prusse,

d'un côté,
et de l'autre

M. Pouyer-Quertier, ministre des finances du gouvernement de la République française, et

M. le général de Valdan, délégué du général ministre de la guerre, munis des pleins pouvoirs du gouvernement de la République française,

Les pleins pouvoirs des deux parties contractantes ayant été trouvés en bonne et due forme, il a été convenu ce qui suit

ARTICLE PREMIER. — Considérant qu'en vertu des conventions arrêtées le 26 février dernier sous le titre de préliminaires de paix, le gouvernement français avait le droit, suivant le texte de l'article 3 desdites conventions, de conserver pour la garnison de Paris un corps d'armée qui ne doit pas dépasser 40.000 hommes et de maintenir les garnisons indispensables à la sûreté des places fortes.

ART. 2. — Attendu qu'il avait été aussi stipulé que toutes les troupes non désignées spécialement dans les préliminaires de paix pour la garnison de Paris et les places fortes devraient se retirer et être maintenues sur la rive gauche de la Loire jusqu'à la signature du traité de paix définitif et l'accomplissement des engagements pris pour les versements par le gouvernement français de l'indemnité de guerre.

ART. 3. — Sur la demande du gouvernement français et en raison des événements exceptionnels dont Paris se trouve le théâtre, le gouvernement allemand consent, pour faciliter l'accomplissement des engagements contractés par la France dans le traité du 26 février dernier, à apporter aux termes de ce traité les modifications suivantes :

ART. 4. — Temporairement et jusqu'à ce que l'ordre public et l'autorité du gouvernement issu de l'Assemblée nationale aient été complètement rétablis dans Paris, l'effectif des troupes réunies à Versailles, siège du gouvernement, et dans le département de Seine-et-Oise, pourra être porté de quarante mille hommes jusqu'au chiffre de quatre-vingt mille hommes de toutes armes, y compris les gardes nationales, les mobiles et les mobilisés de tous les départements qui se rendraient à Versailles pour y défendre l'Assemblée nationale.

ART. 5. — La concentration dans les environs de Paris et de Versailles des troupes dont il vient d'être parlé devra s'opérer par les soins des autorités militaires françaises dans un laps de temps qui ne devra pas excéder douze jours à partir du commencement de la mise à exécution de la présente convention.

Art. 6. — Les troupes françaises qui doivent être dirigées sur Versailles pourront être tirées :

    1° des garnisons de Besançon et de Lyon pour la région de l'est ;

    2° de Bordeaux, de Tours, du Mans et de toutes les villes de l'ouest ;

    3° de Lille, de Douai, de Cambrai et de Dunkerque, pour la région du nord.

Art. 7. — D'après les conditions fixées par les préliminaires de paix du 26 février et la convention modificative signée à Ferrières le 11 mars courant, concernant le rapatriement des prisonniers, il avait été stipulé que toutes les troupes libérables seraient renvoyées dans leurs foyers et que celles qui étaient encore liées au service seraient dirigées sur leurs dépôts au delà de la Loire.

Art. 8. — En raison de l'urgence et de la nécessité de réorganiser immédiatement les corps de troupe qui doivent compléter les quatre-vingt mille hommes de Versailles, l'autorité allemande consent à ce que ces troupes soient concentrées dans les places de Cambrai, Auxerre et Besançon et de là dirigées sur l'armée de Versailles.

Art. 9. — Afin de faciliter et d'accélérer les mouvements des troupes et leur concentration la plus rapide possible à Versailles, les autorités allemandes feront donner la préférence aux convois de troupes destinées à la garnison de cette ville.

Art. 10. — Tous les mouvements des troupes qui auront à franchir et à parcourir les départements occupés devront être indiqués préalablement aux autorités allemandes.

Art. 11. — Les conventions ont été arrêtées d'un commun accord entre les autorités allemandes et l'autorité française sous l'engagement formel et d'honneur que les facilités données au gouvernement de la République française pour les mouvements des troupes et leur réorganisation n'ont pour but unique que le rétablissement de l'ordre public à Paris et le maintien et la protection du gouvernement de l'Assemblée nationale dont le siège est à Versailles.

Art. 12. — Il est entendu que les stipulations de l'article 3 des préliminaires rentrent en vigueur dès que l'autorité du gouvernement sera rétablie dans Paris.

Le gouvernement allemand, en outre, pour se sauvegarder contre les éventualités imprévues, se réserve le droit de dénoncer la présente convention modificative dès qu'il croirait ses intérêts compromis, sans être tenu en cela à un délai quelconque.

En foi de quoi la présente convention a été signée par les parties contractantes.

Rouen, le 28 mars 1871.

Signé : de FABRICE.   A. POUYER-QUERTIER.
                             Gal DE VALDAN.

Dès le 16 mars une convention avait été établie entre le général de Fabrice et les plénipotentiaires français en vue de régler l'administration civile dans les territoires français occupés par les troupes allemandes. Elle reçut, le 27 mars, l'approbation du Chancelier de l'empire. Le général de Fabrice avait rédigé, comme corollaire de cette convention, une instruction pour les commissaires civils auprès des généraux commandant les troupes d'occupation. Le chef d'état-major général de l'armée se vit par suite amené à arrêter les dispositions relatives à la prise de possession, par les chefs militaires faisant fonctions de commandants en chef, de l'autorité supérieure dans les diverses zones d'occupation.

Ces trois documents de principe furent envoyés aux hautes autorités intéressées avec la dépêche suivante, dont communication fut également donnée au Chancelier de l'empire et au Ministre de la guerre :

N° 800.

A tous les commandants en chef (1), commandants de corps d'armée indépendants, ainsi qu'à la division wurtembergeoise.

Quartier général, Berlin, 31 mars 1871.

En exécution de la convention du 16 mars courant, dont le texte est joint à la présente lettre, et qui stipule que l'administration des territoires occupés par les armées allemandes sera provisoirement assurée par des fonctionnaires français (voir art. 2), il y a lieu de procéder à l'établissement d'un commissaire civil auprès du..... Prière en conséquence de vouloir bien s'adresser au général de Fabrice, en vue de la nomination d'une personnalité appropriée à ces fonctions : dans le cas où on ne soulèverait aucune objection contre la désignation faite, il y aura lieu de nommer cette personnalité aux fonctions de commissaire civil dans la zone occupée par le....., et de faire publier cette nomination officiellement par les journaux.

Ci-joint, à titre de renseignement, l'instruction que le général de Fabrice doit, sur avis du Chancelier de l'empire, adresser aux commissaires civils.

Enfin, la dernière pièce annexée à la présente dépêche contient les dispositions arrêtées par ordre de Sa Majesté en vue de la prise de possession, par les chefs militaires exerçant le commandement en chef, de l'autorité supérieure dans les diverses zones d'occupation.

---

(1) Par ordre du cabinet de Sa Majesté, l'armée du Sud fut dissoute le 31 mars 1871. Les IIe et Ve corps furent rattachés à la IIe armée dont le général de Manteuffel prit le commandement en chef en remplacement du prince Frédéric-Charles, en congé depuis le milieu de février. Le général de Stiehle resta à la IIe armée comme chef d'état-major. Quartier général Dijon.

ANNEXE I

Entre :

Le lieutenant général M. de Fabrice, muni des pleins pouvoirs de Sa Majesté l'Empereur d'Allemagne, Roi de Prusse,

d'un côté,

et de l'autre

M. Pouyer-Quertier, ministre des finances,

M. le baron de Ring, délégué du ministre des affaires étrangères, et

M. Casimir Fournier, délégué du ministre de l'intérieur, munis des pleins pouvoirs du gouvernement de la République française,

Les pleins pouvoirs des deux parties contractantes ayant été trouvés en bonne et due forme, il a été convenu ce qui suit :

Les parties voulant assurer l'exécution facile et loyale du traité préliminaire de paix, signé à Versailles entre l'Empire d'Allemagne et la France le 26 février dernier, et écarter toute éventualité de conflit entre l'armée allemande et la population française, ont arrêté les dispositions suivantes :

ARTICLE PREMIER. — Bien que le droit d'administrer les territoires occupés soit réservé par l'article 8 du traité de préliminaires à l'autorité allemande jusqu'à la conclusion et la ratification du traité de paix définitif, cependant les autorités allemandes consentent à ce que l'administration départementale et communale, y compris la sûreté générale et le maintien de l'ordre public dans les départements occupés par les troupes allemandes, soit, dès la ratification de la présente convention, remise à l'autorité française aux conditions ci-après :

ART. 2. — Le gouvernement français pourra rétablir les préfets, sous-préfets, maires et autres agents administratifs avec les attributions qui leur sont données par les lois.

De son côté l'autorité allemande placera près des chefs de corps, ou, partout où elle le trouvera nécessaire, des commissaires civils qui auront la haute direction dans tout ce qui concerne les intérêts allemands.

Les fonctionnaires français sont tenus de se conformer aux mesures que le commissaire civil jugera nécessaire de prendre à ce sujet.

ART. 3. — Les tribunaux français reprendront leur service ainsi que les juges de paix et les commissaires de police. La gendarmerie sera réorganisée.

Néanmoins l'état de siège avec toutes ses conséquences sera maintenu par les autorités allemandes dans les départements occupés.

ART. 4. — Conformément aux prescriptions de l'article 8 des préliminaires de paix, toutes les autorités administratives françaises devront se conformer aux mesures que les commandants des troupes croiront devoir prendre dans l'intérêt de la sûreté, de l'entretien et de la distribution des troupes.

ART. 5. — Dans le cas où les intérêts de ces dernières seraient compromis d'ici au jour de la ratification du traité de paix définitif, les autorités allemandes se réservent le droit de reprendre en tout ou partie les droits concédés par les articles 1, 2 et 3 aux autorités françaises.

ART. 6. — La présente convention sera immédiatement soumise à la ratification du Chancelier de l'Empire germanique et du Chef du pouvoir exécutif de la République française.

En foi de quoi la présente convention a été signée par les parties contractantes.

Fait à Rouen le 16 mars 1871.

Signé : de FABRICE.   POUYER-QUERTIER.
                               B. DE RING.
                               C. FOURNIER.

ANNEXE II

Instruction pour les commissaires civils auprès des généraux commandant les troupes d'occupation.

Les instructions ci-après sont données aux commissaires civils auprès des généraux commandant les troupes d'occupation.

En vue de l'application de l'article 8 des préliminaires de paix, la convention ci-annexée a été conclue entre le général-lieutenant de Fabrice, chargé de remplacer le Chancelier de l'empire, et les plénipotentiaires du gouvernement français. Elle a pour effet de remettre sous certaines restrictions et réserves l'administration des départements occupés aux mains des autorités françaises, sans attendre la paix définitive.

En vertu de l'article 2 de cette convention, l'autorité allemande s'est réservé d'établir des commissaires civils qui auront la haute surveillance de l'administration en tout ce qui concerne les intérêts allemands; les fonctionnaires français devront à ce sujet se conformer complètement à leurs prescriptions.

Ces considérations tracent tout naturellement aux commissaires civils le cercle d'attributions qui leur est dévolu par la convention.

Sous le contrôle du général commandant en chef dans la circonscription d'armée duquel ils sont placés et de l'autorité duquel ils relèvent, ils doivent, en vue de sauvegarder les intérêts allemands, observer de près les actes de l'administration française et l'attitude de la population, et agir sur cette dernière de la manière qui leur paraîtra la meilleure en vue des intérêts dont ils ont charge. C'est donc, en particulier, la mission du commissaire civil que de suivre avec attention tous les événements qui pourraient avoir une influence défavorable sur les rapports de la population avec les troupes d'occupation et sur le bien-être de ces dernières : il a à surveiller la presse, les réunions, les théâtres, l'action de la police de sécurité et de la police sanitaire; dans le cas d'infractions ou de délits dus à l'hostilité ou à la malveil-lance, il doit assurer leur réparation ou leur répression et leur punition, soit par les lois de la guerre dès qu'il s'agit de la sécurité des troupes allemandes, soit, dans toutes les autres éventualités, par l'office des autorités françaises compétentes : si celles-ci étaient impuissantes ou manquaient de bonne volonté, il y aura lieu, à leur place, d'employer la force militaire.

En même temps, le commissaire civil devra, toutes les fois que le souci de la sécurité militaire n'exigera pas une action militaire directe, servir d'intermédiaire entre le général en chef auquel il est attaché et les autorités françaises dans toutes les circonstances résultant de l'application des prélimi-naires de paix. Le général en chef se servira de lui en principe pour transmettre aux autorités françaises les réquisitions qu'il croira devoir leur adresser dans l'intérêt de ses troupes, ou pour régler et surveiller l'exécution des mesures réservées aux commandants des troupes par l'article 4 de la convention du 16 courant, lorsque la coopération des autorités précitées sera utile. Le commissaire civil sera l'organe consultatif du général commandant dans ses relations avec les autorités fran-çaises ou dans les questions ayant trait à la population fran-çaise ; il devra lui faire connaître son avis s'il en est prié, ou lui soumettre de sa propre initiative les propositions qui lui sembleront avantageuses. En cas de divergences qui ne pour-raient être écartées à temps par voie d'accord, le commis-saire civil devra toujours obéir aux prescriptions du général commandant et exécuter, en tant qu'organe de l'autorité mili-taire supérieure, les missions dont il pourrait être chargé par celle-ci.

Les autorités françaises peuvent, de leur côté, recourir à son entremise pour porter leurs désirs et leurs plaintes à la connaissance du général commandant ; il doit en rendre compte à ce dernier.

Il va de soi que le commissaire civil a devoir de tenir le général commandant constamment au courant de tous les événements intéressant les troupes d'une manière directe ou indirecte, ainsi que de toutes les mesures qu'il pourrait être amené à prendre. Enfin, dans toutes les circonstances ou l'exigera le maintien de l'autorité qui nous est réservée par la convention du 16 mars, il aura à demander à la haute autorité dont il relève le secours voulu, ou l'appui nécessaire à l'exécution de ses prescriptions.

Le 17 mars 1871.

ANNEXE III

Prescriptions (1) relatives à la prise de possession par les chefs militaires remplissant les fonctions de commandants en chef de l'autorité supérieure dans les diverses zones de l'occupation.

§ 1er.

Le commandant en chef de chacune des zones d'occupation (telles qu'elles ont été délimitées par les instructions pour l'application de la convention du 26 février dernier relative aux préliminaires de paix et à l'armistice) (2) réunit en lui l'autorité supérieure civile et militaire et est responsable vis-à-vis de S. M. l'Empereur et Roi du maintien de la tranquillité et de l'ordre. Il dispose à cet effet non seulement de toutes les forces qui relèvent de son commandement d'après l'ordre de bataille, mais encore de toutes les troupes qui se trouvent temporairement dans sa zone d'occupation par suite de marches, etc.

§ 2.

Les commandants en chef continueront comme par le passé à recevoir les prescriptions d'ordre militaire ou politico-militaire d'après les voies ordonnées par Sa Majesté; toutefois, étant donnée la situation actuelle en France, et à moins de considérations précises s'y opposant, il y aura lieu de satis-

---

(1) Le Chancelier de l'empire, auquel elles avaient été soumises, leur avait donné son approbation.

(2) Voir n° 745.

faire aux réquisitions urgentes éventuellement envoyées par le général-lieutenant de Fabrice, qui a été mis au courant des intentions de Sa Majesté. Dans ce cas, on devra en avertir le chef d'état-major général de l'armée afin qu'il en rende compte à Sa Majesté.

§ 3.

Le commandant en chef de chacune des zones d'occupation aura près de lui un commissaire civil nommé par lui, qui lui servira particulièrement d'organe vis-à-vis de l'administration française telle qu'elle est établie par la convention du 16 courant.

Le commissaire civil est placé sous les ordres du commandant en chef; mais en cas de divergence d'opinion, il a toutefois le devoir de faire connaître à celui-ci son avis, tant qu'il s'agit soit de questions purement administratives, soit de l'application des clauses purement civiles de la convention du 26 février dernier relative aux préliminaires de paix et à l'armistice, ou de toute autre convention de même valeur conclue ultérieurement.

Le commissaire civil semble donc qualifié pour assurer la correspondance entre le commandant en chef (en se conformant aux indications verbales de ce dernier) et le général de Fabrice, dans les cas indiqués plus haut, ainsi que dans toutes les autres circonstances politiques ou administratives qui exigeraient entente avec le gouvernement français.

Le commandant en chef ou son chef d'état-major ont droit de prendre connaissance des comptes rendus administratifs ou autres que le commissaire civil aurait à adresser au général de Fabrice, dont il relève en même temps.

§ 4.

Il y a lieu, en vue de la répartition des troupes dans la zone d'occupation, de considérer tout d'abord leur sécurité et leur bien-être.

En cas d'attitude conciliante de la population, il sera bon d'occuper les casernes et écuries qui peuvent exister.

On pourra cantonner des troupes dans des endroits qui devaient rester libres selon les prévisions, lorsque cette mesure sera nécessaire en vue du maintien de notre autorité, ou de l'autorité des fonctionnaires français régulièrement institués, et s'acquittant de bonne volonté de leurs obligations envers nous.

Les demandes à ce relatives pourront être adressées par les autorités françaises, soit directement, soit par l'entremise du commissaire militaire. Ce dernier naturellement ne dispose pas des troupes.

§ 5.

Tous les postes et autorités militaires devront être avisés d'avoir à prêter main-forte à la gendarmerie française, qui va être rétablie conformément à l'art. 3 de la convention du 16 courant, lorsqu'elle le requerra, bien entendu en tant qu'il s'agira de mesures contre la population.

La gendarmerie en question n'a d'autre part aucune autorité sur les troupes allemandes.

§ 6.

L'état de siège devra être maintenu ; il fournit le moyen de s'opposer d'une manière rapide et efficace à toute tentative hostile qui pourrait être faite contre la sécurité ou le prestige des troupes, soit par la population, soit par des particuliers.

D'autre part, et c'est là une nécessité qui répond à la fois à nos propres intérêts autant qu'aux clauses de la convention pour les préliminaires de paix et l'armistice, on devra maintenir la discipline la plus stricte et ne rien exiger d'injustifié. Tous les chefs de troupes devront être rendus responsables de l'application de cette prescription.

Il sembla avantageux, en raison des nouvelles qui arrivaient de Paris, de suspendre provisoirement le transport de retour des troupes allemandes.

Les ordres suivants furent donnés à cet égard :

N° 801.

Au gouverneur de Sedan.

TÉLÉGRAMME   Quartier général, Berlin, 2 avril 1871, 1 heure soir.

Transmettre au commandant de la 17e division (1) l'ordre de suspendre son mouvement de retour. La division s'établira en cantonnements, après entente avec le XIIe corps, et fera connaître ici dans quelle zone.

Rendre compte ici de la transmission exacte de cet ordre à la 17e division.

Le général commandant le XIIe corps d'armée à Laon fut avisé en conséquence ; le commandant en chef de la Ire armée, à Amiens, fut mis au courant de ces prescriptions.

Sur la demande faite par le général de Fabrice à la date du 6 mars, et appuyée par le Chancelier de l'empire le 28, un ordre de Sa Majesté, en date du 1er avril, établit l'état de siège dans les territoires occupés. Les autorités militaires en eurent connaissance le lendemain par les soins du comte de Moltke.

N° 802.

A tous les commandants en chef et commandants de corps d'armée indépendants, ainsi qu'à la division wurtembergeoise.

Quartier général, Berlin, 2 avril 1871.

J'ai l'honneur de transmettre ci-joint, pour avis et à toutes fins utiles, copie d'un ordre du cabinet de Sa Majesté en date du 1er avril courant (2) et relatif à l'établissement de l'état de siège dans les provinces françaises occupées.

Le Chancelier de l'empire, le Ministre de la guerre et le général de Fabrice eurent également connaissance, à la date du 3, de l'ordre du cabinet de Sa Majesté, ainsi que de l'envoi des dispositions précitées aux

(1) Voir n° 772. La division était arrivée dans la région au sud de Sedan.
(2) Non reproduit.

commandants en chef, etc. On ajouta, pour les deux premiers, que le
gouvernement général d'Alsace et le XV° corps d'armée avaient été provisoirement exclus de cette communication.

Le comte de Moltke avait rédigé les notes ci-dessous en vue d'un
exposé à faire à Sa Majesté au sujet de la situation résultant de l'insurrection parisienne et au sujet, en particulier, de l'attitude qu'il était
avantageux aux troupes allemandes de garder vis-à-vis du gouvernement
de Versailles.

N° 803.

Rapport à Sa Majesté.

Quartier général, Berlin, 3 avril 1871.

Il est évident que nous avons très grand intérêt à voir se
maintenir le gouvernement actuel, choisi librement par la
nation française et avec lequel nous avons conclu les préliminaires de paix; c'est là la garantie la plus simple et la plus
certaine que nous aurons satisfaction pour nos exigences
pécuniaires.

Il est difficile de trouver pour elles une garantie matérielle.

La prise en gage d'une province, ainsi que cela se faisait aux
siècles passés, ne pourrait guère être employée en France.
Nos droits juridiques seraient constamment mis en question,
vu la possibilité, la probabilité même de nouveaux bouleversements; nous serions obligés de rester constamment prêts,
et jamais, même dans une longue série d'années, nous n'arriverions à retirer des milliards d'une pareille possession.

Le résultat serait encore moins obtenu au moyen de l'occupation momentanée de régions qui n'auraient pas encore été
atteintes et épuisées au cours des opérations.

Nos exigences sont si grandes que la France n'y peut donner
satisfaction qu'en engageant son avenir.

Le gouvernement actuel, qui a entrepris cette tâche, doit

c être soutenu par nous, tant que notre propre sécurité
ermettra, car sa faiblesse nous est aussi désavantageuse
de la mauvaise volonté. Tant que l'Assemblée nationale
'ersailles n'aura pas soumis Paris, elle ne pourra conserver
in prestige dans le reste de la France; elle manquera du
lit financier qui lui est indispensable pour satisfaire aux
gations contractées vis-à-vis de nous.

ans Paris, c'est une minorité qui règne par la terreur. Les
s qui possèdent et qui sont l'immense majorité attendent à
droit l'appui du gouvernement, appui qu'ils n'ont jus-
ci aucunement reçu. N'eût-il pas été possible de réprimer
bellion dès le début et avec les moyens dont on disposait?
t là une question à laquelle on ne peut répondre. Mainte-
t il faut pour cela une armée, qui se rassemble à Versailles
; notre autorisation, et nous devons pour notre compte
sser à ce qu'on passe enfin à l'action.

r une attente plus longue ne peut qu'empirer la situation
si fâcheuse.

prestige de l'Assemblée nationale française tomberait
bas encore; l'insurrection pourrait facilement s'étendre.
otre côté nous sommes forcés de rester dans le pays avec
ffectif qui dépasse sensiblement celui pour lequel nous
vons une indemnité et encore une indemnité partielle;
là une charge très lourde pour les deux parties. Il y a
tout particulièrement de considérer que les prisonniers
çais reviennent en masses, et qu'ils constitueront bientôt
istrument puissant à la fois pour ou contre le gouverne-
t actuel. Laquelle de ces deux éventualités peut être pour
avantageuse ou désavantageuse, c'est ce que l'on ne
nullement prévoir actuellement. Mais nous ne nous
lerons certainement à favoriser un nouveau gouverne-
t que si le gouvernement actuel montre de la mauvaise
nté ou une impuissance totale.

Nous soutenons l'attaque de Paris par notre simple présence immédiate et par la fermeture des voies de communication qui aboutissent de notre côté. Nous pouvons la renforcer par le feu de notre artillerie, si le gouvernement français a recours à notre coopération active, ce qu'il ne fera du reste qu'en cas de la plus absolue nécessité. Dans cette éventualité, il y aurait lieu, de faire connaître à la Commune que son insurrection « porte empêchement à l'exécution des clauses des préliminaires de paix »; d'avertir les maires de mettre les gardes nationaux de leur arrondissement à la disposition de l'Assemblée nationale et en dehors de Paris, à l'exception des gardes nationaux sédentaires nécessaires à conserver pour la sauvegarde des propriétés; on les préviendrait que leur quartier serait bombardé dans le délai de six heures au cas où il ne serait pas donné de réponse ou bien s'il en était donné une négative. En même temps, la IIIe armée occuperait les plateaux entourés par les forts. On pourrait chercher à s'assurer de quelques portes de l'enceinte Est de la ville, afin de s'établir sur les buttes Chaumont et y installer de fortes batteries contre Belleville et Montmartre. Je n'estimerais pas avantageux de pousser plus loin; c'est aux Français eux-mêmes qu'il appartient de pénétrer dans Paris.

Le gouvernement rassemble actuellement à Versailles les troupes sur la fidélité desquelles il croit pouvoir le plus sûrement compter. Il désire être autorisé à en porter l'effectif à 100.000 hommes en y ajoutant encore 20.000 gardes nationaux. Je crois qu'on peut lui accorder cette demande ainsi que le délai qu'il lui faut absolument pour organiser quelque peu l'armée nouvellement formée et en faire un tout utilisable. Seul un militaire établi sur les lieux pourra être à même d'apprécier quand ce résultat sera atteint et quand nous pourrons exiger d'une manière pressante que l'on passe à l'action. Il serait très désirable à cet égard, comme à d'autres, que le général de Fabrice pût installer sa résidence à Versailles ou le plus près possible de cette ville (1). L'armée en question ne sera sans doute pas prête à combattre avant la fin du mois, mais il peut très bien se faire que telle circonstance qui se sera produite dans la marche de la rébellion à Paris permette d'agir avec des forces moins grandes. Il y aurait lieu dès maintenant d'empêcher l'entrée des subsistances sur les deux rives de la Seine.

Jusqu'ici on n'a envisagé que la coopération à apporter au gouvernement français, mais il y a lieu de considérer l'éventualité où il serait totalement impuissant ou montrerait de la mauvaise volonté.

Certes, nous avons le droit d'exiger à nouveau l'évacuation de la rive droite de la Loire, mais il faut bien aussi nous attendre à voir peut-être l'armée de l'Assemblée nationale faire cause commune avec Paris.

La situation serait alors à peu près la même qu'après la chute de Metz. Les forces principales de l'ennemi seraient réunies dans Paris ; ses autres troupes, et en particulier les prisonniers de retour, seraient dans la province en voie de formation ; une action rapide serait pour nous tout indiquée. Ce serait en tout cas la prolongation de la guerre.

La IIIe armée, forte de six corps d'armée, environ 200.000 hommes, peut en quatre jours être concentrée devant Paris, dans ses positions anciennes. Les passages de la Seine, d'Argenteuil jusqu'à Poissy, devraient être détruits et gardés : notre nombreuse cavalerie couperait toutes les communications du côté du sud, de manière à empêcher tout au moins l'arrivage de transports sérieux dans la capitale. En possession des forts du Nord et de l'Est, éventuellement même ayant pris pied à

____

(1) Le général de Fabrice quitta Rouen le 13 avril pour venir s'installer à Soisy, près Saint-Denis. (Cf. page 906.)

l'intérieur de l'enceinte, nous serions vraisemblablement à même de forcer Paris à mettre bas les armes, sans en venir à la guerre de maisons et de barricades.

La Iʳᵉ armée serait vraisemblablement disponible avec le Iᵉʳ corps d'armée et une partie du VIIIᵉ pour coopérer par la rive gauche de la Seine à l'attaque de Paris. L'armée du Sud et la IIᵉ armée (Iᵉʳ, IIᵉ, IIIᵉ, IXᵉ et Xᵉ corps, plus de 100.000 hommes) pourraient être employées de même manière, ou bien contre les formations qui seraient déjà prêtes et viendraient du sud de la France.

Une partie du VIIIᵉ corps d'armée, la division wurtembergeoise, les XIIᵉ, VIIᵉ et Vᵉ corps d'armée, ayant également un effectif de plus de 100.000 hommes, suffisent parfaitement après le départ de la landwehr pour assurer l'ordre dans les régions situées à l'arrière des armées.

L'époque à laquelle il y aurait lieu d'entamer les marches de concentration nécessaires en pareille éventualité dépend absolument du cours que prendront les événements. Elle pourrait être indiquée dans les meilleures conditions par un observateur militaire placé à Versailles, soit, à défaut de celui-ci, par le commandant en chef de la IIIᵉ armée.

Le chef d'état-major général de l'armée s'exprima de la même manière le lendemain dans une lettre adressée au chef d'état-major du Prince Royal de Saxe.

Nᵒ 804.

Au général-major baron de Schlotheim, Compiègne.

Quartier général, Berlin, 4 avril 1871.

Il n'est guère possible d'envoyer d'ici des ordres officiels, étant donnée la distance où le quartier général se trouve de Versailles et les variations rapides de la situation : du reste, nous savons que la direction est là-bas en mains sûres. Mais comme vous pouvez très facilement être amené à agir d'initiative, peut-être vous sera-t-il agréable de savoir la façon dont on envisage la situation en haut lieu.

Nous avons le plus grand intérêt à ce que l'Assemblée librement élue par la France et qui est pour nous la France officielle, reste au pouvoir ainsi que le gouvernement qui a conclu les préliminaires de paix, et ne soit pas remplacée par une autre, ce qui remettrait le tout en question.

Nous ne pouvons souhaiter recommencer la guerre pour de l'argent. Les régions qui sont déjà en nos mains sont plus ou moins épuisées déjà. Quant à occuper de nouveaux départements ou quant à prendre et à conserver en gage une province, ainsi que cela se faisait aux siècles derniers, c'est là une opération où nous ne trouverions guère notre compte. Les bouleversements, passés à l'état chronique en France, nous forceraient de demeurer constamment prêts et même au bout d'une longue série d'années nous n'arriverions pas à retirer des milliards de notre gage. Nos exigences sont si grandes que même la France entière ne peut y donner satisfaction qu'en engageant son avenir. C'est là ce qu'a fait le gouvernement de Versailles, et il importe de lui faciliter l'accomplissement de sa tâche : sa faiblesse et son impuissance nous sont aussi désavantageuses que de la mauvaise volonté.

Tant que le gouvernement français n'aura pas soumis Paris, il n'acquerra pas de prestige dans le pays et il manquera du crédit financier nécessaire pour les paiements colossaux qu'il a à effectuer.

Le général de Valdan a exprimé de la manière la plus pressante le vœu d'être autorisé à faire venir 20.000 gardes nationaux en sus des 80.000 hommes déjà accordés. On assurerait ainsi un appui moral aux troupes chargées de l'attaque et elles seraient ainsi bien convaincues que la *nation* est avec elles.

Quoique toutes les concessions soient des armes à double tranchant (car l'armée de l'Assemblée pourrait très bien, éventuellement, faire cause commune avec Paris), il a été fait droit à cette requête. Je compte en effet que, le cas échéant, la IIIe armée pourrait, en trois ou quatre jours, réunir 200.000 hommes environ derrière les forts de la rive droite de la Seine. D'autre part, environ 20.000 prisonniers tirés de régiments sûrs vont être rapidement ramenés de captivité ; les transports se ralentiront aussitôt après.

Ce doit être notre désir le plus ardent que de voir le gouvernement de Versailles se décider le plus tôt possible à agir. Nous conservons en France un effectif bien supérieur à celui pour lequel il nous est accordé une indemnité, et encore une indemnité partielle, nous privons la production nationale du concours de travailleurs et enfin nous diminuons la capacité de rendement du pays ennemi. Les prisonniers reviennent en masses, et constitueront d'ici quelque temps une armée qui pourra nous être aussi désavantageuse qu'utile.

D'autre part, il faut bien laisser au gouvernement le temps de réunir en une armée les contingents qui affluent de tous les côtés de l'étranger et du sol national. Il promet dans sa détresse bien des choses qu'il ne peut tenir. Il est impossible que tout puisse être terminé pour le 9 de ce mois, date fixée.

Mais le cours que suivra l'insurrection insensée dont Paris est le théâtre peut très bien offrir l'occasion d'agir avec des forces inférieures à 100.000 hommes. Il semble, d'après vos derniers télégrammes, qu'on ait déjà commencé. Ce n'est que sur les lieux qu'on peut observer la chose et exercer à temps une pression. Je pense que vous vous tenez à cet égard en liaison avec le général de Fabrice ; il vient d'être prié de rapprocher sa résidence de Paris. Pontoise serait peut-être l'emplacement voulu.

La nomination du général Mac-Mahon au commandement de l'armée de l'Assemblée nationale nous est une garantie que tout rentrera bientôt dans l'ordre. Si la nouvelle donnée par les journaux et d'après laquelle on bombardera Paris depuis Montrouge se vérifie, ce nous serait une grande satisfaction, étant donné le reproche de barbarie qu'on nous a adressé, surtout en Angleterre. Mais surtout, quelle leçon pour tous les peuples et pour tous les temps, dans le tableau qu'offre l'histoire de la France sous la République et sous la domination des amateurs qui, à la suite de simples négations, ont été choisis pour agir par eux-mêmes!

Il est probable que ce n'est qu'à la dernière extrémité que l'on nous demandera de concourir à l'attaque de Paris. Si pourtant cette éventualité se produisait, je crois qu'il faudrait dire au Comité central que le moment est venu où l'insurrection « empêche l'exécution des clauses des préliminaires de paix » et que nous sortons par suite de notre « attitude pacifique et passive ». On ferait connaître aux maires qu'ils peuvent mettre leur quartier à l'abri du bombardement en envoyant leur garde mobile hors de Paris, à la disposition de l'Assemblée nationale élue par la France. Si dans six heures on n'avait pas reçu de réponse, ou si l'on avait reçu une réponse négative, le feu serait immédiatement ouvert. En même temps, on devrait, à mon sens, occuper les hauteurs de Bagnolet qu'entourent les forts actuellement en nos mains, et chercher à se rendre maître d'une des portes de l'enceinte principale du côté de l'est : on pourrait alors en particulier s'établir solidement sur les buttes Chaumont, où n'existent aucunes constructions, et y installer de fortes batteries contre Montmartre, la Villette, etc. Il ne serait pas, me semble-t-il, avantageux de pousser plus loin ; c'est aux Français qu'il appartiendrait de pénétrer dans la ville même et de faire la guerre de rues et de barricades. Dans la position ainsi acquise

par nous et qu'il faudrait conserver, nous dominerions la
capitale occupée par le gouvernement. Si, contre toute espé-
rance, il nous fallait rouvrir les hostilités contre le gouvernement français, la manière d'agir contre Paris serait à mon
sens la même. La Ire armée serait portée sur la rive gauche
de la Seine pour coopérer à l'attaque. Les passages en aval
de Paris devraient être détruits et gardés; et quant aux communications venant du sud, notre nombreuse cavalerie serait
à coup sûr en état d'empêcher l'arrivage d'approvisionnements sérieux. L'armée du Sud et la IIe armée, maintenant
réunies, sont assez fortes pour pouvoir au besoin tenir tête
aux armées de secours qui viendraient du sud de la France.
Les autres corps d'armée et divisions occuperaient pendant ce
temps les régions placées sur les derrières et assureraient la
sécurité de nos communications. Nos prévisions ne peuvent
s'étendre plus loin, et il faut d'abord attendre le cours que
prendront les événements.

Je désirerais beaucoup que vous me fissiez connaître offi-
cieusement la manière dont vous envisagez les choses sur les
lieux et j'y attacherais grand prix.

Je vous serais enfin reconnaissant de vouloir bien être
auprès de S. A. R. le Prince Royal de Saxe l'interprète de mes
sentiments les plus respectueux.

Entente était établie entre le comte de Moltke et le Ministre de la
guerre au sujet de l'organisation du commandement en Alsace-Lorraine
à la suite de la formation du XVe corps d'armée.

N° 805.

Au Ministre de la guerre.

Quartier général, Berlin, 4 avril 1871.

J'ai l'honneur de faire connaître, en réponse à la dépêche
qui m'a été adressée le 2 courant, au sujet de l'organisation

du commandement en Alsace-Lorraine, que je partage absolument les idées qui y sont exposées. Je ne puis qu'approuver de voir confier provisoirement au général commandant le XVe corps l'autorité supérieure sur toutes les unités stationnées en Alsace-Lorraine.

L'ordre suivant fut donné à la suite d'un compte rendu envoyé de Rouen par le remplaçant du prince de Bismarck.

N° 806.

Au commandant en chef de la IIIe armée, Compiègne.

TÉLÉGRAMME   Quartier général, Berlin, 6 avril 1871, midi.

Le général de Fabrice fait connaître au Chancelier de l'empire que les insurgés parisiens seraient passés, le 3, sur la rive droite de la Seine, par le pont du chemin de fer de Chatou. Établis à Croissy, ils auraient dirigé le feu de leur artillerie sur la région de Rueil (1) et de Bougival (2). Prière de vérifier l'exactitude de ces faits, qui constitueraient une violation des préliminaires de paix.

Le général de Schlotheim répondit, le 9, que ni le 3, ni les jours suivants, les insurgés n'avaient passé par Chatou sur la rive droite de la Seine. Par suite, point de feu d'artillerie dirigé de là contre Bougival.

Il ne semblait pas impossible que la lutte entre le gouvernement français régulier et les insurgés parisiens ne prît une issue pacifique. Le comte de Moltke crut devoir faire connaître, en temps utile, sa manière de voir au sujet des exigences à montrer alors par l'Allemagne.

----

(1) Sur la Seine, à l'ouest de Paris.
(2) Au nord-ouest de Saint-Cloud.

N° 807.

Au prince de Bismarck, chancelier de l'empire.

Quartier général, Berlin, 7 avril 1871.

Malgré les combats heureux livrés ces jours derniers par les troupes du gouvernement de Versailles, il ne serait pas impossible que M. Thiers, pour éviter un combat décisif dans Paris, n'en vînt à un accord pacifique avec les insurgés.

Mon avis bien réfléchi est qu'il serait nécessaire, dans cette éventualité, d'exiger d'une manière nette le désarmement et le licenciement des gardes nationaux formés depuis l'automne dernier. On pourrait alors autoriser le gouvernement au pouvoir à élever la garnison de Paris d'une manière permanente à 80.000 hommes de troupes de ligne. J'estime qu'on aurait ainsi, au point de vue militaire, une plus grande certitude de l'exécution prompte et loyale des obligations consenties depuis par la France, que si la paix venait à être momentanément rétablie entre le gouvernement de Versailles et les insurgés parisiens au moyen d'un compromis bâtard. Ces derniers, en effet, seraient très portés à essayer de nouveau d'appliquer leurs idées dès que les troupes allemandes auraient quitté la région de Paris à la suite de la conclusion de la paix définitive et du paiement du premier demi-milliard.

L'insurrection, si elle recommençait alors, nous trouverait en moins bonne situation militaire que maintenant; elle aurait probablement pour effet de retarder à nouveau et pour longtemps le moment où nous pourrions ramener notre armée sur le pied de paix.

J'ai donc l'honneur de soumettre cette question à l'appréciation de Votre Altesse Sérénissime.

Copie fut envoyée au Ministre de la guerre, avec prière de vouloir bien s'exprimer dans le même sens.

Le Chancelier jugea utile, ces jours-là, pour des raisons politiques, de limiter momentanément le renvoi des prisonniers français au transport de 20.000 soldats de ligne, actuellement en cours. Le Ministre de la guerre s'adressa par suite, le 8 avril, au comte de Moltke en le priant, une fois cet effectif atteint, de donner les ordres voulus pour l'arrêt absolu des transports; toutefois, il n'y avait pas à faire de communications ultérieures qui répandraient la nouvelle dans le grand public.

La réponse fut la suivante :

N° 808.

Au Ministre de la guerre.

Quartier général, Berlin, 10 avril 1871.

En exécution de votre communication du 8, les commissions de ligne ont été avisées d'avoir à arrêter les transports de retour des prisonniers.

Quoique les commissions de ligne ne communiquent leurs instructions aux services intéressés qu'avec la plus grande discrétion, on ne peut toutefois espérer que cette mesure échappe à la connaissance du grand public.

Pour des motifs bien évidents, on a porté en Allemagne une très vive attention aux transports des prisonniers. Par requête directe et spéciale envoyée par nous à M. le directeur Durbach (1), les administrations française ont été tout récemment avisées d'avoir à fournir le matériel voulu pour continuer le renvoi des prisonniers (mesure décidée à la suite de la ratification des préliminaires de paix) et pour en accélérer l'exécution conformément à l'article 6. L'attention sera immédiatement éveillée en France, si l'on voit ce matériel rester inutilisé en même temps que les prisonniers cesseront d'arriver aux points où la remise en est effectuée.

Il nous semblerait par suite avantageux d'en revenir de nouveau au rapatriement des gardes mobiles dont la présence

____

(1) Voir page 846.

en France ne soulèverait peut-être pas les mêmes inconvénients.

Le 11, le Ministre de la guerre fit connaître qu'à partir du 12 le transport des prisonniers français serait repris, mais seulement en ce qui
concerne les Alsaciens, les Lorrains, les gardes mobiles et les gardes
nationaux, ainsi que les officiers appartenant à ces catégories.

Le gouvernement de Versailles avait l'intention de rassembler des
troupes au nord de Paris en vue d'attaquer le front Nord de la capitale.
Cette demande provoqua, de la part du chef d'état-major général de l'armée, la démarche ci-après :

N° 809.

Au prince de Bismarck, chancelier de l'empire allemand.

Quartier général, Berlin, 10 avril 1871.

J'ai l'honneur d'exposer à Votre Altesse Sérénissime les
considérations ci-dessous, relatives à la demande adressée
par le général de Fabrice, hier à 5 h. 20 du soir.

Au point de vue militaire, je n'ai en somme rien à objecter
contre le transport de troupes françaises vers Paris par la ligne
du Nord, non plus que contre le rassemblement auprès d'Épinay des troupes qui suivront comme soutien.

Mais il faut qu'il soit bien admis que les troupes employées
de cette nature ne dépasseront pas le chiffre de 10.000 hommes
et qu'elles seront comptées dans les 100.000 hommes qui ont
été déjà accordés au gouvernement français pour Paris.]

En outre, il est absolument désirable, dans cette hypothèse,
que les opérations militaires qui seront dirigées par les Français contre le front Nord de Paris n'aient lieu qu'après entente
toute spéciale avec le commandant en chef de la IIIe armée
à Compiègne, et qu'elles soient exécutées à l'intérieur des

limites que cette haute autorité aura indiquées aux officiers français délégués à ce sujet.

Je serais par suite très reconnaissant à Votre Altesse Sérénissime de vouloir bien me faire connaître la décision qu'elle aura donnée au général de Fabrice, afin que je puisse aviser en conséquence le commandant en chef précité.

Dès le 10, le Chancelier de l'empire répondit à son représentant à Rouen dans le sens désiré par le comte de Moltke. Communication fut donnée immédiatement à ce dernier du texte du télégramme envoyé.

On fut alors à même d'envoyer au Prince Royal de Saxe les indications voulues.

N° 810.

Au commandant en chef de la IIIᵉ armée, Compiègne.

TÉLÉGRAMME   Quartier général, Berlin, 10 avril 1871, 11 heures soir.

Le gouvernement de Versailles veut essayer d'amener des troupes vers Paris par la ligne du Nord et d'appuyer l'attaque par Épinay.

Le général de Fabrice est prié d'aviser M. Favre que rien ne s'oppose de notre part ni au transport par la ligne du Nord, ni à la concentration près d'Épinay, sous la réserve préalable que l'effectif ne dépassera pas 10.000 hommes, à comprendre dans les 100.000 hommes déjà admis. L'opération contre le front Nord ne devra être exécutée que sous entente spéciale avec le commandant en chef de la IIIᵉ armée à Compiègne, et dans les conditions indiquées par ce dernier aux officiers français qui seront délégués *ad hoc*.

N° 811.

Au commandant en chef de la IIIᵉ armée, Compiègne.

TÉLÉGRAMME   Quartier général, Berlin, 11 avril 1871, 12 h. 45 soir.

Sa Majesté fait remarquer que, si des troupes françaises

étaient concentrées au nord de Paris, il y aurait lieu d'éviter tout contact direct avec les troupes allemandes. Celles-ci devront donc évacuer temporairement toutes les localités en question.

Le 12, dans l'après-midi, le général de Schlotheim rendait compte qu'à cette date, et jusqu'à midi, on n'avait encore reçu du général de Fabrice aucune communication sur la concentration des troupes françaises auprès d'Épinay, et qu'aucun officier d'état-major français ne s'était présenté. Il demandait à connaître l'opinion admise à Berlin au sujet d'une attaque dirigée par les Français contre le front Nord de la capitale en partant d'Épinay. Il concluait en ces termes : « Ici, l'on estime qu'il ne faut évacuer ni fort ni village situé dans le voisinage et que notre ligne d'occupation ne doit pas devenir un champ de bataille. »

Le comte de Moltke répondit aussitôt :

N° 812.

Au général-major baron de Schlotheim, Compiègne.

TÉLÉGRAMME　　　　　　　Quartier général, Berlin, 12 avril 1871, 4 h. 45 soir.

N'évacuer aucun fort; par contre, pour éviter tout conflit, laisser les localités libres afin qu'on s'y puisse rassembler ou les traverser. Le jour de l'attaque, tenir sous les armes le nombre de troupes voulu; écarter avec les armes tout voisinage menaçant. Le commandant en chef a le droit d'imposer toutes les conditions nécessaires à la sauvegarde de sa sécurité. Du reste, favoriser cette entreprise afin d'en terminer avec cette affaire de Paris, avant la fin de laquelle nous ne pourrons pas continuer le rapatriement de nos troupes.

Le 10 avril, le général de Roon avait, dans la lettre ci-dessous, insisté auprès du prince de Bismarck pour qu'on ramenât de France un certain nombre de bataillons de troupes de campagne :

« Les retards que des motifs politiques ont fait apporter dans la remise des prisonniers entraînent nécessairement la conservation du nombre suffisant de troupes pour les garder. Il a, par suite, été nécessaire de maintenir au service des bataillons d'occupation (bataillons de land-

wehr) aussi bien que des fractions de garnison (bataillons de garnison
et escadrons de dépôt de la landwehr), dont les premiers rentraient en
partie du théâtre de la guerre. Les troupes de dépôt ne sont pas suffisantes, en effet, à assurer la garde des prisonniers de guerre.

» Il en résulte chaque jour de nombreuses demandes de renvoi émanant des hommes qui se trouvaient sous les drapeaux. Ceci m'amène à
insister de nouveau auprès de Votre Altesse Sérénissime pour le retrait
de quelques troupes de France; il nous serait alors possible de procéder
au licenciement des troupes ci-dessus désignées. Votre Altesse Sérénissime estimera, *comme moi, qu'on imposerait un lourd sacrifice aux hommes de troupe en question*, qui appartiennent pour la plupart aux plus
anciennes classes de la landwehr, en continuant à les garder sous les
drapeaux. Ce sacrifice sera pour bon nombre d'entre eux d'autant plus
sensible, que dans la saison actuelle l'agriculture réclame les bras de
toute la population des campagnes et que le résultat économique de toute
l'année en dépend. Les pertes subies à l'époque actuelle par les particuliers auront leur répercussion encore longtemps après. »

Le Ministre de la guerre ajoutait, en outre, que la situation fâcheuse
des hommes de troupe avait naturellement son influence sur leur moral;
il était surtout bien difficile de les convaincre de la nécessité de continuer à rester au service. Enfin, à ce qu'on avait constaté, le bon esprit
de la landwehr souffrait aussi de ce qu'un certain nombre de fractions
de troupes fussent installées dans le cercle où elles étaient levées.

Le Ministre de la guerre proposait, par suite, de ramener de France
un certain nombre de bataillons de troupes de campagne, trente au plus,
et continuait en ces termes :

« Votre Altesse Sérénissime aurait fait connaître, à ce qu'il m'a été
rapporté, que d'ici quinze jours la situation se sera éclaircie et qu'il
sera alors possible de ramener sans inconvénient une partie de l'armée.
J'ai l'honneur de remarquer à cet égard que dans le cas même où l'ordre
de rapatriement serait donné dès aujourd'hui aux troupes considérées,
il ne s'écoulerait pas moins une quinzaine de jours jusqu'au moment où
la mesure aurait application et où les troupes pourraient se mettre en
route vers leurs foyers. Jusqu'à ce moment-là elles demeureraient donc
sur le théâtre de la guerre. Si à cette date ultérieure les transports de-
venaient possibles ainsi que l'on y compte, ils pourraient, par suite,
immédiatement commencer, tandis qu'il faudrait, dans l'autre hypothèse, attendre encore quinze jours de plus avant que les troupes ne
pussent réellement quitter la France.

» Je serais reconnaissant à Votre Altesse Sérénissime de vouloir bien,
vu l'importance de la question, me faire connaître aussitôt que possible
son avis. »

En outre, le Ministre de la guerre pria le chef d'état-major général de l'armée d'appuyer ces démarches auprès du Chancelier de l'empire, ce qui fut fait à la date du 13 avril.

N° 813.

Au prince de Bismarck, chancelier de l'empire.

Quartier général, Berlin, 13 avril 1871.

M. le Ministre de la guerre m'a envoyé copie d'une lettre adressée par lui à Votre Altesse Sérénissime, à la date du 10 courant, et dans laquelle il demandait le retour d'un certain nombre de bataillons de campagne qui seraient employés à garder les prisonniers de guerre et à relever les bataillons d'occupation et les troupes de garnison encore en service. En raison des motifs qui militaient en faveur de la mesure précitée, il me priait d'appuyer ses demandes et de m'en exprimer auprès de Votre Altesse Sérénissime.

Je n'hésiterai pas à souscrire sans réserve à la proposition faite par M. le Ministre de diminuer nos troupes actuellement en France. Les motifs en faveur du renvoi le plus rapide des troupes de landwehr et de garnison, encore en service, sont de ceux qui n'ont pas besoin d'arguments nouveaux. En ce qui me concerne, je suis à même d'affirmer que la situation militaire permet parfaitement de diminuer immédiatement les forces allemandes stationnées en France.

Même après le retour en Allemagne de deux ou trois corps d'armée, nous n'en disposerions pas moins d'une armée de 500.000 hommes complètement prête à se battre, bien organisée et bien équipée. Elle semblerait de taille à faire face à toutes les éventualités.

Le 14, le Chancelier de l'empire répondit au Ministre de la guerre. Copie fut envoyée en même temps au comte de Moltke.

« Les motifs que Votre Excellence, dans la lettre qu'Elle a bien voulu m'envoyer le 10 courant, a fait valoir en faveur du renvoi de France de trente bataillons de notre armée, sont sans réplique. En me plaçant au

point de vue de l'administration civile, je ne pourrais que désirer vive-
ment qu'il fût possible en particulier de rendre à l'agriculture les bras
qui lui font tant défaut dans la saison actuelle. Mais il me manque, pour
pouvoir juger avec certitude, au point de vue politique, de la possibilité
de cette mesure, des données suffisantes au sujet des bases, c'est-à-dire
de l'effectif et de la répartition de nos troupes en France. Le comte de
Moltke, dans la lettre qu'il a adressée le 13 pour appuyer les propositions
de Votre Excellence, fait connaître que nous disposons encore d'une
armée de 500.000 hommes toute prête à combattre. Mais on n'indique pas
si ce chiffre se rapporte aux combattants seulement ; et d'autre part il me
faut bien considérer que la répartition de ces troupes est un facteur
sérieux pour apprécier l'importance politique de l'armée.

» Les nécessités politiques peuvent se résumer en deux points : D'une
part, il est nécessaire de nous assurer la possession des territoires qui
doivent rester en nos mains, et de les occuper de telle manière que nous
en soyons réellement les maîtres. Ensuite, il nous faut près de Paris une
armée suffisamment concentrée et assez forte pour nous permettre de
dominer la situation dans toutes les éventualités et de frapper un coup
décisif et écrasant, même si *les troupes du gouvernement* venaient à se
joindre aux insurgés et à se tourner contre nous (1). Il y aurait lieu, à
mon sens, la sécurité de nos communications et de l'occupation assurée,
de chercher à compenser la diminution de l'effectif de nos troupes en les
concentrant plus étroitement autour de Paris et éventuellement en aug-
mentant l'artillerie lourde dont elles disposent (c'est à mon grand regret
que cette artillerie a été diminuée par des envois inattendus et préma-
turés à destination de l'Allemagne). Je considère comme une nécessité
essentielle de la situation d'être constamment à même de pouvoir *en peu
de temps* accabler Paris et les forts du Sud au moyen de notre artillerie.

» Je serais très reconnaissant à Votre Excellence de vouloir bien me
mettre au courant de la situation à cet égard.

» Dès que *l'effectif* et *la répartition* de nos troupes auprès de Paris nous
permettront de n'avoir rien à craindre, même en cas d'entente entre les
troupes de Paris et celles de Versailles, et qu'il sera d'autre part établi
que nous sommes absolument maîtres des départements à occuper par
nous, j'estime qu'il n'y aura aucune raison de maintenir hors de
l'Allemagne plus de troupe qu'il n'est nécessaire et en particulier des
troupes de landwehr. »

A la suite de cette lettre, l'état-major général communiqua au Ministre
de la guerre un tableau donnant, jusqu'aux états-majors de brigade inclu-

---

(1) Voir, page 889, les termes employés par M. de Moltke le 3 avril : « Mais il
faut nous attendre à voir peut-être l'armée de l'Assemblée nationale faire cause
commune avec Paris. »

sivement, la répartition de l'armée en France, ainsi qu'une carte indiquant les limites des zones dans lesquelles les troupes venaient de se rendre et qu'elles devaient occuper jusqu'à nouvel ordre.

Quoique le chef d'état-major général de l'armée ne vît aucun inconvénient à diminuer l'effectif de nos troupes en France, il s'opposa provisoirement à la démobilisation de la division badoise. Cette mesure avait été appuyée par le Ministre de la guerre, comme permettant de hâter la mise en vigueur de la convention militaire conclue en novembre 1870 avec le grand-duché de Bade (1).

Nº 814.

Au général de l'infanterie de Roon, ministre de la guerre.

Quartier général, Berlin, 14 avril 1871.

J'ai l'honneur de faire connaître à Votre Excellence, en réponse à la dépêche qu'elle a bien voulu m'adresser à la date du 11 courant au sujet de la démobilisation de la division grand-ducale badoise, que je ne vois, ainsi que je m'en suis déjà exprimé vis-à-vis du Chancelier de l'empire, aucun inconvénient à une réduction sensible des forces que nous avons actuellement en France. Cette réduction préalable peut atteindre deux ou trois corps d'armée. Toutefois, je ne croirai pouvoir donner mon adhésion à la démobilisation de la division badoise que lorsqu'une partie de nos forces aura été retirée de France, ainsi qu'il en est question plus haut, et que l'on pourra prescrire la démobilisation de ces deux ou trois corps d'armée.

Il y aurait lieu, à mon sens, de surseoir tout au moins jusqu'à la fin du mois à la démobilisation isolée de la division badoise. Jusqu'à cette date, la situation autour de Paris se sera éclaircie, et l'on pourra probablement arriver à une entente générale au sujet du mode de rapatriement de nos troupes.

______

(1) Cette convention devait entrer en vigueur le premier jour du mois suivant la démobilisation.

N° 815.

*A tous les commandants en chef et aux généraux commandant
les corps d'armée indépendants et la division wurtembergeoise.*

Quartier général, Berlin, 15 avril 1871 (partie le 16).

Il est dans l'intérêt de l'armée allemande que l'exploitation des
lignes ferrées de la zone occupée, exploitation assurée par les
compagnies françaises, prenne toute son extension, en particulier au point de vue du trafic des marchandises; il y a lieu
par suite d'apporter à cet effet toute l'aide possible aux administrations françaises. Elles désirent, en particulier, que les
locaux d'exploitation, hangars, etc., des gares de chemins
de fer, cessent autant que possible d'être employés par les
autorités militaires, et voudraient être autorisées à rétablir
les clôtures ou barrières nécessaires pour la police de ces
établissements.

Il y aurait, en ce qui concerne le premier point, lieu de
réduire ou d'installer en d'autres locaux les autorités des
étapes établies dans des gares et qui ne peuvent être supprimées, leurs postes, etc., ainsi que de retirer tous les postes
de gare installés dans des stations de peu d'importance, et
qui ne seront pas absolument indispensables. On pourra
également supprimer complètement les garnisons d'étapes
d'une quantité de petites localités.

Prière de prendre des mesures dans cet ordre d'idées, et de
donner satisfaction aux requêtes adressées à cet effet par les
administrations des voies ferrées.

Le Chancelier de l'empire avait été informé que M. Thiers avait répondu affirmativement à une demande du préfet de la Meuse lui demandant s'il devait favoriser la création de corps de volontaires.

Le comte de Moltke en fut avisé par le prince de Bismarck et lui écrivit
à ce sujet.

N° 816

Au prince de Bismarck, chancelier de l'empire.

Quartier général, Berlin, 16 avril 1871.

J'ai l'honneur de faire connaître à Votre Altesse Sérénissime, au sujet du télégramme adressé par M. Thiers au préfet de la Meuse et qu'Elle m'a communiqué, qu'il n'y a lieu, semble-t-il, d'admettre la constitution de corps francs dans la zone occupée par les troupes allemandes que dans le cas seulement où ces corps seraient compris dans le chiffre de 100.000 hommes précédemment autorisé.

Je ne puis que m'en remettre à Votre Altesse Sérénissime pour vouloir bien donner au général-lieutenant de Fabrice des instructions en conséquence, afin que ce point de vue soit bien établi vis-à-vis du gouvernement français (1).

Il semble en outre avantageux, en vue d'éviter toute extension ultérieure, que le Gouvernement français désigne nettement les villes qu'il désire voir lui fournir des secours de cette nature. On sera ainsi à même d'aviser en conséquence les autorités militaires qui sans cela auraient à interdire les créations dont il s'agit.

Le général de Fabrice avait quitté Rouen et était venu, le 13 avril, s'installer à Soisy, au nord-ouest de Saint-Denis, pour suivre de plus près les événements de Paris. Le 14, il télégraphia de Saint-Denis au Chancelier de l'empire que le journal *La Vérité* faisait grand bruit de la possibilité d'une attaque du front Nord par les troupes de Versailles, à qui les Prussiens devaient permettre de passer par Saint-Denis. Le comte de Moltke, qui apprit la chose le 16, donna les indications ci-après :

---

(1) Le général de Fabrice rendit compte le 23 avril au Chancelier qu'il venait d'aviser les commandants d'armée ou de corps d'armée indépendants de ne plus autoriser de transports de troupes au travers du territoire occupé; l'effectif de l'armée française de Versailles venait en effet de dépasser déjà 100.000 hommes.

N° 817.

Au commandant en chef de la IIIe armée, Compiègne.

TÉLÉGRAMME   Quartier général, Berlin, 16 avril 1871, 1 heure soir.

Les journaux de Paris ayant rendu compte du projet d'attaque sur le front Nord, cette entreprise ne peut plus produire
d'effet de surprise, ni laisser espérer de succès. Elle ne peut
plus, au contraire, qu'entraîner pour nous des inconvénients,
et il y aura lieu de décliner les ouvertures qui seraient faites
maintenant à cet égard. Le gouvernement français sera avisé.

Copie de la dépêche fut adressée au prince de Bismarck.

Le 17 avril, le comte de Moltke reçut par l'entremise du Chancelier de
l'empire un télégramme du général de Fabrice, ainsi conçu :

« Paris vient d'être bloqué du côté de la région occupée par le gouvernement de Versailles. Ce gouvernement regarderait comme avantageux
pour lui qu'il en fût fait autant par nous de notre côté, afin de couper
les vivres à Paris. Il prie toutefois de ne pas appliquer cette mesure
d'une manière absolue au transit des voies ferrées, mais de restreindre
seulement l'arrivée des subsistances, car, pour des motifs connus, on
attribue grande importance à ce que les trains puissent continuer à franchir l'enceinte. » L'armement de l'enceinte, ajoutait-on, gênait beaucoup
le gouvernement de Versailles. Si cette mesure était reconnue contraire
à nos intérêts, une pression exercée en conséquence sur la Commune
constituerait un secours très appréciable prêté au gouvernement de Versailles. Toutefois M. Thiers craignait, dans cette éventualité, que le gouvernement ne parût vis-à-vis du pays s'être mis d'accord avec l'Allemagne pour soumettre Paris.

Le chef d'état-major général de l'armée (que le général de Podbielski
remplaçait dans ses fonctions) répondit :

N° 818.

Au prince de Bismarck, chancelier de l'empire.

Quartier général, Berlin, 18 avril 1871, midi.

J'ai l'honneur de faire connaître à Votre Altesse Sérénissime
que j'ai rendu compte à S. M. l'Empereur et Roi du contenu

du télégramme envoyé de Soisy, le 15 avril, 8 h. 34 du matin,
par le général-lieutenant de Fabrice, et que vous aviez bien
voulu me communiquer.

Sa Majesté a daigné se déclarer disposée à prescrire *le blocus
complet* de Paris du côté du nord et à exiger de la Commune
le désarmement de l'enceinte. Toutefois, et en ce qui concerne le dernier point, il ne faut pas se dissimuler que, dans
le cas où il ne serait pas fait droit à nos sommations, il y
aurait lieu de recourir immédiatement à la force.

L'éventualité de la réouverture des hostilités semblant en
lien étroit avec cette mesure, Sa Majesté a décidé que Votre
Altesse Sérénissime serait appelée à faire connaître auparavant si, au point de vue politique, elle considérait une pareille
exigence comme opportune.

Il y aurait lieu d'indiquer également si le blocus complet de
Paris répond aux conventions ainsi qu'à la situation politique
du moment et s'il y a par suite à le prescrire.

Le Chancelier de l'empire répondit, le 19, qu'il se réservait d'exposer la
chose à Sa Majesté.

La question de la diminution de l'effectif de nos troupes stationnées
en France était l'objet d'un échange de vues constant entre les hautes
autorités.

Le comte de Moltke répondit comme il suit au Ministre de la guerre,
qui lui avait transmis la lettre du prince de Bismarck en date du 14 avril,
lettre communiquée déjà directement au chef d'état-major général de
l'armée. (Voir page 902).

N° 819.

Au général de l'infanterie de Roon, ministre de la guerre.

Quartier général, Berlin, 19 avril 1871.

J'ai l'honneur d'exposer à Votre Excellence les considéra-

tions suivantes, en réponse à la lettre qu'elle a bien voulu
m'adresser le 17 courant :

A mon avis, la situation militaire permet de donner pleine
satisfaction aux nécessités politiques qui nous ont été exposées, tout en diminuant, sans inconvénient aucun, d'environ
deux corps d'armée l'effectif de nos troupes stationnées en
France.

Les dispositions prises en vue de rester maîtres de la situation devant Paris ainsi que dans les parties de la France occupées par nous sont telles que, même après le retrait de deux
corps d'armée, nous pourrons, dans le délai de deux jours,
toujours disposer de six corps d'armée devant Paris. Une concentration plus étroite n'est pas nécessaire; elle serait chose
très pénible pour les troupes et impliquerait des subsistances
plus abondantes.

Cette armée serait, au bout de trois jours, renforcée par deux
autres corps d'armée; il resterait toujours alors quatre corps
disponibles pour les opérations en rase campagne. D'autre
part et sans tenir compte des garnisons des territoires annexés,
on aurait encore deux forts corps d'armée pour tenir les territoires français occupés et assurer les derrières de l'armée.

Enfin, je me permets de donner mon adhésion à la proposition faite par Votre Excellence en vue d'obtenir de Sa Majesté
l'approbation de la diminution d'effectif précitée, sous la
condition toutefois que M. le Chancelier de l'empire prendra
part au rapport immédiat sur l'affaire en question, et je m'en
remets à vous pour les mesures ultérieures à prendre.

Comme c'était son habitude, le comte de Moltke avait rédigé des notes
par écrit, en vue du rapport immédiat qui devait être fait à Sa Majesté
le 21 avril. Il n'entendait pas seulement avoir bien clairement dans sa
tête les points qui devaient être traités, mais tenait aussi à en posséder
devant ses yeux et sur le papier l'exposé logiquement coordonné.

N° 820.

EXPOSÉ.

Quartier général, Berlin, 20 avril 1871.

Le *blocus complet de Paris,* plus que tous les procédés peu énergiques employés jusqu'ici, forcera la Commune à se soumettre ; le blocus du côté du nord, même à lui seul, rendra la situation à l'intérieur de cette ville plus intenable.

Ce dernier moyen d'action est à notre disposition ; il y a lieu pour nous, sans plus tarder, de l'employer pour notre compte et sans demander d'avis à Versailles.

Si la Commune nous adresse des plaintes à ce sujet, nous les renverrons au gouvernement de Versailles. Quant aux réclamations qui viendraient de cet endroit, nous y répondrons en rappelant que les engagements consentis n'ont pas été remplis et en alléguant l'intérêt même de ce gouvernement.

Pour le même motif, il serait très justifié de surseoir *au transport des prisonniers* encore en nos mains qui ont appartenu à l'armée régulière et qui, réemployés sitôt relaxés, peuvent servir d'arme contre nous.

Les deux mesures précitées seraient à notifier à Versailles.

En même temps que ces dispositions seraient prises, il y aurait lieu de ramener l'effectif de l'armée d'occupation à peu près au chiffre pour lequel nous devons être indemnisés ; nous attendrions le dénouement dans ces conditions.

J'estime que cette diminution est indiquée au point de vue financier et économique ; elle est sans danger au point de vue politique et militaire. Nous renverrons notre landwehr et conserverons de 450.000 à 500.000 combattants, c'est-à-dire des forces supérieures à celles dont nous disposions au début de la campagne, lorsque nous avions en face de nous une armée française régulière.

La III⁰ armée — garde, IV⁰, VI⁰ et XI⁰ corps, I⁰ʳ et II⁰ corps bavarois avec 3 divisions de cavalerie (180.000 combattants) — peut, dans deux jours, être réunie tout près de Paris, dans sa position extrêmement solide et menaçante.

La I⁰⁰ armée — I⁰ʳ et VIII⁰ corps, 17⁰ division et une division de cavalerie — est prête à agir sur la rive gauche de la Seine avec 75.000 combattants ou à rejoindre directement la III⁰ armée devant Paris dans le délai de six jours, ce qui nous donnerait sur ce point 255.000 combattants.

Ce n'est que dans le sud de la France que l'on pourrait encore lever de nouvelles armées d'un fort effectif. Pour y faire face, nous disposons de la II⁰ armée — II⁰, III⁰, IX⁰ et X⁰ corps d'armée avec 3 divisions de cavalerie, 125.000 combattants. — C'est là une force qui sera suffisante en toute éventualité, car le gouvernement français, malgré tous ses efforts, n'a pas pu seulement arriver à réunir devant Paris, point actuellement capital pour lui, une armée solide de 80 à 100.000 hommes.

Pour occuper les lignes d'étapes et maintenir l'ordre sur les derrières, restent actuellement disponibles les V⁰, VII⁰ et XII⁰ corps d'armée, la division wurtembergeoise, puis le XV⁰ corps en Alsace-Lorraine ; enfin, la division badoise peut, à tout moment, revenir en Alsace. Cela fait, au total, 155.000 combattants.

Comme les pays qui se trouvent sur les derrières de l'armée de Paris sont complètement à l'abri de toute pénétration venant de l'extérieur, il n'y a, me semble-t-il, aucun inconvénient à rappeler les V⁰ et VII⁰ corps et à les employer à garder les dépôts de prisonniers, une fois la landwehr renvoyée.

Par ce procédé, et sans nous affaiblir devant Paris, on pourra ramener les forces laissées en France à l'effectif que doit entretenir le gouvernement français, et l'on donnera satisfaction aux nécessités d'ordre financier.

Je ne conseillerais pas actuellement d'autres mesures de coercition que le blocus de Paris et l'arrêt dans le transport des prisonniers.

Le bombardement de Paris, que nous avons tous les moyens d'exécuter, ne devrait l'être, à mon sens, que d'accord avec le gouvernement de Versailles.

Si nous nous y décidions, il faudrait en même temps se saisir par surprise de la partie nord-est de l'enceinte et des hauteurs qui se trouvent à l'intérieur. L'occupation effective entraînerait une guerre de rues sanglante et l'emploi de 100.000 hommes. Cette mesure peut devenir nécessaire si l'Assemblée nationale se déclarait contre nous, ou était remplacée, à la suite d'une nouvelle révolution, par un gouvernement qui refuserait d'accepter les conditions de la paix. Il faudrait alors reprendre la lutte avec toutes nos forces.

Nous sommes en possession de toutes les voies ferrées, et pourrions en dix jours, également, ramener d'Allemagne les V⁰ et VII⁰ corps : enfin il sera plus avantageux de rappeler la landwehr en cas de besoin que de la maintenir sous les drapeaux pour un temps indéterminé.

Une entente complète intervint entre le comte de Moltke et le Chancelier de l'empire au sujet de l'arrêt dans le transport des prisonniers. Le ministre de la guerre fit de même connaître, le 20 avril, que le prince de Bismarck avait l'intention de faire prévoir au gouvernement français l'arrêt absolu dans la libération des prisonniers appartenant aux troupes de ligne et de la garde, aussitôt que l'on aurait achevé la remise des prisonniers de la garde mobile et de la garde nationale (cette remise devait être faite aussi lentement que possible étant donnée la situation). On baserait cette mesure sur ce que le gouvernement français n'avait pas, en bien des points, rempli ses obligations.

Le commandant en chef de la III° armée, dans une lettre qui parvint à

Berlin le 19 avril, s'exprimait comme il suit vis-à-vis du comte de Moltke au sujet du blocus de Paris :

Quartier général, Compiègne, 17 avril.

Votre Excellence me permettra de lui exposer moi aussi où en sont actuellement les choses ici et de lui demander les ordres qu'Elle pourrait avoir à donner.

Il avait semblé, vers le milieu de la semaine dernière, que les Versaillais faisaient des progrès; mais l'offensive s'est arrêtée, et les opérations semblent tout à fait se traîner en longueur. Est-ce parce que l'on se trouve trop faible, est-ce parce que l'on n'est pas aussi sûr de l'armée qu'on le veut bien dire? Bref, tout languit; les combats, malgré force tapage et tiraillerie, ne sont guère sanglants. Ce qu'il y a de pis à cela, c'est que dans Paris l'état de choses empire, mais en même temps devient plus solide.

Les partisans de l'ordre, soit enfuis, soit terrorisés, ont totalement disparu : reste, dit-on, une masse de 140 à 150.000 ouvriers fanatisés et renfermant les pires éléments de toute l'Europe. Aguerris malheureusement par trois mois de siège, ces gens se battront fort bien derrière des abris. Leurs chefs qui, en cas de défaite, savent bien ce qui les attend, pousseront les choses aux extrêmes. Ce qui leur manquera, ce sont des artilleurs exercés. Il ne faut pas se dissimuler que toute cette affaire, si elle dure, est un très grave danger pour toute l'Europe et qu'il serait bien important qu'on en fût vite au bout, mais les Versaillais disent que cela pourrait durer encore trois semaines. Il y a lieu, à tous égards, de se demander si nous ne pourrions pas être utiles dans cette affaire. Je ne conseillerais qu'à la dernière extrémité de recourir à un assaut de vive force, ou même à un simple bombardement. D'un côté, ce serait dommage d'exposer même un seul de nos soldats; de l'autre, ce serait porter un coup mortel au gouvernement français, que nous voulons au contraire conserver. Il ne reste qu'à affamer Paris. D'après des renseignements assez sûrs, on y vit au jour le jour, et simplement sur ce qui arrive du nord, le sud étant complètement fermé. Si, de notre côté, nous fermons également, les choses ne pourront durer huit jours. Je viens déjà de faire dire à Versailles, par Fabrice, que j'étais prêt à donner satisfaction à toute requête qui me serait faite à cet égard, même en sous-mains; mais rien n'est encore venu; ils ne veulent pas encore de notre secours.

Comme, toutefois, il pourrait bientôt être trop tard, je me permets de demander à Votre Excellence s'il n'y aurait pas lieu de décider le blocus pour notre compte. On ne manquerait pas de prétexte, quoique les insurgés évitent à notre égard tout acte d'hostilité et fassent droit à toutes nos réclamations. Je crois qu'on arriverait ainsi plus tôt au bout de cette affaire, et que les troupes allemandes seraient plus vite délivrées d'une situation qui commence à devenir vraiment pénible pour elles. Je ne suis pas naturellement en état comme Votre Excellence de juger l'ensemble de la situation au point de vue politique. Si l'on partageait ma manière de voir à Berlin, je désirerais recevoir à cet égard un ordre du Roi.

Quant aux offres éventuelles de reddition, il y aurait lieu toujours de les adresser à ,Versailles, car on ne peut avoir l'idée d'occuper Paris et de jouer le rôle de gendarme au profit de M. Thiers.

Je reste avec le plus sincère respect, de Votre Excellence, le très dévoué,

ALBERT,
Prince Royal de Saxe,
Général de l'infanterie.

Le chef d'état-major général de l'armée répondit :

N° 821.

A S. A. R. le Prince Royal de Saxe, Compiègne.

Quartier général, Berlin, 22 avril 1871.

J'ai eu l'honneur de recevoir la lettre que Votre Altesse Royale a bien voulu m'adresser à la date du 17 avril, et me permets de lui adresser très respectueusement la réponse suivante :

Depuis la conclusion des préliminaires de paix, on a fait au gouvernement français toute une série de concessions. On a limité les paiements à faire par lui en vue de l'entretien de notre armée, on a rendu aux autorités françaises la perception des impôts et l'administration, et remis en leurs mains les postes et télégraphes. On l'a autorisé à porter de 40.000 à 100.000 hommes l'effectif des troupes au nord de la Loire : tout cela, en vue de fortifier le gouvernement et de le mettre en état de remplir les obligations qu'il a envers nous.

Notre espoir n'a pas été rempli : les négociations pour la paix sont, de propos délibéré, traînées en longueur à Bruxelles (1); les paiements ne sont pas effectués à l'échéance; les insurgés parisiens n'ont pas été réduits à l'obéissance.

____

(1) Les négociations diplomatiques avaient pour but de hâter la conclusion de la paix définitive; le comte Harry d'Arnim y remplaçait le prince de Bismarck; elles avaient commencé le 28 mars.

Aussi est-on décidé en haut lieu à ne plus faire d'autres concessions, et surtout à ne pas servir de gendarme au gouvernement français.

Tout d'abord on refusera de laisser porter l'armée de Versailles à plus de 100.000 hommes. M. Thiers, avec le double comme effectif, en ferait tout aussi peu. Il dépense le sang des soldats français dans des combats sans importance, tout cela pour ménager les citoyens de Paris auxquels il ne veut pas s'en prendre sérieusement.

Rien ne serait plus naturel que de bloquer Paris des deux côtés, et voilà des semaines qu'on en a fait et répété l'offre à Versailles. Mais ce qu'on y désire, c'est que ce soit *nous qui le fassions*. MM. Thiers et Jules Favre s'en frotteraient les mains avec satisfaction, tout en gémissant en public contre les violences des barbares Allemands, et en s'empressant de rouvrir les communications du côté du sud pour se dire les bienfaiteurs de Paris. Ils ont besoin de notre aide, mais il leur faut que nous les forcions de l'accepter. Ce gouvernement est si faible qu'il a besoin de cette justification vis-à-vis de l'opinion publique. On a besoin de nous, mais on a honte de nous. Nous sommes tout prêts à accorder notre secours, mais il faut qu'on nous le demande, et vis-à-vis de l'Europe nous avons besoin que ce soit par écrit en bonne et due forme.

La situation dans Paris est telle que tout y tombera de soi-même et sans qu'on y pousse : mais on ne peut prévoir si cela durera encore des jours ou des semaines.

A mon avis personnel, il faudrait nous organiser de manière à pouvoir attendre sans supporter de trop lourds sacrifices, et pour cela réduire nos troupes de France à l'effectif pour lequel nous sommes indemnisés. Nous aurions ainsi l'avantage de pouvoir complètement renvoyer la landwehr. J'estime qu'avec 500.000 hommes, soit 450.000 combattants environ, nous serons en état de faire face à toutes les éventualités, surtout si l'on ne rend pas les prisonniers ayant précédemment appartenu à l'armée régulière française.

Il a été décidé qu'on suspendrait immédiatement les transports, et l'on notifiera au gouvernement français qu'ils ne seront repris que lorsque les stipulations des préliminaires de paix fixant à 40.000 hommes l'effectif des troupes au nord de la Loire seront appliquées, c'est-à-dire que lorsque Paris sera pris.

Il faut attendre si M. Thiers se décide ensuite à recourir ouvertement et honnêtement à notre secours.

Le télégramme suivant fut envoyé le 24, à la suite d'une demande verbale du prince de Bismarck.

Nº 822.

Au commandant en chef de la IIIe armée, Compiègne.

TÉLÉGRAMME   Quartier général, Berlin, 24 avril 1871, 1 heure soir.

Il y a lieu d'ignorer provisoirement l'occupation de Saint-Ouen par la Commune, ce point étant en dehors de la zone neutre.

L'installation des troupes de la IIe armée n'étant pas absolument satisfaisante, ainsi qu'il fut constaté, les prescriptions suivantes furent envoyées par ordre de Sa Majesté et par modification aux directives données le 3 mars 1871.

Nº 823.

Au commandant en chef de la IIe armée, Dijon.

Quartier général, Berlin, 24 avril 1871 (partie le 25).

S. M. l'Empereur et Roi, considérant que la dislocation actuelle de la IIe armée n'est pas satisfaisante, a daigné ajouter les départements de la Marne et des Vosges au secteur occupé par celle-ci et décider en même temps que la division wurtembergeoise (quartier général Reims actuellement) lui serait rattachée. Prière, en conséquence, de vouloir bien régler l'installation des troupes (après entente avec le commandant du VIIe corps d'armée à Nancy en ce qui concerne le département des Vosges) et envoyer ici un nouveau tableau de cantonnement (établi jusqu'aux états-majors de brigade inclusivement).

Il serait avantageux, étant donnée l'éventualité future du retour de la IIe armée en Allemagne, de cantonner, en ligne générale, le IXe corps d'armée dans le département des Vosges, la division wurtembergeoise dans le secteur actuellement occupé par le IXe corps d'armée (1) et le IIIe corps d'armée (2) dans le département de la Marne; les Xe, IIe et V^e corps d'armée (3) s'étendraient suivant qu'il est nécessaire, sans modifier leur situation réciproque actuelle.

Avis en conséquence a été envoyé au VIIe corps d'armée ainsi qu'à la division wurtembergeoise.

On a l'honneur enfin de prier le commandant en chef de la IIe armée de vouloir bien, étant donnée l'expérience qui a pu être acquise jusqu'ici, faire connaître son avis sur le point suivant : Est-il avantageux au point de vue militaire, lors des mouvements de troupe de cette nature, mouvements qui se reproduiront fréquemment à l'occasion du retour en Allemagne, de maintenir sur leur territoire les commissaires civils adjoints aux autorités militaires, ou bien doit-on les déplacer en même temps que ces autorités?

Le commandant du VIIe corps et celui de la division wurtembergeoise reçurent copie de cette dépêche « pour avis et transmission, avec prière de vouloir bien faire connaître leur avis sur la question envisagée dans

---

(1) Partie nord du département de la Haute-Marne (Vassy et environs).

(2) Établi jusqu'alors dans le département de l'Aube.

(3) Partie sud du département de la Haute-Marne, et départements de la Côte-d'Or, du Jura, du Doubs et de la Haute-Saône.

le dernier alinéa ». Même demande fut adressée aux commandants en chef des Ire et IIIe armée, ainsi qu'au commandant du XIIe corps. Il fut fait connaître au Chancelier de l'empire et au ministre de la guerre que le comte de Moltke se réservait de provoquer une décision de principe au sujet des commissaires civils, sitôt le reçu des avis demandés.

Dès le 27 avril, le prince de Bismarck avait averti le ministre de la guerre, par communication écrite, que maintenant que l'administration française avait été chargée de la perception des impôts, il considérait les commissaires civils comme un organe des généraux ou commandants en chef. Exception était faite pour le général de Fabrice seul. Même communication fut faite également au comte de Moltke à la date du 30 avril.

N° 824.

Au commandant en chef de la IIIe armée, Compiègne.

Quartier général, Berlin, 24 avril 1871 (partie le 25).

S. M. l'Empereur et Roi, sur la proposition du ministère de la guerre bavarois, a daigné décider que

les 2 bataillons d'infanterie et

les 5 batteries d'artillerie de campagne

qui se trouvaient dans les deux corps d'armée bavarois en sus de l'effectif normal pourraient rentrer dans leur pays.

Prière de vouloir bien aviser les commandants des deux corps d'armée précités d'avoir à se conformer aux indications du ministère de la guerre bavarois au sujet du renvoi des deux bataillons d'infanterie et des cinq batteries d'artillerie dont il s'agit.

Le colonel Fries, plénipotentiaire militaire bavarois, et le ministre de la guerre bavarois furent informés et, le soin de désigner les troupes à renvoyer laissé à ce dernier.

Une dépêche du comte de Moltke envisage la détermination définitive de la frontière nouvelle, en réponse à une question posée à cet égard par le prince de Bismarck.

N° 825.

Au prince de Bismarck, chancelier de l'empire.

Quartier général, Berlin, 25 avril 1871.

J'ai l'honneur de faire connaître à Votre Altesse Sérénissime, en réponse à la lettre qu'Elle a bien voulu m'adresser le 23 de ce mois au sujet de la conservation par la France des hauts-fourneaux de Hayange (1) et de Moyeuvre (2), que je ne puis que partager sa manière de voir quant aux inconvénients majeurs que présenterait, au point de vue militaire, la rétrocession de Hayange. Mais il n'existe pas à cet égard de danger à laisser Moyeuvre à la France.

Il y aurait lieu, à mon avis, de chercher une compensation à l'abandon de ce dernier district dans l'extension de la zone qui entoure Metz. On pourrait surtout, et cela donnerait satisfaction à un sentiment de respect pieux, chercher à acquérir en entier nos champs de bataille du 16 et du 18. Ce seraient surtout les localités de Sainte-Marie-aux-Chênes (3), Saint-Ail (3), Habonville (3), Saint-Marcel (4) et Mars-la-Tour (4). Cette extension du territoire qui nous est dévolu par suite des préliminaires de paix et l'acquisition déjà envisagée d'autre part des localités de langue allemande situées à l'ouest de Thionville dépassent de beaucoup les compensations auxquelles pourrait donner droit la rétrocession de Moyeuvre. On pourrait éventuellement arriver à une entente à cet égard au moyen des villages de langue française avoisinant Belfort. Leur cession n'a plus aucune importance militaire du moment où Belfort reste aux mains de la France.

---

(1) Sud-ouest de Thionville.
(2) Sur l'Orne, au nord-ouest de Metz.
(3) Au nord-ouest de Metz.
(4) A l'ouest de Metz.

Ci-joint le croquis annexé à la dépêche du 23.

Ce croquis représentait le district de Moyeuvre. Lors de la détermination définitive de la frontière, Hayange et Moyeuvre devinrent allemands ainsi que Sainte-Marie-aux-Chênes ; par contre, Saint-Ail, Habonville, Saint-Marcel et Mars-la-Tour restèrent à la France.

N° 826.

Au commandant en chef de la IIe armée, Nancy.

Quartier général, Berlin, 28 avril 1871.

Il semble nécessaire de charger une autorité allemande ayant son siège en France de nos rapports administratifs avec les administrations françaises des lignes ferrées occupées.

Il y a actuellement à Nancy déjà :

1° Le directeur de la ligne française de l'Est ;

2° Une commission de ligne allemande ;

3° L'intendant d'armée Engelhardt, délégué de l'intendance générale.

Il serait donc avantageux de confier la mission précitée à l'inspection générale des étapes de la IIe armée, qui est cantonnée également à Nancy (1).

Prière de vouloir bien prendre auprès de cette autorité militaire les mesures nécessaires.

Avis a été donné aux commissions de ligne mobilisées et autant qu'il a paru nécessaire aux commissions d'exploitation d'Allemagne.

Communication fut faite au commandant en chef de la Ire armée, ainsi qu'au Ministre de la guerre.

---

(1) Le gouvernement français désigna, à la fin de mai, M. Durbach comme son plénipotentiaire pour toutes questions concernant les chemins de fer.

A la fin d'avril, on envisageait comme plus vraisemblable la reprise du rapatriement des prisonniers, ainsi que la diminution progressive de nos troupes stationnées sur le territoire d'occupation.

Le comte de Moltke fit, par suite, de nouveaux efforts à cette date pour triompher des difficultés multiples qui s'offraient depuis plusieurs semaines déjà à l'exécution rapide et satisfaisante des transports.

Nº 827.

Au prince de Bismarck, chancelier de l'empire.

Quartier général, Berlin, 29 avril 1871.

J'ai l'honneur de faire connaître à Votre Altesse Sérénissime que, d'après les derniers rapports, il ne se trouve actuellement sur les lignes ferrées allemandes qu'un peu plus de 2.000 wagons français, tandis qu'aux termes des conventions la France doit en envoyer en Allemagne 5.000 pour le transport des prisonniers.

On n'est donc pas en état d'assurer le renvoi rapide et régulier de ces prisonniers dès que cette mesure sera de nouveau possible.

Il semble, en outre, que les wagons en question n'ont été fournis que par la compagnie de l'Est presque seule. C'est là chose contraire à nos intérêts, car ce réseau, qui ne dessert que les territoires occupés, se trouve dépourvu de matériel roulant et à un degré qui entraîne forcément des arrêts dans l'exploitation. De fait, la compagnie de l'Est, qui s'est montrée à notre égard d'une grande complaisance, n'a pu encore reprendre le trafic général des marchandises qui est pour nous d'un si grand intérêt.

Aussi serait-il avantageux pour nous d'inviter le gouvernement français :

I. A envoyer en Allemagne, au plus tôt et tout au moins en temps utile, le matériel roulant qu'il s'est engagé à fournir pour le transport des prisonniers ;

II. A ne faire concourir la compagnie de l'Est à l'envoi de ce matériel qu'autant que le comporte sa part proportionnelle dans le chiffre total des wagons existant sur l'ensemble des voies ferrées françaises.

Le comte de Moltke écrivait à ce même sujet au Chancelier de l'empire le 6 mai :

Je ne puis, en me basant sur l'intérêt militaire, qu'insister d'une manière pressante pour que le gouvernement français soit invité à assurer la remise régulière à la compagnie de l'Est du matériel roulant par les autres administrations. Ce n'est que si ce réseau a la libre disposition de son matériel que nous pourrons, lorsque nous retirerons nos troupes de France, les y faire embarquer immédiatement par voie ferrée et éviter d'employer la voie de terre jusqu'à la frontière, ce qui exigerait des semaines.

Le comte d'Itzenplitz, ministre du commerce, ne s'était pas rendu aux représentations réitérées faites par le Ministre de la guerre et renouvelées sur la demande du comte de Moltke (V. page 869). Il persistait à penser qu'exiger des voies ferrées plus de quatre ou six trains par jour, durant l'exécution des transports de retour de l'armée, occasionnerait une grande gêne dans le trafic des voyageurs et des marchandises en Allemagne. A la fin de sa réponse au Ministre de la guerre, le comte d'Itzenplitz s'en référait à une dépêche du comte de Moltke en date du 9 mars, dans laquelle ce dernier s'en remettait à lui « pour provoquer une solution donnant juste satisfaction *à tous les intérêts engagés* ».

Le Ministre du commerce avait déduit de cette phrase que le chef d'état-major général de l'armée « n'était en fait nullement opposé à la diminution proposée par lui (comte d'Itzenplitz), en vue de ménager tous les intérêts ».

Le comte de Moltke s'éleva contre cette manière de voir dans une lettre au Ministre de la guerre.

N° 828.

Au général de l'infanterie de Roon, ministre de la guerre.

Quartier général, Berlin, 30 avril 1871.

S. Exc. le Ministre du commerce m'a communiqué copie de la réponse envoyée par lui le 25 courant à Votre Excellence au sujet du rendement journalier des voies ferrées au cours des prochains transports de retour de l'armée.

Je crois devoir objecter aux conclusions de cette dépêche que je persiste, conformément à la manière de voir que j'ai déjà exprimée, à demander 6 ou 10 trains par jour pour les transports précités. J'estime que la solution présentée par M. le ministre du commerce ne donne pas, ainsi que le demandait ma lettre du 9, juste satisfaction à tous les intérêts, et je ne puis que vous prier de faire les démarches voulues pour qu'on décide entre les demandes faites à cet égard par l'autorité militaire et le refus opposé par M. le Ministre du commerce.

Il est absolument nécessaire que cette décision intervienne au plus tôt; les transports peuvent commencer au premier jour.

Le matériel roulant allemand suffit seulement à assurer les transports habituels lorsque le trafic se produit régulièrement et sans surcharge inattendue. Toute augmentation extraordinaire et soudaine de ces transports ne peut être obtenue que par un emploi intensif du matériel d'exploitation et du temps. Il faut donc, durant le rapatriement de l'armée, que les voies ferrées fournissent de nouveau, et cette fois au bénéfice du trafic intérieur, un effort extraordinaire, mais qui pourra n'être que de courte durée.

Afin de diminuer la tâche à imposer à notre réseau, une partie de l'armée qui, au mois de juillet dernier, avait été transportée par voie ferrée, rentrera dans ses foyers par étapes.

En vue de restreindre autant que possible la durée des transports du gros de l'armée, transports qui, en tout état de choses, entraîneront des efforts plus grands dans l'exploitation des lignes, ainsi que des restrictions dans le trafic privé, on a proposé six ou dix trains militaires par jour, soit la moitié environ du rendement fourni l'année dernière durant la concentration de l'armée.

Avec l'autre moitié on pourrait, ainsi que le désire M. le Ministre du commerce, assurer intégralement le transit des voyageurs et avec des restrictions le transit des marchandises.

Si, au lieu des 44 trains militaires par jour, on se contente des 30 trains accordés éventuellement par M. le Ministre du commerce, la durée des transports pour l'armée sera augmentée de 50 %; sur les lignes les plus chargées, elle sera portée de quatre semaines environ à six semaines.

Il semble d'autant plus essentiel de faire ressortir cette différence en laissant de côté les marches préalables, si, comme il est maintenant vraisemblable, une partie des troupes doit s'embarquer directement en France.

M. le Ministre du commerce a négligé, à propos du chiffre de 3 mois admis par nous pour le transport de l'armée, de tenir compte des transports militaires d'autre nature, ainsi que des difficultés d'ordre technique ou politique qui pourront facilement se produire. Une étude approfondie des diverses causes de retard résultant des propositions faites par M. le Ministre du commerce, et d'après le tableau d'ensemble soumis par lui, fait voir que, dans le cas où l'on n'emploierait que quatre et six trains, on serait amené à *conserver l'armée tout entière de 10 corps et quart pendant sept jours de plus.*

Et encore au prix d'un tel sacrifice fait par l'État et par l'armée, on n'arriverait pas à épargner au transit privé des restrictions inévitables, et on pourrait seulement les *répartir!*

Je ne puis d'autre part que m'élever encore contre la propo-

sition qui est faite à nouveau de renvoyer d'abord les réservistes.
On ne ferait ainsi qu'augmenter, par suite de la réunion de tous
les réservistes et de leur renvoi simultané des lieux de démobilisation, les mouvements en sens contraire des réservistes
renvoyés d'une part, et des trains militaires venant de France
de l'autre, mouvements qui préoccupent M. le Ministre du
commerce. Ces courants partiels en sens contraires sont un
inconvénient impossible à éviter, mais auquel il sera d'autant
plus facile de remédier que le renvoi des réservistes des diverses troupes arrivant peu à peu sera forcément échelonné
au point de vue du temps et des effectifs.

Je serais reconnaissant à Votre Excellence de vouloir bien
me faire connaître au plus tôt les décisions qui seront prises
à ce sujet.

Le Ministre du commerce continuant à se refuser à donner satisfaction aux demandes de l'état-major général de l'armée et du ministère
de la guerre, le Ministre de la guerre pria, à la date du 5 mai, le Chancelier de l'empire de provoquer à cet égard une décision du ministère
d'État au sujet du rendement des voies ferrées. Seule cette haute autorité
était en situation de donner satisfaction à *tous* les intérêts à considérer.

Le 1ᵉʳ mai, eut lieu, sur l'ordre de Sa Majesté, la démobilisation du
grand quartier général. Jusqu'à nouvel ordre, le chef d'état-major de
l'armée, le quartier-maître général et l'intendant général, continuèrent
à remplir les fonctions qui leur avaient été dévolues au cours de la guerre.
Par suite de ces dispositions, l'état-major général mobilisé, à l'exception
de quelques officiers déplacés par ordre de cabinet de Sa Majesté, continua
à fonctionner dans la même formation qu'auparavant.

Le résultat de la question posée aux autorités militaires des territoires
occupés au sujet du maintien des commissaires civils en cas de changement de cantonnement (1) fut communiqué par le comte de Moltke aux
ministres intéressés, dans les premiers jours de mai.

---

(1) Voir page 916.

N° 829.

*Au prince de Bismarck, chancelier de l'empire allemand,
et au général de l'infanterie de Roon, ministre de la guerre.*

Quartier général, Berlin, le 6 mai 1871.

J'ai l'honneur de faire connaître à Votre Altesse Sérénissime (Excellence), comme suite à ma lettre du 24 avril dernier, que les commandants d'armée et les commandants de corps d'armée relevant directement du grand quartier général ont été presque unanimement d'avis, que les commissaires civils allemands en fonctions dans les territoires d'occupation ne devaient pas suivre les troupes allemandes dans leurs changements de cantonnement, mais au contraire rester dans leurs départements. Toutefois, il semble désirable que les commissaires choisissent toujours pour séjourner un point dans le département où est stationnée l'autorité militaire supérieure.

Des motifs de service, ainsi que des motifs d'ordre militaire, viennent militer en faveur de cette manière de voir, à laquelle je me range en ce qui me concerne. J'ai en conséquence l'honneur de m'en remettre à Votre Altesse Sérénissime (Excellence) pour vouloir bien provoquer à cet égard des décisions ultérieures.

Durant les préliminaires de paix à Francfort-sur-le-Main, le prince de Bismarck télégraphia à M. de Thile, secrétaire d'État :

« Francfort-sur-le-Main, 7 mai, 10 heures matin
(arrivée à Berlin 11 h. 40 matin).

» Toute la colonie française d'Algérie semble en danger : Jules Favre demande instamment, pour être transportés en Algérie, 20.000 prisonniers, surtout des turcos s'il s'en trouve. Prière de faire part préalablement de ce vœu à Sa Majesté et au comte de Moltke et de demander si je puis y donner satisfaction, dans le cas où nous serions d'accord pour le reste. »

Le chef d'état-major général de l'armée répondit dans l'après-midi :

N° 830.

Au prince de Bismarck, chancelier de l'empire, Francfort-sur-le-Main.

TÉLÉGRAMME   Quartier général, Berlin, 7 mai 1871, 2 h. 30 soir.

Sa Majesté autorise l'envoi des prisonniers, en admettant un accord pour le reste. Où les envoyer?

Avis fut donné à M. de Thile, secrétaire d'État, et au ministre de la guerre.

———

Comme on l'a vu, on avait renoncé, au début de mars, à l'idée qu'on avait eue d'abord de faire sauter les fortifications des places restant à la France (voir n° 761), mais on en avait retiré le matériel conquis. Les places étaient intactes en tant que fortifications, mais n'avaient aucun armement.

La situation résultant de l'insurrection parisienne détermina, au commencement de mai, le Ministre de la guerre à étudier de près cette question, qui rentrait dans les limites de ses attributions. Il demanda tout d'abord l'avis du comte de Moltke à ce sujet.

« ... Dans l'éventualité de la reprise des hostilités, et dans l'hypothèse peu vraisemblable de la retraite des forces allemandes jusqu'à la ligne des forteresses en question, il y a lieu d'être à même d'envoyer sans délai tout ce qui serait nécessaire. Je serais par suite reconnaissant à Votre Excellence de vouloir bien me faire connaître les forteresses qu'il y aurait lieu de faire simplement sauter, et celles qu'il y aurait lieu de munir de l'armement voulu pour résister à un assaut de vive force. »

Le comte de Moltke s'exprima à cet égard comme il suit :

N° 831.

Au général de l'infanterie de Roon, ministre de la guerre.

Quartier général, Berlin, 7 mai 1871 (partie le 8).

J'ai l'honneur de faire connaître à Votre Excellence, en réponse à la demande qu'elle a bien voulu m'adresser le 2 courant, qu'à mon sens il est impossible de prévoir, dans l'éventualité absolument invraisemblable d'une retraite obligée des armées allemandes, quelles seraient celles des petites forteresses françaises, en elles-mêmes assez peu solides, qui pourraient être de quelque utilité aux armées allemandes, et leur servir de point d'arrêt.

Au contraire, la réouverture des hostilités pourrait offrir l'occasion cherchée de procéder au démantèlement général des forteresses françaises qu'on avait préparé, à moins que des considérations concrètes et impossibles à prévoir actuellement ne viennent réclamer la conservation temporaire de l'une ou l'autre de ces places.

Dans cette éventualité et à mon sens, on pourrait à temps procéder aux opérations de l'armement, rendu alors nécessaire, au moyen de l'artillerie et du matériel qui se trouvent actuellement dans les forts au nord et à l'est de Paris.

Si, comme il faut l'admettre, notre situation en France devait se modifier dans le sens prévu par les préliminaires de paix, il pourrait devenir désirable d'armer Mézières et Toul (ou Vitry) en prévision de la période terminale où nous n'avons droit qu'à un corps d'occupation de 50.000 hommes. J'admets *a priori*, bien entendu, que Belfort sera jusqu'à nouvel ordre armé dans les mêmes conditions et prêt à un siège en règle.

La tournure favorable et rapide qu'avaient prise les négociations de Francfort-sur-le-Main permettait d'espérer à bref délai la conclusion de la paix. Il était nécessaire que le commandant en chef de l'armée devant Paris, qui était le plus directement intéressé, reçût à temps des avis en conséquence. Le comte de Moltke avait rédigé à ce sujet un projet auquel les télégrammes ci-dessous, adressés par le prince de Bismarck au ministère des affaires étrangères, semblent avoir servi de base :

« 1) Francfort-sur-le-Main, 8 mai 1871, 7 h. 10 soir (arrivé à Berlin 9 h. 30 soir ; présenté le 9 mai 1871).

» Pour le comte de Moltke.

» J'espère arriver ici à conclure la paix définitive. Il y aurait pour condition à cet égard de faire, en vue d'amener la prise rapide de Paris, prise qui entre maintenant dans nos intérêts, tout ce que nous pourrons sans exposer nos soldats ; soit en particulier : autorisation de traverser nos lignes ; sommation adressée à la Commune d'évacuer l'enceinte, sous réserve, si nous le trouvons avantageux, de la forcer à cette évacuation en empêchant l'arrivée des subsistances ; renvoi immédiat de 20.000 prisonniers à destination d'Alger, et renvoi à destination des grandes villes du Midi de l'effectif qui sera compatible avec notre sécurité. Prière de faire tous les préparatifs militaires voulus, en prévision du cas où nous pourrions arriver ici à une solution satisfaisant Sa Majesté. »

« 2) Francfort-sur-le-Main, 9 mai 1871, 1 h. 20 matin (arrivé à Berlin 2 h. 10 matin ; présenté le 9 mai).

» Pour le comte de Moltke.

» Je crois que nous pourrons signer demain, sous réserve de l'approbation de Sa Majesté. D'après un accord verbal et secret conclu d'autre part, nous autoriserons, par suite, à traverser nos lignes, et assurerons le blocus de Paris de notre côté. Je prie Votre Excellence de vouloir bien demander l'approbation de Sa Majesté pour l'accord à préparer entre nous et le gouvernement français. »

Le comte de Moltke prépara la note ci-dessous en vue de l'exposé à faire à Sa Majesté.

N° 832.

(Sans date ; paraît être du 9 mai 1871.)

Sous approbation de Sa Majesté, il y aurait lieu de faire connaître au commandant en chef de la IIIe armée que la conclusion de la paix définitive est imminente ; un accord secret et verbal stipule notre coopération en vue de la soumission de Paris.

Cette coopération consiste et se borne à :

Couper *toutes* les communications de Paris avec les régions occupées par nous ;

Faire connaître aux gouvernants momentanés de Paris qu'armer la partie de l'enceinte qui nous *fait face* sera considéré et traité en toute circonstance comme une atteinte à notre sécurité ;

Autoriser les troupes du gouvernement français à traverser nos lignes, dans les conditions admises par le commandant en chef et déterminées par accord à conclure avec le commandant en chef français;

Notre participation active se bornera à ouvrir le *feu de notre artillerie* contre l'*enceinte Nord,* sur la demande expresse du *gouvernement* français;

En cas d'attaque sans succès, permettre toutefois aux troupes françaises de pénétrer dans nos lignes, mais repousser au moyen de *toutes armes* la poursuite des troupes parisiennes.

Le commandant en chef de la III⁰ armée concentrera les troupes nécessaires et fera les préparatifs d'artillerie en conséquence.

Avis sera envoyé à lui et aux autres commandants d'armée au sujet des transports de prisonniers à destination d'Alger et des villes du Midi.

Sa Majesté ayant donné sa haute approbation aux mesures proposées, les dispositions suivantes furent prises par télégramme.

N⁰ 833.

Au commandant de la III⁰ armée, Compiègne.

TÉLÉGRAMME   Quartier général, Berlin, 9 mai 1871, dans l'après-midi.

La conclusion de la paix est imminente, et nous promettons en secret notre coopération en vue de la soumission de Paris. Il nous incombe : de couper *toutes* les communications; de faire connaître à la Commune que l'armement de la partie de l'enceinte *qui nous fait face* constitue une atteinte à notre sécurité et ne sera supportée sous aucun prétexte; d'autoriser le passage des troupes du gouvernement à travers nos lignes, dans les conditions arrêtées après entente avec le commandant en chef français. Le feu de notre artillerie pourra être ouvert contre l'enceinte Nord, sur la prière expresse du gouvernement français. Éventuellement, repousser avec les troupes de toutes armes la poursuite effectuée devant nos lignes, à la suite d'un échec. Faire les préparatifs voulus en vue de la concentration des troupes et de l'action de l'artillerie; mais surseoir à l'exécution de ces mesures jusqu'à l'arrivée d'un ordre à cet égard.

N° 834.

Au prince de Bismarck, chancelier de l'empire,
Francfort-sur-le-Main.

TÉLÉGRAMME   Quartier général, 9 mai 1871, dans l'après-midi.

Par ordre de Sa Majesté, le télégramme ci-dessous vient d'être envoyé au commandant en chef devant Paris.

Suit le texte du télégramme précédent.

Sa Majesté ne voit aucun inconvénient à accorder 20.000 prisonniers pour Alger, et à en donner en outre de 30 à 40.000 et même 60.000 pour les villes du Midi. Ils pourront être envoyés à bref délai, dès que le gouvernement aura précisé les endroits où il faudra les livrer.

On trouve dans les notes prises par le comte de Moltke des indications relatives à l'avis envoyé au prince de Bismarck, et à une communication complémentaire à adresser au Prince Royal de Saxe. Elles semblent avoir été écrites peu avant l'envoi à la IIIe armée du télégramme ci-dessus (n° 833).

Le télégramme peut partir.

Sa Majesté fait « largesse » de 30 à 40.000 hommes ou 60.000. Indiquer l'endroit où il les faut envoyer.

Il y a lieu encore d'envoyer des instructions écrites au Prince Royal de Saxe pour éviter autant que possible Saint-Denis (?),

ou tout au moins n'y pas laisser établir de réserves françaises.

Les instructions susmentionnées étaient ainsi conçues :

N° 835.

A S. A. R. le Prince Royal de Saxe, Compiègne.

Quartier général, Berlin, 11 mai 1871.

J'ai, par ordre de Sa Majesté, l'honneur de porter à la connaissance de Votre Altesse Royale les dispositions ci-dessous
qui complètent les indications du télégramme envoyé avant-
hier.

S. M. l'Empereur et Roi désire que, dans le cas où les forces
du gouvernement français viendraient à opérer en traversant
nos lignes, on évite autant que possible, et en particulier à
Saint-Denis, tout contact entre les troupes allemandes et les
troupes françaises : toutes les mesures de précaution voulues
devront être prises, en vue de nous assurer la possession
des positions militaires que nous occupons actuellement. Il
y aura lieu de ne tolérer en aucun cas la concentration de
réserves françaises importantes en cette localité.

Ainsi que l'indique le télégramme du 9, si l'attaque dirigée
par les troupes du gouvernement français à travers nos lignes
et contre la partie de l'enceinte qui leur fait face, venait à
échouer, il n'y aurait pas lieu de permettre qu'on les poursui-
vît à travers la zone neutre et on s'opposerait avec toutes
les forces disponibles à toute tentative faite à cet effet. Ce n'est
que sur les lieux qu'on peut examiner comment le combat
pourra être conduit de manière à ne pas entraîner pour nous
de pertes sérieuses; toutefois, Sa Majesté entend que les troupes allemandes ne soient pas mêlées à un combat de rues
dans Paris.

Dans le cas où le gouvernement français (et non pas une
autorité militaire) viendrait à demander que notre artillerie

ouvrît le feu contre l'enceinte, ce feu devrait être dirigé d'abord contre cette enceinte seule, en vue d'y faire brèche. Ne pas tirer sur les quartiers de la ville situés plus en arrière, à moins qu'on n'y soit forcé pour contrebattre des batteries qui y pourraient être établies.

Le 11 mai également, soit le lendemain du jour où les négociations pour la paix avaient été terminées à Francfort-sur-le-Main, le chef d'état-major général de l'armée reçut à 8 h. 30 du matin, et par l'intermédiaire du ministère des affaires étrangères, le télégramme ci-dessous du prince de Bismarck, envoyé dans la nuit :

« Parti de Francfort-sur-le-Main, 11 mai 1871, 1 h. 50 matin
(arrivé à Berlin, 3 h. 25 matin).

» Pour le comte de Moltke.

» Le général de Fabrice pense que les militaires français, comptant en finir tout seuls, chercheront à se passer de notre aide. J'estime que, même dans cette hypothèse, il serait actuellement désirable, au point de vue politique, de concentrer les forces allemandes devant Paris. On pèserait ainsi sur la ratification du traité de paix, à laquelle l'Assemblée de Versailles doit procéder dans dix jours, et on inquièterait cette Assemblée au sujet des mesures que nous prendrions dans le cas où elle rejetterait ce traité. »

Le comte de Moltke répondit le jour même :

N° 836.

*Au prince de Bismarck, Chancelier de l'empire,
Francfort-sur-le-Main.*

Quartier général, Berlin, 11 mai 1871.

J'ai l'honneur de faire connaître à Votre Altesse Sérénissime, en réponse au télégramme envoyé par Elle aujourd'hui même à 1 h. 50 du matin, et qui m'a été transmis par les soins du ministère des affaires étrangères, que la concentration de la IIIe armée devant Paris est en pleine voie d'exécution. Cette concentration sera maintenue ultérieurement selon le cours des événements et éventuellement jusqu'à la ratification de la paix.

J'ai en même temps l'honneur de prier Votre Altesse Sérénissime de m'envoyer aussitôt que possible le texte du traité de paix conclu à Francfort-sur-le-Main.

N° 837.

Au général-lieutenant de Fabrice, de l'armée saxonne, Soisy.

Quartier général, Berlin, 11 mai 1871 (partie le 13 mai).

J'ai l'honneur de faire connaître à Votre Excellence, en réponse à la question qu'elle a bien voulu m'adresser à la date du 27 avril au sujet du qualificatif à donner aux commandants d'armée, que S. M. l'Empereur et Roi réserve encore sa décision à cet égard.

Il est dans l'intention de Sa Majesté que l'on n'emploie pour le moment ni le qualificatif de « Impérial », ni celui de « Royal » et qu'il n'en soit pas donné jusqu'à nouvel ordre aux commandants d'armée.

Avis en fut donné aux commandants d'armée, et aux commandants des corps d'armée indépendants (VII° et XII°).

On s'en remit au chef du cabinet militaire pour informer le ministre de la guerre.

Le 11 mai eut lieu à Soisy, près Saint-Denis, une conférence entre le général de Schlotheim et le général français Borel, chef d'état-major du maréchal de Mac-Mahon, commandant en chef les troupes de Versailles. Le commandant en chef de la III° armée en télégraphia le résultat de Compiègne, le soir même, à 11 h. 20 :

« Les Français désirent exécuter un coup de main sur le front Nord par Saint-Denis et Aubervillers, en même temps qu'une attaque principale par le Bois de Boulogne. Dans huit jours au plus tard. Ils ne désirent auparavant ni blocus ni sommation de désarmement. Le gouvernement français désirerait éviter absolument notre coopération active. Dans ces circonstances, on a sursis à la concentration. »

Le comte de Moltke écrivit par suite au Chancelier de l'empire, revenu à Berlin après la clôture des négociations pour la paix :

N° 838.

Au prince de Bismarck, chancelier de l'empire.

Quartier général, Berlin, 12 mai 1871, midi.

J'ai l'honneur d'envoyer ci-joint à Votre Altesse Sérénissime la copie d'un télégramme envoyé hier par le commandant en chef de la IIIe armée. Je la prie de vouloir bien en prendre connaissance et me faire savoir si, au point de vue politique, il lui semble désirable de procéder à la concentration étroite de nos troupes, concentration qu'on a momentanément suspendue.

Je ferai en même temps remarquer à Votre Altesse Sérénissime que notre armée stationnée devant Paris est toujours à même, étant donnés les cantonnements qu'elle occupe depuis longtemps déjà, de déployer toutes ses forces dans le délai de deux jours, sur la ligne des forts du Nord et de l'Est. Concentrer plus étroitement les troupes pour une certaine durée entraîne pour elles de nombreux inconvénients. En outre, on attirerait ainsi l'attention de la Commune, et on pourrait compromettre la réussite du coup de main que doivent tenter les troupes du gouvernement français.

Il semble donc qu'il n'est ni de notre intérêt, ni de celui du gouvernement de Versailles, de concentrer étroitement la IIIe armée aux environs de Paris. Toutefois, à mon avis, on pourrait, pour faciliter la ratification du traité de paix, exercer une pression sur ce gouvernement en rapprochant de Paris un des corps de la Ire armée qui sont établis dans le nord-ouest de la France. En même temps, et au fur et à mesure de l'arrivée des troupes de ce corps d'armée, on pourrait modifier les cantonnements de la garde de manière à faciliter ultérieurement son transport par voie ferrée, car Sa Majesté doit désirer la voir revenir prochainement sur le sol national ; elle resterait jusqu'à ce moment à la disposition du commandant en chef de la IIIe armée.

Le 13 mai, le chef d'état-major général de l'armée reçut la copie sollicitée par lui du traité de paix définitif avec la France, signé à Francfort-sur-le-Main le 10 mai. On reproduit ici ce texte afin de faciliter l'intelligence de la correspondance échangée entre le Chancelier de l'empire et le comte de Moltke avant et après la conclusion de la paix, ainsi que celle des dispositions prises par le grand quartier général dans la période d'occupation qui suivit.

TRAITÉ DE PAIX DU 10 MAI 1871.

Le prince Othon de Bismarck-Schœnhausen, chancelier de l'Empire germanique,   .

Le comte Harry d'Arnim, envoyé extraordinaire et ministre plénipotentiaire de S. M. l'Empereur d'Allemagne près du Saint-Siège,

Stipulant au nom de S. M. l'Empereur d'Allemagne,

       d'un côté ;

       de l'autre,

M. Jules Favre, ministre des affaires étrangères de la République française,

M. Augustin-Thomas-Joseph Pouyer-Quertier, ministre des finances de la République française, et

M. Marc-Thomas-Eugène de Goulard, membre de l'Assemblée nationale,

Stipulant au nom de la République française, s'étant mis d'accord pour convertir en traité de paix définitif le traité préliminaire de paix du 26 février de l'année courante, modifié ainsi qu'il va l'être par les dispositions qui suivent, ont arrêté :

ARTICLE 1er. — La distance de la ville de Belfort à la ligne de frontière telle qu'elle a été d'abord proposée lors des négociations de Versailles et telle qu'elle se trouve marquée sur la carte annexée à l'instrument ratifié du traité des préliminaires du 26 février, est considérée comme indiquant la mesure du rayon qui, en vertu de la clause y relative du

premier article des préliminaires, doit rester à la France
avec la ville et les fortifications de Belfort.

Le gouvernement allemand est disposé à élargir ce rayon
de manière qu'il comprenne les cantons de Belfort, de Delle
et de Giromagny, ainsi que la partie occidentale du canton de
Fontaine, à l'ouest d'une ligne à tracer du point où le canal du
Rhin au Rhône sort du canton de Delle au sud de Montreux-
Château jusqu'à la limite nord du canton entre Bourg et Félon
où cette ligne joindrait la limite est du canton de Giromagny.

Le gouvernement allemand, toutefois, ne cédera les territoires susindiqués qu'à la condition que la République française, de son côté, consentira à une rectification de frontière
le long des limites occidentales des cantons de Cattenom et
de Thionville qui laisseront à l'Allemagne le terrain à l'est
d'une ligne partant de la frontière du Luxembourg entre Hus-
signy et Redingen, laissant à la France les villages de Thil et
de Villerupt, se prolongeant entre Erronville et Aumetz, entre
Beuvillers et Boulange, entre Trieux et Lommeringen, et
joignant l'ancienne ligne de frontière entre Avril et Moyeuvre.

La Commission internationale dont il est question dans
l'art. 1er des préliminaires, se rendra sur le terrain immédiatement après l'échange des ratifications du présent traité pour
exécuter les travaux qui lui incombent et pour faire le tracé
de la nouvelle frontière, conformément aux dispositions précédentes.

ART. 2. — Les sujets français originaires des territoires
cédés domiciliés actuellement sur ce territoire qui entendront
conserver la nationalité française, jouiront jusqu'au 1er octobre 1872, et moyennant une déclaration préalable faite à l'autorité compétente, de la faculté de transporter leur domicile
en France et de s'y fixer, sans que ce droit puisse être altéré
par les lois sur le service militaire, auquel cas la qualité de
citoyen français leur sera maintenue. Ils seront libres de conserver leurs immeubles situés sur le territoire réuni à l'Allemagne.

Aucun habitant des territoires cédés ne pourra être poursuivi, inquiété ou recherché dans sa personne ou dans ses biens à raison de ses actes politiques ou militaires pendant la guerre.

Art. 3. — Le gouvernement français remettra au gouvernement allemand les archives, documents et registres concernant l'administration civile, militaire et judiciaire des territoires cédés. Si quelques-uns de ces titres avaient été déplacés, ils seront restitués par le gouvernement français sur la demande du gouvernement allemand.

Art. 4. — Le gouvernement français remettra au gouvernement de l'Empire d'Allemagne, dans le terme de six mois à dater de l'échange des ratifications de ce traité :

1° Le montant des sommes déposées par les départements, les communes et les établissements publics des territoires cédés ;

2° Le montant des primes d'enrôlement et de remplacement appartenant aux militaires et marins originaires des territoires cédés qui auront opté pour la nationalité allemande ;

3° Le montant des cautionnements des comptables de l'État ;

4° Le montant des sommes versées pour consignations judiciaires par suite de mesures prises par les autorités administratives ou judiciaires dans les territoires cédés.

Art. 5. — Les deux nations jouiront d'un traitement égal en ce qui concerne la navigation sur la Moselle, le canal du Rhin à la Marne, le canal du Rhône au Rhin, le canal de la Sarre et les eaux navigables communiquant avec ces voies de navigation. Le droit de flottage sera maintenu.

Art. 6. — Les Hautes Parties contractantes, étant d'avis que les circonscriptions diocésaines des territoires cédés à l'Empire allemand doivent coïncider avec la nouvelle frontière déterminée par l'article 1er ci-dessus, se concerteront après la ratification du présent traité, sans retard, sur les mesures à prendre en commun à cet effet.

Les communautés appartenant, soit à l'église réformée, soit la confession d'Augsbourg, établies sur les territoires cédés par la France, cesseront de relever de l'autorité ecclésiastique française.

Les communautés de l'église de la confession d'Augsbourg établies dans les territoires français cesseront de relever du consistoire supérieur et du directeur siégeant à Strasbourg.

Les communautés israélites des territoires situés à l'est de la nouvelle frontière cesseront de dépendre du consistoire central israélite siégeant à Paris.

ART. 7. — Le payement de cinq cents millions aura lieu dans les trente jours qui suivront le rétablissement de l'autorité du gouvernement français dans la ville de Paris. Un milliard sera payé dans le courant de l'année et un demi-milliard au 1er mai mil huit cent soixante-douze. Les trois derniers milliards resteront payables au 2 mars mil huit cent soixante-quatorze, ainsi qu'il a été stipulé par le traité de paix préliminaire. A partir du 2 mars de l'année courante, les intérêts de ces trois milliards de francs seront payés chaque année, le 3 mars, à raison de cinq pour cent par an.

Toute somme payée en avance sur les trois derniers milliards cessera de porter des intérêts à partir du jour du payement effectué.

Tous les payements ne pourront être faits que dans les principales villes de commerce de l'Allemagne et seront effectués en métal, or ou argent, en billets de la banque d'Angleterre, billets de la banque de Prusse, billets de la banque royale des Pays-Bas, billets de la banque nationale de Belgique, en billets à ordre ou en lettres de change négociables de premier ordre valeur comptant.

Le gouvernement allemand ayant fixé en France la valeur du thaler prussien à trois francs soixante-quinze centimes, le gouvernement français accepte la conversion des monnaies des deux pays au taux ci-dessus indiqué.

Le gouvernement français informera le gouvernement allemand, trois mois d'avance, de tout payement qu'il compte faire aux caisses de l'Empire allemand.

Après le payement du premier demi-milliard et la ratification du traité de paix définitif, les départements de la Somme, de la Seine-Inférieure et de l'Eure seront évacués en tant qu'ils se trouveront encore occupés par les troupes allemandes. L'évacuation des départements de l'Oise, de Seine-et-Oise, de Seine-et-Marne et de la Seine, ainsi que celle des forts de Paris, aura lieu aussitôt que le gouvernement allemand jugera le rétablissement de l'ordre, tant en France que dans Paris, suffisant pour assurer l'exécution des engagements contractés par la France.

Dans tous les cas, cette évacuation aura lieu lors du payement du troisième demi-milliard.

Les troupes allemandes, dans l'intérêt de leur sécurité, auront la disposition de la zone neutre située entre la ligne de démarcation allemande et l'enceinte de Paris sur la rive droite de la Seine.

Les stipulations du traité du 26 février relatives à l'occupation des territoires français après le payement de deux milliards resteront en vigueur. Aucune des déductions que le gouvernement français serait en droit de faire ne pourra être exercée sur le payement des cinq cents premiers millions.

ART. 8. — Les troupes allemandes continueront à s'abstenir des réquisitions en nature et en argent dans les territoires occupés; cette obligation de leur part étant corrélative aux obligations contractées pour leur entretien par le gouvernement français, — dans le cas où malgré des réclamations réitérées du gouvernement allemand le gouvernement français serait en retard d'exécuter lesdites obligations, les troupes allemandes auront le droit de se procurer ce qui sera nécessaire à leurs besoins en levant des impôts et des réquisitions dans les départements occupés et même en dehors de ceux-ci, si leurs ressources n'étaient pas suffisantes.

Relativement à l'alimentation des troupes allemandes, le régime actuellement en vigueur sera maintenu jusqu'à l'évacuation des forts de Paris.

En vertu de la Convention de Ferrières du 11 mars 1871, les

réductions indiquées par cette convention seront mises à exécution après l'évacuation des forts.

Dès que l'effectif de l'armée allemande sera réduit au-dessous du chiffre de cinq cent mille hommes, il sera tenu compte des réductions opérées au-dessous de ce chiffre pour établir une diminution proportionnelle dans le prix d'entretien des troupes payé par le gouvernement français.

ART. 9.— Le traitement exceptionnel accordé maintenant aux produits de l'industrie des territoires cédés pour l'importation en France sera maintenu pour un espace de temps de six mois, depuis le 1er mars, dans les conditions faites avec les délégués de l'Alsace.

ART. 10. — Le gouvernement allemand continuera à faire rentrer les prisonniers de guerre en s'entendant avec le gouvernement français. Le gouvernement français renverra dans leurs foyers ceux de ces prisonniers qui sont libérables. Quant à ceux qui n'ont point achevé leur temps de service, ils se retireront derrière la Loire. Il est entendu que l'armée de Paris et de Versailles, après le rétablissement de l'autorité du gouvernement français à Paris et jusqu'à l'évacuation des forts par les troupes allemandes, n'excèdera pas quatre-vingt mille hommes.

Jusqu'à cette évacuation, le gouvernement français ne pourra faire aucune concentration de troupes sur la rive droite de la Loire, mais il pourvoira aux garnisons régulières des villes placées dans cette zone, suivant les nécessités du maintien de l'ordre et de la paix publique.

Au fur et à mesure que s'opérera l'évacuation, les chefs de corps conviendront ensemble d'une zone neutre entre les armées des deux nations.

Vingt mille prisonniers seront dirigés sans délai sur Lyon, à la condition qu'ils seront expédiés immédiatement en Algérie après leur organisation pour être employés dans cette colonie.

ART. 11. — Les traités de commerce avec les différents États de l'Allemagne ayant été annulés par la guerre, le gouvernement allemand et le gouvernement français prendront pour base de leurs relations commerciales le régime du traitement réciproque sur le pied de la nation la plus favorisée.

Sont compris dans cette règle les droits d'entrée et de sortie, le transit, les formalités douanières, l'admission et le traitement des sujets des deux nations ainsi que de leurs agents.

Toutefois, seront exceptées de la règle susdite les faveurs qu'une des parties contractantes, par des traités de commerce, a accordées ou accordera à des États autres que ceux qui suivent : l'Angleterre, la Belgique, les Pays-Bas, la Suisse, l'Autriche, la Russie.

Les traités de navigation, ainsi que la convention relative au service international des chemins de fer dans ses rapports avec la douane, et la convention pour la garantie réciproque de la propriété des œuvres d'esprit et d'art, seront remis en vigueur.

Néanmoins, le gouvernement français se réserve la faculté d'établir, sur les navires allemands et leurs cargaisons, des droits de tonnage et de pavillon, sous la réserve que ces droits ne soient pas plus élevés que ceux qui grèveront les bâtiments et les cargaisons des nations susmentionnées.

Art. 12. — Tous les Allemands expulsés conserveront la jouissance pleine et entière de tous les biens qu'ils ont acquis en France.

Ceux des Allemands qui avaient obtenu l'autorisation exigée par les lois françaises pour fixer leur domicile en France sont réintégrés dans tous leurs droits et peuvent, en conséquence, établir de nouveau leur domicile sur le territoire français.

Le délai stipulé par les lois françaises pour obtenir la naturalisation sera considéré comme n'étant pas interrompu par l'état de guerre pour les personnes qui profiteront de la faculté ci-dessus mentionnée de revenir en France dans un délai de six mois après l'échange des ratifications de ce traité, et il sera tenu compte du temps écoulé entre leur expulsion et leur retour sur le territoire français, comme s'ils n'avaient jamais cessé de résider en France.

Les conditions ci-dessus seront appliquées en parfaite réciprocité aux sujets français résidant ou désirant résider en Allemagne.

ART. 13. — Les bâtiments allemands qui étaient condamnés par les conseils de prise avant le 2 mars 1871 seront considérés comme condamnés définitivement.

Ceux qui n'auraient pas été condamnés à la date susindiquée seront rendus avec la cargaison, en tant qu'elle existe encore. Si la restitution des bâtiments et de la cargaison n'est plus possible, leur valeur, fixée d'après le prix de la vente, sera rendue à leurs propriétaires.

ART. 14. — Chacune des deux parties continuera sur son territoire les travaux entrepris pour la canalisation de la Moselle. Les intérêts communs des parties séparées des deux départements de la Meurthe et de la Moselle seront liquidés.

ART. 15. — Les Hautes Parties contractantes s'engagent mutuellement à étendre aux sujets respectifs les mesures qu'elles pourront juger utiles d'adopter en faveur de ceux de leurs nationaux qui, par suite des événements de la guerre, auraient été mis dans l'impossibilité d'arriver en temps utile à la sauvegarde ou à la conservation de leurs droits.

ART. 16. — Les deux gouvernements, allemand et français, s'engagent réciproquement à faire respecter et entretenir les tombeaux des soldats ensevelis sur leurs territoires respectifs.

ART. 17. — Le règlement des points accessoires sur lesquels un accord doit être établi, en conséquence de ce traité et du traité préliminaire, sera l'objet de négociations ultérieures qui auront lieu à Francfort.

ART. 18. — Les ratifications du présent traité par Sa Majesté l'Empereur d'Allemagne

        d'un côté,

        et de l'autre

par l'Assemblée nationale et par le Chef du pouvoir exécutif de la République française seront échangées à Francfort dans le délai de dix jours ou plus tôt si faire se peut.

En foi de quoi les plénipotentiaires respectifs l'ont signé et y ont apposé le cachet de leurs armes.

Fait à Francfort le 10 mai 1871.

(L. S.) Signé : v. BISMARCK. (L. S.) Signé : JULES FAVRE.
(L. S.)   ARNIM.   POUYER-QUERTIER.
                                           E. DE GOULARD.

Articles additionnels.

ART. 1ᵉʳ. — § 1ᵉʳ. D'ici à l'époque fixée pour l'échange des ratifications du présent traité, le gouvernement français usera de son droit de rachat de la concession donnée à la Compagnie des chemins de fer de l'Est. Le Gouvernement allemand sera subrogé à tous les droits que le gouvernement français aura acquis par le rachat des concessions en ce qui concerne les chemins de fer situés dans les territoires cédés, soit achevés, soit en construction.

§ 2. Seront compris dans cette concession :

1º Tous les terrains appartenant à ladite Compagnie, quelle que soit leur destination, ainsi que : établissements de gares et de stations, hangars, ateliers et magasins, maisons de gardes de voies, etc., etc. ;

2º Tous les immeubles qui en dépendent, ainsi que : barrières, clôtures, changements de voie, aiguilles, plaques tournantes, prises d'eaux, grues hydrauliques, machines fixes, etc., etc. ;

3º Tous les matériaux, combustibles et approvisionnements de tout genre, mobiliers des gares, outillage des ateliers et des gares, etc., etc. ;

4º Les sommes dues à la Compagnie des chemins de fer de l'Est à titre de subventions accordées par des corporations ou personnes domiciliées dans les territoires cédés.

§ 3. Sera exclu de cette cession le matériel roulant. Le gouvernement allemand remettra la part du matériel roulant avec ses accessoires qui se trouverait en sa possession au gouvernement français.

§ 4. Le gouvernement français s'engage à libérer envers

l'Empire allemand entièrement les chemins de fer cédés ainsi que leurs dépendances de tous les droits que des tiers pourraient faire valoir nommément des droits des obligataires. Il s'engage également à se substituer, le cas échéant, au gouvernement allemand, relativement aux réclamations qui pourraient être élevées vis-à-vis du gouvernement allemand par les créanciers des chemins de fer en question.

§ 5. Le gouvernement français prendra à sa charge les réclamations que la Compagnie des chemins de fer de l'Est pourrait élever vis-à-vis du gouvernement allemand ou de ses mandataires par rapport à l'exploitation desdits chemins de fer et à l'usage des objets indiqués dans le § 2, ainsi que du matériel roulant.

Le gouvernement allemand communiquera au gouvernement français, à sa demande, tous les documents et toutes les indications qui pourraient servir à constater les faits sur lesquels s'appuieront les réclamations susmentionnées.

§ 6. Le gouvernement allemand payera au gouvernement francais, pour la cession des droits de propriété indiqués dans les §§ 1 et 2 et en titre d'équivalent pour l'engagement pris par le gouvernement français dans le § 4, la somme de trois cent vingt-cinq millions (325.000.000 de francs).

On défalquera cette somme de l'indemnité de guerre stipulée dans l'article 7. Vu que la situation qui a servi de base à la convention conclue entre la Compagnie des chemins de fer de l'Est et la Société Royale Grand-Ducale des chemins de fer Guillaume-Luxembourg en date du 6 juin 1857 et du 21 janvier 1868, et celle conclue entre le gouvernement du grand-duché de Luxembourg et les Sociétés des chemins de fer Guillaume-Luxembourg et de l'Est français en date du 5 décembre 1868 a été modifiée essentiellement, de manière qu'elles ne sont applicables à l'état des choses créé par les stipulations contenues dans le § 1, le gouvernement allemand se déclare prêt à se substituer aux droits et aux charges résultant de ces conventions pour la Compagnie des chemins de fer de l'Est.

Pour le cas où le gouvernement français serait subrogé soit

par le rachat de la concession de la Compagnie de l'Est, soit par une entente spéciale, aux droits acquis par cette société en vertu des conventions susindiquées, il s'engage à céder gratuitement dans un délai de six semaines ces droits au gouvernement allemand.

Pour le cas où ladite subrogation ne s'effectuerait pas, le gouvernement français n'accordera des concessions pour les lignes de chemin de fer appartenant à la Compagnie de l'Est et situées dans le territoire français que sous la condition expresse que le concessionnaire n'exploite point les lignes de chemin de fer situées dans le Grand-Duché de Luxembourg.

ART. 2. — Le gouvernement allemand offre deux millions de francs pour les droits et les propriétés que possède la Compagnie des chemins de fer de l'Est sur la partie de son réseau située sur le territoire Suisse, de la frontière à Bâle, si le gouvernement français lui fait tenir le consentement dans le délai d'un mois.

ART. 3. — La cession de territoire auprès de Belfort, offerte par le gouvernement allemand dans l'article 1 du présent traité en échange de la rectification de frontière demandée à l'ouest de Thionville, sera augmentée des territoires des villages suivants : Rougemont, Leval, Petite-Fontaine, Romagny, Félon, La Chapelle-sous-Rougemont, Angeot, Vauthiermont, La Rivière, La Grange, Reppe, Fontaine, Frais, Foussemagne, Cunelières, Montreux-Château, Bretagne, Chavannes-les-Grands, Chavanatte, Suarce (1).

La route de Giromagny à Remiremont passant au ballon d'Alsace restera à la France dans tout son parcours et servira de limite, en tant qu'elle est située en dehors du canton de Giromagny.

Fait à Francfort le 10 mai 1871.

Signé : v. BISMARCK.
ARNIM.
Signé : JULES FAVRE.
POUYER-QUERTIER.
E. DE GOULARD.

---

(1) Localités à l'Est de Belfort, sur le ruisseau de Saint-Nicolas ou dans son voisinage.

Fait à Francfort-sur-Main le 10 mai 1871.

Les soussignés, après avoir entendu la lecture du traité de paix définitif, l'ont trouvé conforme à ce qui a été convenu entre eux.

En vertu de quoi ils l'ont muni de leurs signatures.

Les trois articles additionnels ont été signés séparément. Il est entendu qu'ils feront partie intégrante du traité de paix.

Le soussigné Chancelier de l'Empire allemand a déclaré qu'il se charge de communiquer le traité aux gouvernements de Bavière, de Wurtemberg et de Bade et d'obtenir leurs accessions.

Signé : v. BISMARCK.   Signé : JULES FAVRE.
         ARNIM.   POUYER–QUERTIER.
                                         E. DE GOULARD.

Des ordres furent envoyés aux commandants d'armée intéressés, en vue de hâter l'acceptation du traité de paix définitif par l'Assemblée française de Versailles.

N° 839.

Au commandant en chef de la IIIe armée, Compiègne.

TÉLÉGRAMME   Quartier général, Berlin, 14 mai 1871, midi.

Il y a lieu, afin d'appuyer l'action diplomatique et jusqu'à la ratification du traité, de concentrer étroitement la IIIe armée vers Paris, dans telles conditions qu'on puisse même au besoin entamer des opérations contre Versailles.

Une division de la Ire armée, tout en continuant à faire partie de cette dernière, va s'avancer dans la zone du IVe corps. S'entendre pour le reste avec la Ire armée.

N° 840.

Au commandant en chef de la Ire armée, Amiens.

TÉLÉGRAMME   Quartier général, Berlin, 14 mai 1871, midi.

Il y a lieu, afin d'appuyer l'action diplomatique et jusqu'à la ratification du traité, de porter une division d'infanterie vers Paris, dans la zone du IV° corps. S'entendre pour le reste avec la III° armée. Rouen doit rester fortement occupé.

Le commandant en chef de la Ire armée rendit compte, le jour même, que la division en question (1re) se trouvait dans la région Beauvais-Gournay. Le commandant en chef de la III° armée fit connaître que la concentration serait effectuée le 16, et qu'à partir du 17 il aurait son quartier général à Margency. Il demandait, en même temps, s'il fallait encore autoriser les Français à passer par Saint-Denis.

On répondit :

N° 841.

Au commandant en chef de la III° armée, Compiègne.

TÉLÉGRAMME   Quartier général, Berlin, 15 mai 1871.

En raison de l'acquiescement donné par nous, il y a lieu, si on le désire, d'autoriser encore maintenant les troupes de Versailles à passer par Saint-Denis.

Au milieu du mois de mai, on put enfin s'occuper du renvoi en Allemagne de quelques corps d'armée. Les ordres donnés étaient les suivant :

N° 842.

A tous les commandants d'armée ou de corps d'armée
indépendants (VII°, XII°, XV°).

Quartier général, Berlin, 16 mai 1871.

S. M. l'Empereur et Roi a daigné décider que :

1° Si le traité de paix définitif conclu à Francfort-sur-le-Main, le 10 mai, entre l'Allemagne et la France, était ratifié d'ici le 20 courant,

2° Et si l'autorité du gouvernement français était à la même date rétablie dans Paris,

on commencerait à retirer de France l'armée de campagne allemande et à la ramener à la constitution récemment arrêtée en vue du temps de paix.

En exécution des intentions de Sa Majesté, il y a lieu de prendre toutes les mesures pour que :

La garde soit, à partir du 23 courant, prête à être transportée par voie ferrée en partant de Lagny et Mitry (puis lignes A et C);

Le Ve corps d'armée soit, à partir du 22 courant, prêt à être transporté par voie ferrée en partant de Vesoul et Belfort (puis ligne E);

Le VIIe corps d'armée soit prêt à être transporté à une date et en partant d'un point à déterminer d'accord avec la commission de ligne F.

La 17e division, dans l'hypothèse admise au début, se dirigera en employant la voie de terre sur Mayence, par Thionville et Sarrelouis; on compte à partir de Mayence la transporter par voie ferrée. Rendre compte ici au plus tôt des points où sera chaque jour le quartier général de la division. Si les événements continuent à prendre en France une tournure satisfaisante, on compte renvoyer les IXe et XIIe corps d'armée (saxon), le IIe corps bavarois et la division wurtembergeoise.

Le Xe corps d'armée (1), auquel incombe dorénavant l'occupation du territoire (2) jusqu'ici affecté au VIIe corps,

----

(1) Partie sud du département de la Haute-Marne.
(2) Départements de la Meuse et de la Moselle.

fournira à ce dernier les régiments d'infanterie nᵒˢ 16, 56 et 57 et en recevra en échange les régiments d'infanterie nᵒˢ 73, 74 et 77. La 14ᵉ division d'infanterie affectera le régiment de hussards nᵒ 15 au IXᵉ corps d'armée. On ne fera venir ce régiment dans la zone du IXᵉ corps que dans le cas où cela ne constituerait pas pour cette unité un détour sérieux, étant donnée la marche ultérieure du corps d'armée sur Mayence.

En outre, on a prévu la dissolution de toutes les divisions de cavalerie.

L'annexe ci-jointe donne les renseignements de détail relatifs aux états-majors, régiments de cavalerie et batteries, ainsi qu'à la destination des régiments de dragons nᵒ 10 et nᵒ 15 et du régiment de uhlans nᵒ 11.

Le IIᵉ corps d'armée (1) aura à assurer l'occupation du territoire laissé libre par le Vᵉ corps (2); les 1ʳᵉ et 2ᵉ brigades de cavalerie actuelles (répartition du temps de paix à l'exclusion des régiments affectés aux divisions d'infanterie) devront être cantonnées à Lunéville et environs et rattachées au Xᵉ corps d'armée; les 11ᵉ et 12ᵉ brigades de cavalerie actuelles (répartition du temps de paix, à l'exclusion des régiments rattachés aux divisions d'infanterie) seront attribuées au IIᵉ corps et cantonnées dans la zone qui lui est désormais dévolue.

Prendre toutes les mesures préparatoires nécessaires en vue de l'exécution des mesures ci-dessus. Attendre pour entamer les mouvements d'avoir reçu un nouvel ordre.

---

(1) Départements de la Côte-d'Or, du Jura et du Doubs.
(2) Département de la Saône.

ANNEXE.

UNITÉS.	AFFECTATION		DESTINATION.
	ANCIENNE.	NOUVELLE.	
État-major de la 1ʳᵉ div. de cavalerie.........	1ʳᵉ div. de cav.	»	Voie de terre jusqu'à Strasbourg. Transporté par chemin de fer à Stettin. Notification directe à la commission d'exploitation à Strasbourg.
État-major de la 1ʳᵉ brig. de cavalerie.......... Rég. de cuirassiers n° 2. Rég. de uhlans n° 9.....	1ʳᵉ div. de cav.	IIᵉ c. d'arm.	IIᵉ corps d'armée, par voie de terre.
État-major de la 2ᵉ brig. de cavalerie.......... Rég. de cuirassiers n° 3. Rég. de uhlans n° 8..... Rég. de uhlans n° 12.... Batt. à cheval du 1ᵉʳ rég. d'art. de campagne...	1ʳᵉ div. de cav.	Iᵉʳ c. d'arm.	A Lunéville, par voie de terre.
État-major de la 2ᵉ div. de cavalerie.............	2ᵉ div. de cav.	»	Voie de terre jusqu'à Strasbourg. Transporté par voie ferrée à Breslau. Notification directe à la commission d'exploitation à Strasbourg.
État-major de la 3ᵉ brig. de cavalerie.......... Rég. de cuirassiers n° 1. Rég. de uhlans n° 2.....	2ᵉ div. de cav.	VIᵉ c. d'arm.	IIᵉ corps d'armée, par voie de terre.
État-major de la 4ᵉ brig. de cavalerie.......... Rég. de hussards n° 1...	2ᵉ div. de cav.	Iᵉʳ c. d'arm.	Lunéville, par voie de terre.
Rég. de hussards n° 5... Batt. à cheval du 2ᵉ rég. d'art. de campagne...	2ᵉ div. de cav.	IIᵉ c. d'arm.	IIᵉ corps d'armée, par voie de terre.
État-major de la 5ᵉ brig. de cavalerie.......... Rég. de hussards n° 4... Rég. de hussards n° 6 .. Batt. à cheval du 6ᵉ rég. d'art. de campagne ...	2ᵉ div. de cav.	VIᵉ c. d'arm.	IIᵉ corps d'armée, par voie de terre.

UNITÉS.	AFFECTATION		DESTINATION.
	ANCIENNE.	NOUVELLE.	
État-major de la 6e brig. de cavalerie .... Rég. de cuirassiers n° 8. Rég. de uhlans n° 7	3e div. de cav.	VIIIe c. d'arm.	VIIIe corps d'armée, par voie de terre.
État-major de la 3e div. de cavalerie .... État-major de la 7e brig. de cavalerie.......... Rég. de uhlans n° 5 ..... Batt. à cheval du 7e rég. d'art. de campagne ...	3e div. de cav.	VIIe c. d'arm.	Voie de terre vers Sarrelouis, puis transport par voie ferrée.
Rég. de uhlans n° 14....	3e div. de cav.	Xe c. d'arm.	Xe corps d'armée, par voie de terre.
État-major de la 4e div. de cavalerie .... État-major de la 8e brig. de cavalerie .... Rég. de cuirassiers n° 5. Rég. de uhlans n° 10.... État-major de la 9e brig. de cavalerie .... Rég. de uhlans n° 1 ..... Rég. de hussards n° 2 ..	4e div. de cav.	Ve c. d'arm.	Voie de terre sur Strasbourg, puis transport par voie ferrée.
État-major de la 10e brig. de cavalerie .... Rég. de uhlans n° 6 ..... Rég. de dragons n° 5....	4e div. de cav.	XIe c. d'arm.	XIe corps d'armée, par voie de terre.
Batt. à cheval du 11e rég. d'art. de campagne ...	4e div. de cav.	XVe c. d'arm.	
État-major de la 5e div. de cavalerie	5e div. de cav.	»	Marche dans la direction de Reims-Metz. Notification à la commission de ligne de Reims en vue du transport ultérieur par voie ferrée.
État-major de la 11e brig. de cavalerie .... Rég. de uhlans n° 13.... Rég. de dragons n° 19...	5e div. de cav.	Xe c. d'arm.	Xe corps d'armée, par voie de terre.
Rég. de cuirassiers n° 4. Rég. de hussards n° 11..	5e div. de cav.	VIIe c. d'arm.	Voie de terre sur Sarrelouis, puis transport par voie ferrée.

UNITÉS.	AFFECTATION		DESTINATION.
	ANCIENNE.	NOUVELLE.	
État-major de la 12ᵉ brig. de cavalerie......... Rég. de cuirassiers nᵒ 7. Rég. de uhlans nᵒ 16.... Rég. de hussards nᵒ 10 . Batt. à cheval du 4ᵉ rég. d'artillerie à cheval...	5ᵉ div. de cav.	IVᵉ c. d'arm.	IVᵉ corps d'armée, par voie de terre.
Rég. de dragons nᵒ 13...	5ᵉ div. de cav.	IXᵉ c. d'arm.	IXᵉ corps d'armée, par voie de terre.
État-major de la 13ᵉ brig. de cavalerie .... Rég. de hussards nᵒ 17 .. Batt. à cheval du 10ᵉ rég. d'art. de campagne ...	5ᵉ div. de cav.	Xᵉ c. d'arm.	Xᵉ corps d'armée, par voie de terre.
État-major de la 6ᵉ div. de cavalerie	6ᵉ div. de cav.	»	Marche dans la direction de Metz. Notification à la commission de ligne de Reims, en vue du transport ultérieur par voie ferrée.
État-major de la 14ᵉ brig. de cavalerie......... Rég. de dragons nᵒ 2.... Rég. de dragons nᵒ 12 ... État-major de la 15ᵉ brig. de cavalerie .... Rég. de hussards nᵒ 3... Batt. à cheval du 3ᵉ rég. d'art. de campagne ...	6ᵉ div. de cav.	IIIᵉ c. d'arm.	IIIᵉ corps d'armée, par voie de terre.
Rég. de dragons nᵒ 6....	6ᵉ div. de cav.	IVᵉ c. d'ar.	Provisoirement attaché au IIIᵉ corps d'armée.

Remarques :

1. Il appartient aux hautes autorités jusqu'alors en fonctions de régler les mouvements nécessaires, etc.

2. Les prescriptions ultérieures en vue des transports par voie ferrée, à moins que des dispositions autres n'aient été prises dans le tableau, seront données par la commission

exécutive. A cet effet, les états-majors de division, etc., intéressés, auront à indiquer directement au grand quartier général les cantonnements de chaque jour.

3. Les états-majors de brigade, régiments de cavalerie et
batteries, dirigés vers les corps d'armée, etc., doivent être
autant que possible rattachés aux divisions d'infanterie,
conformément à la répartition du temps de paix. Les batteries
à cheval des régiments d'artillerie de campagne n°s 1 et 6, qui
faisaient partie jusqu'ici des 1re et 2e divisions de cavalerie,
seront chacune affectées provisoirement à l'une des brigades
formées au moyen des régiments des divisions de cavalerie
précitées.

4. Le régiment de uhlans n° 11 devra rejoindre le IIIe corps
d'armée. Le régiment de dragons n° 10 restera à la 2e division
d'infanterie, le régiment de dragons n° 15 à la 12e (1).

Des exemplaires de cet arrêté furent en outre envoyés à S. A. I. et R.
le Prince Royal, au Chancelier de l'empire, au chef du cabinet militaire, à l'intendant général de l'armée et au ministère de la guerre.

Le prince de Bismarck avait transmis une demande de M. Thiers, qui,
en raison de l'étendue prise par le front d'attaque, désirait être autorisé
à faire venir à Versailles, de Besançon et de Cambrai, une division d'infanterie forte de 10.000 hommes. La réponse ci-dessous fut envoyée.

N° 843.

Au prince de Bismarck, chancelier de l'empire.

Quartier général, 18 mai 1871, midi.

J'ai l'honneur de faire connaître à Votre Altesse Sérénissime
que S. M. l'Empereur et Roi a daigné admettre que l'armée
française de Versailles soit encore renforcée d'une division
d'infanterie à l'effectif de 10.000 hommes.

---

(1) Les prescriptions contenues dans le paragraphe 4 furent, le 18 mai, télégraphiées aux commandants d'armée ou de corps d'armée indépendants, attendu
qu'elles manquaient dans l'annexe. (V. page 951.)

Toutefois, il serait regrettable que les délais nécessaires à la formation de cette nouvelle unité vinssent encore faire reculer la date de l'attaque sérieuse· contre l'enceinte.

J'ai l'honneur de m'en remettre pour le reste à Votre Altesse Sérénissime.

Le même jour, arriva le télégramme ci-dessous du commandant en chef de la IIIe armée :

« Parti de Margency, 18 mai, 10 h. 30 matin.

» Le gouvernement français compte que la ratification sera effectuée demain. Il prie, en conséquence, d'adresser des sommations en vue du désarmement des fronts de l'enceinte Nord et Est, et de l'évacuation complète de Saint-Ouen. Doit-on donner satisfaction pour ce dernier point, quoique Saint-Ouen ne fasse pas partie de la zone neutre? Si la Commune ne défère pas aux sommations, on ripostera par le blocus complet. »

On répondit :

N° 844.

Au commandant en chef de la IIIe armée, Margency.

TÉLÉGRAMME   Quartier général, Berlin, 18 mai 1871, dans l'après-midi.

Dès la ratification effectuée (1), déférer également au désir du gouvernement français de voir sommer la Commune d'avoir à évacuer complètement Saint-Ouen.

Ce télégramme fut communiqué au prince de Bismarck.

Le 22 mai au matin, le prince de Bismarck, qui était retourné le 19 à Francfort-sur-le-Main pour l'échange des ratifications, télégraphia :

« Francfort-sur-le-Main, 22 mai 1871, 7 h. 58 matin.

» M. Thiers a prié que la IIIe armée procédât immédiatement au blocus de Paris. S. A. R. le Prince Royal de Saxe en a été avisé d'ici

______

(1) L'Assemblée nationale française vota la paix le 18 mai par 440 voix contre 98. Du côté allemand, le traité avait été ratifié dès le 16.

même ; puis-je être certain que Son Altesse Royale agira d'après ces indications ? »

Le chef d'état-major général de l'armée lui-même envoya immédiatement la réponse suivante :

N° 845.

Au prince de Bismarck, chancelier de l'empire, Francfort-sur-le-Main.

TÉLÉGRAMME   Quartier général, Berlin, 22 mai 1871, 8 h. 45 matin.

Le blocus absolu était préparé et est appliqué.

Le comte de Moltke était en droit de faire cette réponse, car, la nuit précédente, il avait reçu le télégramme ci-dessous du commandant en chef de la IIIe armée :

« Parti de Margency, 21 mai 1871, 11 h. 15 soir.

» Le gouvernement français a fait connaître que les troupes françaises ont pénétré cet après-midi dans Paris près de la porte de Saint-Cloud, Le corps Douay est entré dans la ville, les corps Ladmirault et Clinchant doivent suivre. Sur la prière du gouvernement français, on a immédiatement prescrit le blocus absolu ; toutes les dispositions avaient été prises à cet égard. On a par contre renoncé à l'envoi des sommations ; des avis ultérieurs seront envoyés demain à ce sujet. »

S. M. l'Empereur et Roi avait reçu copie de ce télégramme.

Un autre événement donna lieu presque en même temps à un échange de dépêches entre le prince de Bismarck et le comte de Moltke.

Le 21 mai au soir, en effet, le Chancelier de l'empire faisait connaître de Francfort-sur-le-Main que, la veille, des gardes nationaux avaient pénétré dans la demeure du général Washburne, ministre d'Amérique à Paris, en déclarant qu'ils ne respecteraient plus son caractère diplomatique. Toutes les maisons du voisinage avaient été pillées ; toutefois le ministre avait encore pu réussir à obtenir la liberté des religieuses enfermées dans St-Lazare (1), dont le Chancelier de l'empire l'avait prié de hâter autant que possible la délivrance. Le prince de Bismarck ne pouvait admettre que l'on usât de violence à l'égard du général Washburne, qui avait été chargé de nos intérêts à Paris. Il avait invité immé-

______

(1) Prison.

diatement et par télégramme le général Fabrice à réclamer la remise des
gardes nationaux coupables et à ajouter que, sinon, nous nous réservions
de prendre à cet égard toutes les mesures qui paraîtraient indiquées.
« En outre », et c'est ainsi que concluait la communication télégraphique
adressée par le Chancelier de l'empire au chef d'état-major général de
l'armée, « cet événement nous fournit l'occasion que nous désirions pour
agir contre la Commune. Je prie Votre Excellence de soumettre la chose
à S. M. l'Empereur et de faire envoyer au commandant en chef des
instructions en conséquence ».

Avant que le comte de Moltke n'eût pu encore rendre compte à Sa
Majesté, le Chancelier de l'empire envoyait une autre dépêche, en raison
des nouvelles qui lui étaient arrivées au sujet de Paris.

« De Francfort-sur-le-Main, 22 mai 1871, 8 h. 30 matin
(remis à Berlin, 9 h. 20 matin).

« Si la nouvelle de l'occupation de Paris par les troupes du gouvernement
n'est pas confirmée, ou si cette occupation n'est pas complète, le pillage
de la maison de Washburne, pillage sans doute accompagné du vol de
nos archives qui y étaient conservées, nous donne, à mon sens, toutes
raisons d'ouvrir le feu sur Paris, à moins qu'on ne remette immédiatement en nos mains les coupables et nos archives. »

Le comte de Moltke répondit, après avoir pris les ordres de Sa Majesté :

N° 846.

Au prince de Bismarck, chancelier de l'empire,
Francfort-sur-le-Main.

TÉLÉGRAMME   Quartier général, Berlin, 22 mai 1871, 4 heures soir.

L'action militaire contre Paris est préparée, et peut être entamée au premier moment. Toutefois, étant donnée la situation politique, Sa Majesté entend se réserver toute prescription
ultérieure jusqu'à ce que l'on ait reçu la réponse de la Commune aux sommations du général de Fabrice, ou que l'on
sache clairement si le gouvernement de Versailles n'a pas pris
solidement pied dans Paris.

Le Chancelier de l'empire s'était entre temps mis en route pour revenir à Berlin : le télégramme ne le trouva plus à Francfort-sur-le-Main, et la question fut réglée de vive voix à Berlin.

Durant le rapport immédiat fait à Sa Majesté, on avait aussi traité la question du retour des troupes allemandes.

N° 847.

Au Ministre de la guerre.

Quartier général, Berlin, 22 mai 1871.

S. M. l'Empereur et Roi a daigné décider que les Ve et VIIe corps d'armée et la 17e division se mettraient en marche pour être ensuite transportés par voie ferrée : toutefois, leur transport par voie ferrée ne commencera que sur ordre ultérieur de Sa Majesté.

Les ordres nécessaires ont par suite été envoyés télégraphiquement à cet effet, ainsi qu'en vue de la dissolution des divisions de cavalerie, etc.

J'ai l'honneur de porter ces dispositions à la connaissance du Ministre de la guerre.

Les commandants des VIIe corps d'armée (Nancy) et V^e (Vesoul), ainsi que les commandants en chef des trois armées, avaient reçu les avis nécessaires à 2 heures de l'après-midi.

Les troupes du gouvernement français avaient, durant les journées des 23 et 24 mai, fait de nouveaux progrès dans Paris. On ne pouvait plus douter de leur succès définitif sur la Commune.

Les ordres suivants furent donnés du côté allemand.

N° 848.

Au commandant en chef de la IIIe armée, Margency.

TÉLÉGRAMME   Quartier général, Berlin, 24 mai 1871, 4 h. 30 soir.

Sa Majesté estime que, dès que l'autorité du gouvernement sera rétablie dans Paris, Votre Altesse Royale pourra, selon qu'Elle le jugera convenable, faire cesser la concentration étroite de la IIIe armée autour de Paris. Les garnisons que la garde avait dans les forts seront relevées et ce corps d'armée établi dans la direction des points d'embarquement. La division de la Ire armée restera autant que possible dans la zone où elle est actuellement. L'article 7 du traité de paix du 10 mai nous confère le droit d'occuper, dans l'intérêt de notre sécurité, la zone neutre devant Paris. On appréciera s'il y a lieu d'user de ce droit.

Le 25 mai, on put régler d'une manière définitive les transports prévus pour les Ve et VIIe corps d'armée ainsi que pour la garde (1).

N° 849.

Au commandant de la IIe armée, Dijon.

Quartier général, 25 mai 1871, 2 heures soir.

Sa Majesté a décidé que le transport par voie ferrée des Ve et VIIe corps d'armée aurait lieu dans les conditions déjà prévues. Le Ve corps a reçu des ordres directs.

Le VIIe corps d'armée fut également avisé directement. Le commandant en chef de la IIIe armée reçut, au sujet de la garde, l'avis que ses transports de retour commenceraient le 2 juin « sur les deux lignes (2) ».
On envoya ensuite, le 26 mai, des ordres relatifs au départ d'autres corps et aux mouvements de troupes qui en résultaient.

N° 850.

Au commandant en chef de la IIIe armée, Margency.

TÉLÉGRAMME   Quartier général, Berlin, 26 mai 1871, 2 heures soir.

Sa Majesté a décidé que le IIe corps d'armée bavarois serait mis en marche par Sézanne, Vitry, Bar-le-Duc, Nancy. Le

---

(1) Sa Majesté fixa en même temps au 16 juin le jour de l'entrée à Berlin.
(2) De Mitry et de Lagny.

département de l'Aisne sera occupé par la IIIe armée, le XIIe corps ne devant conserver qu'une division d'infanterie. La garde cessera, à la date du 2 juin, de faire partie de la IIIe armée. Vous recevrez une décision d'ensemble.

Le XIIe corps d'armée (Laon) fut mis en route sur Verdun, Metz, Sarrebrück, Kaiserslautern.

N° 851.

Au commandant en chef de la IIe armée, Dijon.

TÉLÉGRAMME   Quartier général, Berlin, 26 mai 1871, 2 heures soir.

Sa Majesté prescrit le départ de la division wurtembergeoise et du IXe corps d'armée. Ils se mettront en mouvement : la division wurtembergeoise par Neufchâteau, Mirecourt, Saint-Dié, Strasbourg ; la 25e division sur Mannheim, par Saverne et Wissembourg ; le quartier général du IXe corps, la 18e division, l'artillerie de corps, les convois, sur Mayence, par Lunéville, Dieuze, Sarreguemines, Sarrebrück, Deux-Ponts, Neustadt ; ces unités seront ensuite transportées par voie ferrée. Les départements évacués (1) par suite de leur départ seront occupés par les corps restants de la IIe armée. Vous recevrez une décision d'ensemble. Le Ve corps d'armée cessera, dès le début des transports par voie ferrée, de faire partie de la IIe armée.

Les dispositions ci-dessus reçurent quelques modifications le lendemain. Elles furent en partie provoquées par les nouvelles reçues au sujet de Paris. La lutte engagée entre le gouvernement français et la Commune pour la possession de la capitale n'était pas encore terminée.

------

(1) Partie nord du département de la Haute-Marne ; département des Vosges.

N° 852.

Au commandant en chef de la IIIe armée, Margency.

TÉLÉGRAMME   Quartier général, Berlin, 27 mai 1871, 2 heures soir.

Par modification au télégramme d'hier relatif aux mouvements de troupes en France, le département de l'Aisne sera occupé par la Ire armée. Sa Majesté fait remarquer qu'étant donné le combat engagé et vu la situation actuelle de Paris, il ne convient pas de faire relever par d'autres troupes les fractions de la garde qui se trouvent en première ligne tandis qu'un combat est engagé devant leur front.

La Ire armée et le XIIe corps d'armée furent avisés en ce qui concerne le département de l'Aisne.

La décision d'ensemble déjà prévue, et relative aux mouvements de troupes en projet, fut envoyée le 28 à tous les commandants d'armée et corps d'armée indépendants (XIIe, VIIe, V^e, XVe), en même temps que le traité de paix du 10 mai 1871. On l'adressa également au Chancelier de l'empire, au chef du cabinet militaire, à l'intendant général, et au major de Hahnke (pour S. A. I. et R. le Prince Impérial d'Allemagne, Prince Royal de Prusse).
Elle était ainsi conçue :

N° 853.

Prescriptions pour les mouvements de troupes en France.

Quartier général, Berlin, 27 mai 1871.

La paix définitive étant maintenant conclue et l'autorité du gouvernement français rétablie dans Paris, S. M. l'Empereur et Roi a daigné prescrire en France quelques mouvements de troupes destinés à préparer éventuellement le retour ultérieur de France en Allemagne.

La garde, les Ve et VIIe corps d'armée ont déjà reçu ordre de rentrer immédiatement en Allemagne par voie ferrée, en s'embarquant dans leur zone actuelle.

La 17e division d'infanterie a reçu ordre de prendre la voie de terre, pour se diriger de la région qu'elle occupait jusqu'ici (1) vers Mayence. Elle sera également, à partir de cette ville, dirigée dans ses foyers par voie ferrée.

Par application des idées exposées plus haut, les troupes ci-dessous désignées seront mises en marche : le IIe corps d'armée bavarois (2), sur Sézanne, Vitry, Bar-le-Duc, Nancy (éventuellement continuera de Nancy jusqu'au Rhin par des routes divergentes); le XIIe corps d'armée saxon (à l'exception d'une division d'infanterie), sur Verdun, Metz, Sarrebrück, Kaiserslautern, Mayence, Francfort-sur-le-Main; la division royale wurtembergeoise, sur Strasbourg par Neufchâteau, Mirecourt, Saint-Dié; la 25e division grand-ducale hessoise, sur Mannheim par Saverne et Wissembourg; le quartier général du IXe corps d'armée, la 18e division d'infanterie, l'artillerie de corps et les convois sur Lunéville, Dieuze, Sarreguemines, Deux-Ponts, Neustadt et Mayence (on prévoit la continuation éventuelle du mouvement par voie ferrée).

Le département de l'Aisne, jusque là occupé par le XIIe corps d'armée saxon, sera affecté à la Ire armée qui devra s'échelonner dans la direction de l'est, en laissant de fortes garnisons à Rouen et Amiens.

La division d'infanterie du XIIe corps d'armée saxon laissée dans le département des Ardennes relèvera dorénavant de la IIe armée.

Cette dernière armée aura à occuper les départements jus-

_____

(1) Région au sud de Sedan.
(2) Précédemment Coulommiers et environs.

qu'ici affectés à la division royale wurtembergeoise et au IXᵉ corps d'armée (1).

Il y aura lieu, en vue des marches résultant des dispositions précédentes, de répartir les corps d'armée à transporter éventuellement par voie ferrée, etc., en échelons journaliers comprenant des troupes de toutes armes et répartis sur une profondeur totale de trois à quatre étapes. Le cantonnement dans la zone des mouvements sera ainsi plus facile.

Il n'est pas à présumer qu'une fois les directions de marche des divers corps, etc., communiquées, il se produise des croisements sérieux durant l'exécution des marches. En tout cas, il sera bon, pour les éviter de la manière la plus complète et la plus certaine, que les commandants des corps d'armée se mettent en communication et s'entendent à temps, à cet égard, avec les unités voisines de ces directions.

En principe, les corps auxquels on a tout d'abord affecté la voie de terre doivent laisser le passage aux corps qui seront en marche vers des points d'embarquement déjà prévus.

En outre, les IIᵉ, IIIᵉ et Xᵉ corps d'armée devront laisser libres pour les troupes qui auront à traverser leurs départements des zones de marche et d'étapes suffisamment larges et passant par les magasins. Ne maintenir dans les points où ont été constitués de grands magasins, etc., que les troupes nécessaires au service permanent de garnison. Dans les territoires allemands à traverser, il y a lieu au plus tôt de s'entendre dans les conditions habituelles avec les autorités civiles, et d'aviser en même temps les autorités militaires.

Des mesures ont été prises, au reste, pour constituer des magasins, en vue d'assurer l'alimentation sur le territoire français. Les intendants de corps, etc., auront à préparer les dispositions spéciales, d'après les indications de M. le conseil-

----

(1) Voir la note page 960.

ler de guerre intime actuel Engelhardt, remplissant à Nancy les fonctions de délégué de l'intendance générale.

Il y aura lieu d'employer les convois en vue de transporter les subsistances des magasins dans les cantonnements et dans telles conditions qu'on puisse, autant que possible, éviter d'avoir à louer des chevaux de relais.

Les commandants de troupes devront éviter, et sous leur absolue responsabilité, qu'aucune voiture en dehors de l'effectif réglementaire ne vienne à suivre les troupes au delà de la frontière, ou à être transportée par voie ferrée.

Les malades hors d'état de marcher devront, autant que possible, être laissés dans les infirmeries d'étapes, et de là évacués au plus tôt par voie ferrée. Lorsqu'il ne sera pas possible de faire transporter les malades de leur cantonnement à l'infirmerie d'étape la plus voisine, on enverra à celle-ci leur état signalétique en vue du contrôle, etc., et les malades seront provisoirement confiés aux soins des autorités locales.   .

Les renseignements reçus le 28 mai du commandant en chef de la IIIe armée faisaient connaître que la lutte semblait terminée dans Paris. Le 27, les troupes du gouvernement avaient occupé le Père-La-Chaise, les divers secteurs de l'enceinte Est, les buttes Chaumont et Belleville; en tout cas, le drapeau tricolore flottait sur tous ces points. Le 28 au matin quelques combats isolés avaient encore eu lieu, mais durant l'après-midi les troupes de Versailles étaient en fait maîtresses de la capitale.

Le 30, Sa Majesté reçut au rapport le comte de Moltke, qui lui soumit la question du retour de la garde.

Le 1er juin, Sa Majesté autorisa également le rapatriement du VIIIe corps tout entier, ainsi que des IIIe, VIe, XIe corps prussiens et du Ier corps bavarois, ces derniers laissant en France les 6e, 11e et 22e divisions prussiennes et la 2e division bavaroise.

Le prince de Bismarck et l'intendant général furent avisés par le général de Podbielski, qui remplaçait le chef d'état-major général de l'armée, en voyage en Alsace (1).

---

(1) Le comte de Moltke était accompagné du lieutenant-colonel Bronsart de Schellendorf.

Le décret fut envoyé aux trois commandants d'armée ; il était ainsi conçu :

« TÉLÉGRAMME   Quartier général, Berlin, 1er juin 1871, 1 h. 45 soir.

» D'ordre de Sa Majesté,

» Il y a lieu de mettre immédiatement en marche :

» Le VIIIe corps d'armée sur Thionville, par Saint-Quentin, Mézières ; les garnisons d'Amiens et des autres points importants à évacuer par ce corps seront relevées par des fractions du Ier corps ;

» Le IIIe corps d'armée sur Mayence, par Châlons, Pont-à-Mousson ou Verdun, Metz ; il laissera la 6e division. S'entendre, au sujet des marches, avec le XIIe corps ;

» Le XIe corps d'armée sur Metz, par Épernay, Verdun ; il laissera en arrière la 22e division ;

» Le VIe corps d'armée sur Pont-à-Mousson, par Châlons ; il laissera en arrière la 11e division ;

» Le Ier corps bavarois sur Sarrebourg, par Vitry, Nancy ; il laissera en arrière la 2e division.

» Régler les détails conformément aux indications données le 27 mai ; rendre compte ici télégraphiquement des étapes.

[» Les divisions laissées en arrière devront comprendre chacune les unités d'infanterie et de cavalerie qui en font partie sur le pied de paix, le groupe d'artillerie qui leur est actuellement affecté et une compagnie de pionniers.

» Il restera en outre à chacune de ces divisions :

» Une colonne de munitions d'artillerie et une colonne de munitions d'infanterie, deux colonnes de subsistances, un détachement sanitaire, trois ambulances de campagne, la boulangerie de campagne du corps d'armée à demi-effectif, les services administratifs, le parc d'outils de sapeurs affecté à la division ou l'équipage de pont léger ; rendre compte à ce sujet.

» Il y aura lieu de procéder entre les colonnes, etc., à des mutations entre les officiers, médecins, fonctionnaires et hommes de troupe, de manière à laisser en France les hommes des plus jeunes classes. Ne conserver que du matériel en bon état (1).]

» Les corps d'armée précités, ainsi que ceux qui ont été déjà précédemment mis en marche, cesseront de faire partie des armées où ils comptaient du jour où leur quartier général aura franchi la frontière.

» Signé : DE PODBIELSKI. »

----

(1) Les paragraphes entre parenthèses ne furent télégraphiés qu'aux commandants en chef des IIe et IIIe armées.

Ces prescriptions furent complétées par un ordre adressé le 5 juin à la II⁰ et à la III⁰ armée (1) :

« Quartier général, Berlin, le 5 juin 1871 (parti le 6).

» S. M. l'Empereur et Roi a daigné désigner les fractions ci-dessous en vue de la continuation ultérieurement prévue des mouvements de rapatriement :

» Le IV⁰ corps d'armée, qui aura dans le transport par voie ferrée à se joindre à la garde ;

» Le X⁰ corps d'armée, sauf la 19⁰ division ;

» Le II⁰ corps d'armée, sauf la 4⁰ division.

» Resteront donc en France après ces mouvements :

» La II⁰ armée avec les 4⁰, 6⁰, 19⁰ et 24⁰ divisions ;

» La III⁰ armée avec le I⁰ʳ corps d'armée, les 11⁰, 22⁰ divisions et la 2⁰ division bavaroise.

» Lorsqu'il y aura lieu ultérieurement, et conformément au traité, d'évacuer les départements de l'ouest de la France, on prévoit encore le rapatriement du I⁰ʳ corps d'armée sauf la 2⁰ division (2).

» La dislocation des troupes devra, dans l'intérieur des zones affectées aux armées, être dès maintenant réglée en prévision des mouvements de départ.

» Sont désignées pour rester en France durant la dernière période d'occupation, période durant laquelle l'effectif de nos troupes devra être réduit à 50.000 hommes :

» La 4⁰ division,

» La 6⁰ division,

» La 19⁰ division,

» La 2⁰ division, bavaroise.

» Toutes les divisions maintenues en France devront conserver leurs convois, etc., conformément aux prescriptions données dans le télégramme qui vous a été envoyé à la date du 1⁰ʳ courant.

» Signé : DE PODBIELSKI. »

Copie de cette décision fut envoyée à Sa Majesté, au Chancelier de l'empire, au Ministre de la guerre, au chef du cabinet militaire et à l'intendance générale.

---

(1) La I⁰ armée avait été dissoute par ordre du cabinet de Sa Majesté en date du 27 mai, et ses troupes affectées à la III⁰ armée.

(2) Le 12 juin, on prescrivit que la 1⁰ division resterait provisoirement dans le territoire occupé. Le même jour la II⁰ armée reçut avis de faire mettre en mouvement et transporter par voie ferrée les II⁰ et X⁰ corps d'armée, à l'exclusion des 4⁰ et 19⁰ divisions.

Le commandant en chef de la IIIe armée avait de nouveau établi son quartier général à Compiègne. En réponse à une question posée par lui, le télégramme ci-dessous lui fut adressé par le quartier-maître général que le chef d'état-major général de l'armée, de retour le 7 au matin, avait chargé de ce soin :

« TÉLÉGRAMME   Quartier général, Berlin, 7 juin 1871, 1 heure soir.

» Les forts de Paris doivent conserver encore leur armement complet. On va envisager la réduction du personnel de l'artillerie.

» Signé : DE PODBIELSKI. »

Durant les jours suivants, Sa Majesté, chef suprême des forces militaires allemandes, s'occupa particulièrement de l'entrée qu'allaient faire les troupes victorieuses dans la capitale du nouvel empire. Sa Majesté n'avait voulu confier à personne d'autre qu'Elle-même le soin de prendre les mesures de détail à ce sujet.

Le comte de Moltke donna les prescriptions ci-dessous en exécution des ordres donnés par Sa Majesté :

N° 854.

Au commandant de la division wurtembergeoise,
Rambervillers (à Saint-Dié le 9).

TÉLÉGRAMME   Berlin, 8 juin 1871, 2 h. 30 soir.

En vue de l'entrée à Berlin, envoyer pour le 12 au soir par les trains de l'exploitation journalière :

Un homme avec armement et équipement complets, de chaque régiment d'infanterie, bataillon de chasseurs ou du génie; la division wurtembergeoise désignera en outre un capitaine et deux sous-officiers;

Un homme de chaque régiment de cavalerie ou groupe d'artillerie à cheval. La division wurtembergeoise désignera en outre un lieutenant;

Un homme de chaque groupe d'artillerie montée et deux hommes de chaque régiment d'artillerie de forteresse;

Un sous-officier et deux hommes (non montés) de chaque bataillon du train;

Corresp. de Moltke, III.   19

Un homme de chaque section télégraphique de campagne ;

Autant que possible, tous les chevaliers de la Croix de Fer.

Les cavaliers, artilleurs à cheval et conducteurs, trouveront ici des montures, mais devront apporter leurs chabraques.

On fournira ici les pièces d'artillerie.

L'ordre de cabinet spécial a été déjà envoyé par la poste le 30/5.

Les dispositions ci-dessous furent prises en vue de régler l'occupation ultérieure du territoire français.

N° 855.

Aux commandants en chef de la IIe et de la IIIe armée.

Quartier général, Berlin, 8 juin 1871.

Sa Majesté l'Empereur et Roi a prescrit de s'inspirer des considérations suivantes pour régler, au point de vue militaire, l'occupation ultérieure du territoire français.

La paix étant conclue, il y a lieu en première ligne d'assurer le maintien de l'ordre dans les départements occupés et la sécurité ainsi que le bien-être des troupes. Afin de pouvoir, éventuellement, satisfaire à ces obligations avec les moyens dont on dispose, il y a lieu d'éviter une trop grande dispersion des forces. N'occuper que les villes principales et les forteresses, en affectant aux garnisons qui y seront établies un effectif suffisant : sinon il est préférable de ne pas occuper les villes. En outre, pour les cas imprévus, tenir prête dans la zone de chaque division une réserve disponible composée de troupes de toutes armes et qui pourrait fournir des colonnes volantes ou de petits détachements. Sitôt le paiement du premier demi-milliard, il y aura lieu d'évacuer les départements de la Somme, de la Seine-Inférieure et de l'Eure ; toutefois nos troupes ne quitteront Amiens et Rouen que lorsqu'une entente aura eu lieu avec les autorités françaises, pour assurer leur remplacement par des troupes françaises. Le commandant en chef aura à cet égard à faire les démarches voulues.

A partir de ce moment, les départements ci-dessous resteront à occuper.

Par la IIe armée :

Doubs , Haute-Saône , Haute-Marne , Vosges , Meurthe, Meuse, Marne, Ardennes ; parties qui nous sont affectées dans la Côte-d'Or, le Jura, l'Aube.

Par la IIIe armée :

Aisne, Oise, Seine–et–Marne et forts de Paris qui nous sont affectés.

On tiendra à cet égard surtout compte des considérations militaires, et l'on pourra par suite laisser vides des départements en entier, ou en grande partie, à l'exception toutefois des forteresses.

Prière au commandant en chef de vouloir bien, aussitôt que possible, établir et envoyer ici le projet de dislocation des troupes en conséquence.

Le Chancelier de l'empire et le Ministre de la guerre reçurent copie.

Les diminutions importantes apportées à l'effectif des troupes allemandes restant en France amenèrent naturellement des modifications dans le service des étapes.

N° 856.

Aux commandants en chef des IIe et IIIe armées.

Quartier général, Berlin, 9 juin 1871 (partie le 10).

Plusieurs corps d'armée étant dès maintenant en mouvement pour rentrer en Allemagne, il semble nécessaire de simplifier l'organisation des étapes et d'apporter des réductions au personnel qui y est affecté.

On a en conséqüence l'honneur de prier le commandant en chef de vouloir bien renvoyer le personnel dont on pourra se passer ou adrésser ici des propositions pour que ce personnel soit relevé de ses fonctions.

On voudra bien en même temps, en vue de déterminer la partie disponible dans les diverses autorités du personnel des étapes, se mettre en rapport avec les corps d'armée actuellement indépendants. On évitera ainsi de créer des lacunes sur les lignes en arrière ou d'y conserver encore du personnel inutile.

Au fur et à mesure de l'application de la répartition définitive des troupes, il y aura lieu, autant que possible, de remplacer les officiers de réserve par des officiers de ligne.

On sera reconnaissant de vouloir bien faire connaître les mesures prises à cet égard, et d'indiquer en même temps s'il se trouve dans la zone de l'armée des détachements, autorités installées ou personnes, au sujet du retour ou du maintien desquels on n'aurait encore envoyé d'ici aucune indication.

Copie fut adressée aux commandants de la garde, des V*, VII*, IX*, XIV* et XV* corps d'armée, à la division grand-ducale hessoise (25*), à la division wurtembergeoise, ainsi qu'au Ministre de la guerre et aux chefs du cabinet militaire ou de la télégraphie militaire.

Le comte de Moltke émit, au sujet de l'effectif à donner à la garnison de Belfort durant l'occupation, un avis différent de celui du Ministre de la guerre, qui trouvait exagérées les demandes du commandant de cette place.

N° 857.

Au Ministre de la guerre.

Quartier général, Berlin, 11 juin 1871.

J'ai l'honneur de faire connaître au Ministre de la guerre, en réponse à sa lettre du 23 mai dernier, relative à la fixation de l'effectif de guerre de la garnison de Belfort, et en lui renvoyant les calculs d'approvisionnement de cette place joints à la lettre en question, que, après la visite que j'en ai faite, je ne trouve pas exagérés

les 11.000 hommes d'infanterie,

    2.500 — d'artillerie,

    400 — des pionniers,

    200 — de cavalerie,

demandés par le colonel Kritter, son gouverneur.

L'étendue de la place, l'importance qu'elle aurait dès le début de la campagne, dans le cas de la réouverture des hostilités entre l'Allemagne et la France, ne permettent pas, à mon avis, de lésiner sur sa garnison. Ce serait d'autant moins justifié que cette garnison ne trouverait aucun secours dans la population, qui présente par ailleurs bien des ressources pour le service de guerre et comme travailleurs.

Je me permets en même temps de faire connaître que le colonel Kritter désirerait que, soit dans l'artillerie de forteresse, soit dans les pionniers de Belfort, on pût renvoyer les classes les plus âgées. D'après l'avis de cet officier supérieur, il suffit actuellement de quatre à six compagnies d'artillerie de forteresse à effectif renforcé par les premiers compléments.

Au lieu des deux compagnies de pionniers de forteresse qui se trouvent encore à Belfort, on pourrait peut-être, à mon sens, y installer provisoirement une compagnie de pionniers de ligne d'un des corps d'armée restant les derniers en France, et dissoudre les compagnies de pionniers de forteresse. Je dois d'ailleurs faire remarquer qu'il n'y a dans cette place aucun emplacement permettant les exercices de pontonniers.

Le colonel Kritter a indiqué enfin comme possible de réduire les équipages de l'ancien parc de siège, de 50 attelages de 2 chevaux à 20, à condition qu'une batterie mobilisée d'artillerie montée de campagne fût placée à Belfort, à titre d'auxiliaire dans les *cas spéciaux*.

J'ai l'honneur de m'en remettre au Ministre de la guerre pour prendre une décision définitive au sujet de la réduction des compagnies d'artillerie de forteresse, de la dissolution des compagnies de pionniers de forteresse et de la réduction des équipages de trait, en lui faisant remarquer que, le cas échéant, le commandant en chef de la IIe armée sera invité à porter à Belfort une compagnie de sapeurs mobilisée ainsi qu'une batterie montée.

Quant aux approvisionnements, il y aurait lieu à mon sens d'approvisionner Belfort d'après les bases fixées pour les forteresses prussiennes de la frontière.

Il y eut plus d'entente entre l'état-major général et le ministère de la guerre au sujet du déplacement de quelques compagnies de forteresse, déplacement qui fut envisagé à l'occasion d'une demande du général de Roon relative au désarmement des fronts Nord et Est de l'enceinte de Paris.

Le comte de Moltke s'exprima à cet égard dans le sens des indications données le 7 juin au commandant en chef devant Paris (1).

N° 858.

Au général de l'infanterie de Roon, ministre de la guerre.

Quartier général, Berlin, 11 juin 1871 (partie le 13).

J'ai l'honneur de porter les considérations suivantes à la connaissance de Votre Excellence, en réponse à la lettre qu'Elle a bien voulu m'adresser à la date du 7 courant.

Tant que durera l'occupation du territoire français il y a lieu, en vue de parer à toutes les éventualités, de continuer à occuper les points fortifiés qui se trouvent sur ce territoire.

---

(1) Voir page 967.

Par suite, on ne pourra, au point de vue militaire, prévoir l'évacuation des forts de l'enceinte Nord et Est de Paris que lorsque aura lieu l'évacuation par les troupes allemandes des départements de Seine-et-Oise ou de Seine-et-Marne.

Ce n'est donc qu'à ce moment qu'il y aura lieu, semble-t-il, de procéder au désarmement des forts en question.

Rien ne s'oppose, au contraire, à l'enlèvement des pièces qui ne sont pas nécessaires à l'armement des forts ou de celles qui se trouvent au parc de Villiers-le-Bel (1) et à Brou. On pourrait en effectuer le transport dès qu'on disposera à cet effet des chemins de fer.

On pourrait en conséquence et dès maintenant réduire les convois auxiliaires et les compagnies d'artillerie de forteresse. En ce qui concerne ces dernières, il faut encore devant Paris 18 compagnies à 140 hommes. On peut donc disposer complètement de 2 compagnies et dans les autres renvoyer les classes les plus anciennes.

Quant à ce qui est des autres points envisagés dans la lettre du 7 mai, je ne puis que souscrire sans réserves à la manière de voir exprimée à leur sujet.

Le Chancelier de l'empire était très préoccupé de l'état des forts devant Paris : le 15, il écrivait au chef d'état-major général de l'armée :

« Des officiers qui reviennent de Paris me disent que les forts occupés par nous n'ont plus la garnison ni l'artillerie nécessaires pour résister à une attaque éventuelle et que leurs ouvrages ne sont pas partout en état. S'il en était réellement ainsi, cela m'inquièterait un peu. Je considère la situation en France comme pouvant amener l'éventualité de coups de force tentés contre nos positions devant Paris. Je serais très reconnaissant à Votre Excellence s'il m'était possible de m'entretenir confidentiellement avec elle à ce sujet. »

____

(1) Localité au nord de Saint-Denis.

Le comte de Moltke répondit immédiatement :

N° 859.

Au prince de Bismarck, chancelier de l'empire allemand.

Quartier général, Berlin, 15 juin 1871.

J'ai l'honneur de faire connaître à Votre Altesse Sérénissime, en réponse à la lettre qu'Elle a bien voulu m'adresser aujourd'hui au sujet de l'armement des forts que nous occupons devant Paris, que je serai très heureux de m'entretenir confidentiellement avec Elle à ce sujet. Toutefois je puis dès maintenant faire connaître qu'à la suite d'une demande récemment adressée par le commandant en chef de la III° armée, invitation lui a été faite de maintenir les forts en question dans l'état complet d'armement où ils avaient été placés depuis qu'on en a pris possession.

Je n'ai aucun motif de douter que cet ordre n'ait été exécuté complètement. Si toutefois Votre Altesse Sérénissime avait reçu des avis *précis* et compétents faisant constater des retards dans son exécution, on prendrait immédiatement les mesures voulues pour provoquer des explications à ce sujet ou pour y porter remède.

Je suis, du reste, tout prêt, si Votre Altesse Sérénissime le désire, à adresser au commandant en chef de la III° armée, en raison de l'appréciation faite par vous de la situation politique, des instructions l'invitant à se tenir sur ses gardes et à prendre des précautions particulières.

Le prince de Bismarck répondit le jour même qu'il comptait « s'entretenir verbalement à ce sujet le lendemain, lors de l'entrée des troupes ».

Les craintes qu'exprimait le Chancelier de l'empire de voir les Français tenter un coup de main sur nos positions devant Paris semblèrent justifiées par une nouvelle parvenue de Compiègne le 16 (8 h. 30 matin).

Malgré les stipulations du traité de paix, les avant-postes français avaient dépassé l'enceinte et, pénétrant près de Romainville dans l'ancienne zone neutre, ils s'étaient avancés à vingt-cinq pas de nos avant-postes, sans tenir compte des protestations de la 22ᵉ division. Le prince de Bismarck adressa à ce sujet des instructions au lieutenant-colonel comte de Waldersée, aide de camp de Sa Majesté, le nouveau chargé d'affaires à Paris, qui venait de quitter Berlin peu avant le moment où l'on reçut cette nouvelle. Le comte de Moltke en fit part en ces termes au commandant en chef devant la capitale ennemie :

Nᵒ 860.

Au commandant en chef de la IIIᵉ armée, Compiègne.

TÉLÉGRAMME   Quartier général, Berlin, 16 juin 1871, 6 h. 45 soir.

Waldersée est avisé par le Chancelier de l'empire d'exiger l'évacuation immédiate du terrain entre les forts du Nord et l'enceinte. Il fait connaître au gouvernement français que, sinon, les hostilités seront reprises dans les vingt-quatre heures. Attendre, en tout cas, l'ordre de reprendre les hostilités.

Le maréchal de Mac-Mahon, commandant en chef français, fit connaître, en réponse aux représentations du comte de Waldersée, que l'incident devait être le résultat d'un malentendu. M. Jules Favre, au nom du gouvernement français, adressa des excuses au Chancelier de l'empire, par télégramme et par écrit.

L'effectif des bataillons restant en France ayant été fixé par ordre de Sa Majesté à 802 hommes, le comte de Moltke, sur la demande du Ministre de la guerre, prit les dispositions suivantes en faveur des hommes des classes les plus anciennes de la réserve :

Nᵒ 861.

Aux commandants en chef de la IIᵉ armée, Nancy,
et de la IIIᵉ armée, Compiègne.

TÉLÉGRAMME   Quartier général, Berlin, 20 juin 1871, 2 heures soir.

Par ordre de Sa Majesté, l'effectif des bataillons des divisions restant en France sera réduit à 802 hommes en libérant les hommes des classes les plus anciennes. Les hommes en excédent, réunis autant que possible par division, seront rapatriés par trains spéciaux.

A la IIe armée seule :

Pour la 4e division, dont les transports auront lieu sans doute le 27, aviser la commission d'exploitation de Strasbourg; pour les autres divisions, la commission de ligne de Reims qui commencera ses transports le 1er juillet.

A la IIIe armée seule :

Aviser la commission de ligne de Reims, qui commencera ses transports le 1er juillet et, pour la 2e division bavaroise seule, la commission de ligne de Nancy.

N° 862.

Au ministère de la guerre.

Quartier général, Berlin, 20 juin 1871.

J'ai l'honneur de faire connaître au ministère de la guerre, en réponse à sa lettre du 15 courant, que, Sa Majesté l'Empereur et Roi ayant consenti à la réduction à 802 hommes de l'effectif des bataillons stationnés en France, ordre a été donné télégraphiquement aujourd'hui, aux commandants en chef des IIe et IIIe armées, de renvoyer les hommes des classes les plus anciennes en excédent. A partir des derniers jours de ce mois, et de manière à se joindre aux transports actuellement en cours, ces hommes seront réunis autant que possible par division et amenés par trains spéciaux de leurs cantonnements actuels.

Quant au relèvement ultérieurement prévu des hommes des classes les plus anciennes encore présents dans les troupes de campagne, au moyen d'hommes des plus jeunes classes fournis par les troupes de dépôt correspondantes, relèvement qui aurait lieu par les trains de l'exploitation régulière, je ne puis que m'en rapporter au Ministre de la guerre pour donner à cet égard les prescriptions voulues tant aux autorités de l'intérieur qu'au commandant en chef des troupes d'occupation en France, dont l'état-major est en voie de se constituer.

Avis a été donné directement au Ministre de la guerre royal bavarois, qu'intéresse également la question.

Le 20 juin 1871, un ordre du cabinet de Sa Majesté prononça la dissolution des II* et III* armées. Toutes les forces allemandes se trouvant sur le territoire français furent réunies sous le commandement du général de la cavalerie baron de Manteuffel, jusqu'alors commandant de la II* armée; elles prirent le nom d' « Armée d'occupation en France ».

C'est à lui que furent désormais adressées les instructions du grand quartier général.

N° 863.

Au général de la cavalerie baron de Manteuffel.

Quartier général, Berlin, 21 juin 1871 (partie le 22).

En étudiant les dispositions à prendre pour régler dorénavant l'organisation des étapes des troupes restant en France, on a été amené à se demander s'il ne serait pas possible non seulement de réduire sensiblement les autorités d'étapes jusqu'ici en fonctions, mais même de les supprimer complètement dès l'achèvement des grands transports de troupe encore en cours actuellement.

Dès que, les grands transports de troupes actuels étant terminés, des dispositions stables seront intervenues au sujet de l'occupation du territoire français qui nous sera encore affecté, il me semble, et je n'hésiterai pas à vous faire connaître mon avis à ce sujet, que les affaires relevant jusqu'ici des inspections générales des étapes pourront être traitées par l'état-major du commandant en chef lui-même. Les commandants d'étapes actuellement en fonctions pourront en majeure partie être remplacés par des officiers détachés des troupes d'occupation.

Il est bien certain qu'il en résultera une très grande simplification dans le jeu de toutes les autorités d'étapes. Toutes les questions relatives aux subsistances, aux ambulances, etc., pourront alors être traitées par l'intendant d'armée, sans intervention de l'intendant des étapes; de même, tout ce qui a trait aux transports par voie ferrée pourra être assuré par une commission de chemins de fer à affecter à l'état-major du commandant en chef de l'armée.

On a déjà fait connaître que les officiers d'artillerie, les officiers ingénieurs, les employés des postes, précédemment affectés aux inspections générales d'étapes, pourraient être supprimés.

Les inspecteurs généraux d'étapes n'auraient donc plus d'autre attribution que la surveillance, etc., des commandants d'étapes. Mais cette fonction peut, comme à l'intérieur, être remplie par les commandants de corps d'armée chacun sur leur territoire, ou bien par le commandant d'armée lui-même.

Dans ces conditions, il semble qu'il serait possible de supprimer complètement les inspections générales d'étapes, et de réduire, dans une limite à apprécier par le commandant en chef, le personnel fixe des commandatures d'étapes. Cette mesure serait même nécessaire dans l'intérêt du service de Sa Majesté, puisqu'elle assure certainement une simplification dans la marche des affaires et une diminution dans le personnel.

Si Votre Excellence partageait en principe la manière de
voir qui vient d'être exposée, je lui serais reconnaissant de me
le faire savoir en quelques mots par télégramme. J'aurais
dans ce cas l'intention de me mettre ici en rapport avec le
ministère de la guerre, pour les mesures ultérieures à prendre
à ce sujet.

Copie de cette dépêche fut envoyée au Ministre de la guerre.

Le général de Manteuffel fit connaître le 24 qu'il partageait la manière
de voir du chef d'état-major général de l'armée. Toutefois, il désirait ne
pas voir détacher d'officiers de l'armée active dans les commandatures
d'étapes, car l'instruction des troupes pourrait en souffrir, étant donnés
les congés de convalescence qu'il serait probablement nécessaire d'accorder.

Le 21 juin, le Chancelier de l'empire, exprima des remerciements de
l'avis qui lui avait été donné, avis tout à fait conforme à ses désirs, et
d'après lequel les forts de Paris occupés par nous devaient rester armés.
Il fit remarquer qu'à son sens il serait utile, ainsi que le comte de
Moltke avait bien voulu offrir de le faire, d'inviter le commandant en chef
devant Paris à être sur ses gardes.

N° 864.

Au général de la cavalerie baron de Manteuffel, Nancy.

Quartier général, Berlin, 22 juin 1871.

D'après le désir exprimé par M. le Chancelier de l'empire, j'ai l'honneur de faire connaître à Votre Excellence
qu'il considère comme tout à fait possible, étant donnée la
situation actuelle en France, l'éventualité d'un coup de main
contre notre position devant Paris.

Quoique je n'aie eu jusqu'ici connaissance d'aucun fait précis
corroborant cette manière de voir, je crois devoir, conformément aux instructions envoyées précédemment déjà au commandant en chef de la IIIe armée, attirer tout particulièrement l'attention de Votre Excellence sur la nécessité de

maintenir les forts de l'enceinte Est et Nord de Paris dans l'état d'armement où ils sont actuellement. Je ne puis que m'en remettre à Votre Excellence pour les mesures ultérieures.

Le commandant en chef de la III° armée n'avait pas encore connaissance, à la date du 22, de l'ordre de Sa Majesté en date du 20. Le comte de Moltke télégraphia, en réponse à une demande :

N° 865.

Au commandant en chef de la III° armée, Compiègne.

TÉLÉGRAMME   Quartier général, Berlin, 23 juin 1871, 11 heures matin.

Le général de Manteuffel est nommé commandant en chef de toutes les troupes d'occupation restant en France (1).

Ce n'est que le 24 que la notification de cette nomination et de la suppression des commandements en chef d'armée parvint aux ministères de la guerre à Munich, Dresde, Stuttgart, Carlsruhe et Darmstadt.

Un soldat prussien avait été grièvement blessé par un habitant de Nancy. Le comte de Moltke répondit en ces termes au rapport que lui avait adressé le commandant en chef des troupes d'occupation, qui, entre temps, avait transporté son quartier général à Compiègne :

N° 866.

Au général de la cavalerie baron de Manteuffel, Compiègne.

Quartier général, Berlin, 28 juin 1871 (partie le 29).

J'ai l'honneur de faire connaître à Votre Excellence, en réponse à son télégramme du 26 courant, relatif à l'attentat dirigé à Nancy contre un soldat prussien, que S. M. l'Em-

---

(1) Le général de Schlotheim remplit les fonctions de chef d'état-major de l'armée d'occupation. Il fut remplacé le 15 juillet par le général de Stosch, auparavant intendant général de l'armée. (V. page 925.)

pereur et Roi approuve complètement les mesures générales prises à la suite de cet événement.

Le Chancelier de l'empire a d'autre part fait remarquer qu'il pourrait être avantageux, dans le cas où des incidents de cet ordre viendraient à se reproduire, ou bien si l'attitude de la population laissait à désirer en certains endroits, de faire arrêter, à titre de mesure préventive, un bon nombre de propriétaires de maisons; on exigerait en outre un visa militaire pour toutes les personnes arrivant ou partant.

Votre Excellence pourra, selon son appréciation, employer ces mesures ou toutes autres analogues.

Le prince de Bismarck fut avisé du sens de cette dépêche.

N° 867.

Au commandant en chef de l'armée d'occupation, Compiègne.

TÉLÉGRAMME   Quartier général, Berlin, 29 juin 1871.

Sa Majesté transportera son quartier général, le 30 juin à Hanovre, et le 1er juillet à Ems. Elle a désigné le général-lieutenant de Podbielski pour me remplacer durant le congé de longue durée que je vais prendre à partir de cette même date.

Le prince de Bismarck et le Ministre de la guerre furent avisés.

S. M. l'Empereur et Roi abandonna le projet de voyage à Hanovre, le 1er juillet, et demeura encore à Berlin les jours suivants.

Le général de Manteuffel s'était montré défavorable à l'occupation du camp de Châlons. Les divers bâtiments existants ne répondaient nullement à ce qui était nécessaire en vue d'une bonne installation : ce n'est que dans le cas où le gouvernement français se déciderait à faire au camp de Châlons des constructions sur une grande échelle que le commandant en chef des troupes allemandes en France se résoudrait à y placer une division.

Le remplaçant du comte de Moltke répondit par ordre de Sa Majesté :

« Quartier général, Berlin, 3 juillet 1871.

» Rapport a été fait à S. M. l'Empereur et Roi au sujet des propositions soumises le 28 juin par le commandant en chef et relatives à l'occupation du camp de Châlons par les troupes allemandes.

» Sa Majesté a daigné remarquer qu'il était de grande conséquence, dans la situation actuelle, de tenir toujours réunie et prête à marcher une certaine quantité de troupes. D'autre part, on pourrait, en occupant le camp de Châlons, faire des essais au sujet de la manière dont des fractions de troupes importantes peuvent pratiquer la vie des camps, et fournir aux troupes restant en France l'occasion de faire des exercices à grande échelle. Il y avait lieu par suite de renoncer à exiger l'installation dans des casernements.

» Sa Majesté a déclaré, d'autre part, qu'en établissant un roulement entre les troupes chargées d'occuper le camp, on pourrait diminuer les inconvénients résultant pour elles de ce séjour. Elle a décidé enfin qu'en raison de tous ces motifs, le commandant en chef, dans les négociations ultérieures avec les administrations militaires françaises, bornerait ses exigences à ce sujet de manière à les rendre modérées et exécutables.

» Je me permets de m'en remettre au commandant en chef pour les mesures ultérieures à prendre à ce sujet.

» Signé : DE PODBIELSKI. »

Même dans les provinces nouvellement annexées, on ne pouvait encore au mois de juillet 1871, ainsi qu'il résulte de la dépêche suivante, appliquer complètement le régime du temps de paix.

« Quartier général, Berlin, 4 juillet 1871.

» J'ai l'honneur de faire connaître à la Direction des affaires générales du ministère de la guerre, en réponse à la demande adressée à la date du 28 juin, au sujet du désarmement de Strasbourg, que l'on ne voit ici aucun inconvénient à ramener peu à peu l'armement de cette place à l'état où se trouve celui des forteresses de la frontière de l'Ouest (Sarrelouis par exemple) dans les conditions normales du temps de paix.

» S. M. l'Empereur et Roi a daigné faire remarquer qu'Elle ne jugeait pas qu'il fût possible avant le 1er octobre prochain de revenir *complètement* aux conditions précitées; Elle entend même se ménager la décision ultérieure au sujet de l'époque précise à fixer à cet égard.

» Signé : DE PODBIELSKI. »

De fait, ce n'est que le 23 septembre 1871 que Sa Majesté décida que l'armement de Strasbourg serait dorénavant et en général ramené aux conditions habituelles où se trouvaient les places fortes de la frontière de l'Ouest en temps de paix. Seuls les flancs voisins des portes devaient rester armés pour parer à une attaque de vive force.

Ainsi qu'il résulte d'une lettre du général de Podbielski au chef du cabinet militaire, datée du 5 juillet, tous les quartiers généraux de corps d'armée étaient à ce jour revenus dans leurs garnisons du temps de paix ou devaient y revenir pour le 9. Seul celui du Ier corps d'armée (Amiens) était encore en France.

Mais ce dernier devait également revenir en France avec une de ses divisions, dès que le paiement du premier demi-milliard permettrait d'évacuer les départements de la Seine et de la Seine-Inférieure (1). A la date du 5 juillet, et en réponse à une demande que le général de Podbielski lui avait adressée par ordre de Sa Majesté, le général de Manteuffel s'était montré opposé à toute diminution de l'armée d'occupation, tant qu'il y aurait lieu d'occuper les forts de Paris; il s'était surtout appuyé à ce sujet sur la manière dont le Chancelier de l'empire envisageait la situation en France. Le remplaçant du comte de Moltke put, vers le milieu de juillet, répondre d'Ems, où le grand quartier général s'était établi, qu'une décision avait été prise dans le sens déjà envisagé par Sa Majesté et en se basant à cet égard sur un avis télégraphique expédié par le prince de Bismarck, alors installé à Varzin.

« Quartier général, Ems, 15 juillet 1871.

» Compte a été rendu à S. M. l'Empereur et Roi des considérations soumises à la date du 5 juillet par le commandant en chef, au sujet du retrait éventuel d'une division du Ier corps d'armée.

» Sa Majesté a prescrit de demander à M. le Chancelier de l'empire de faire connaître si, à son avis, la situation en France continuait à lui faire admettre comme possible l'éventualité d'un coup de main tenté contre notre position devant Paris.

» M. le Chancelier de l'empire a répondu que des tentatives de ce genre ne lui avaient jamais semblé devoir être faites par le gouvernement actuel, et que la possibilité ne s'en était présentée à son esprit que dans l'hypothèse de la chute de ce gouvernement. Ce dernier s'étant récemment consolidé, l'éventualité en question était en dehors des prévisions.

» En conséquence, S. M. l'Empereur et Roi entend que le quartier général du Ier corps d'armée et une division de ce corps d'armée rentrent en Allemagne, autant que possible par voie ferrée, lors de l'évacuation

---

(1) Voir pages 962 et 966.

Corresp. de Moltke, III.   20

des départements de la Somme, de l'Eure et de la Seine-Inférieure. Cette évacuation, en effet, rendra disponible une notable fraction de l'armée d'occupátion, et il ne semble pas juste de refuser à la province de Prusse, pour un temps encore indéterminé, le retour d'une certaine partie de ses troupes.

» J'ai l'honneur de porter les intentions de Sa Majesté à la connaissance du commandant en chef, en lui confiant le soin de prendre les mesures ultérieures. J'ajoute que, sitôt notification reçue de la fin paiement du premier demi-milliard, avis lui en sera immédiatement envoyé, et que c'est aux autorités des chemins de fer qui lui sont affectées qu'incombera la mission d'assurer les transports de retour des troupes, etc. Prière de faire connaître ici, afin qu'il en puisse être rendu compte à S. M. l'Empereur et Roi, les modifications que, par suite de l'évacuation des départements de la Somme, de la Seine-Inférieure et de l'Eure, il pourrait y avoir lieu d'autre part d'apporter à la dislocation des troupes (indiquer les quartiers généraux); prière également de communiquer en temps utile les cantonnements de marche ou les dates de transport des quartiers généraux du Ier corps d'armée et de la 1re division.

» Signé : DE PODBIELSKI. »

Le 20 juillet fut envoyé d'Ems l'ordre prescrivant d'évacuer les départements du nord-ouest de la France (Somme, Seine-Inférieure et Eure) et rappelant la 1re division et le quartier général du Ier corps d'armée.

Au commencement d'août, Sa Majesté quitta Ems et se rendit par Coblentz, Wiesbaden, Ratisbonne, Ischl et Salzbourg à Gastein, où le grand quartier général séjourna durant quelques semaines à partir du 13 août.

Un télégramme, envoyé le 13 de Compiègne par le commandant en chef de l'armée d'occupation, indiquait la situation du gouvernement de Versailles vis-à-vis de l'Assemblée nationale comme très peu solide. Il y avait lieu pour nous d'être prêts à toute éventualité. Le général de Manteuffel avait prescrit d'assurer les approvisionnements de poudre afin de faire au besoin sauter les forts.

Le remplaçant du chef de l'état-major général envoya les prescriptions suivantes sur l'ordre de Sa Majesté :

« Quartier général, Gastein, 27 août 1871.

» Sa Majesté prescrit de concentrer plus de troupes dans les forts et leurs environs, si la situation devient inquiétante. En tout cas, on considère comme utile de porter en avant quelques unités, en vue de soutenir le gouvernement français actuel. On s'est entendu à ce sujet avec Waldersée.

» Signé : DE PODBIELSKI. »

Le 30 août au soir, le général de Manteuffel télégraphia que, d'après ce qui s'était passé dans la journée à la Chambre des députés, la nomination de M. Thiers comme président était assurée, et la crise momentanément écartée.

En effet, la majorité de la Chambre se prononça le 31 en faveur de M. Thiers. En conséquence, le commandant en chef de l'armée allemande en France arrêta les mouvements de troupes. Sa Majesté approuva cette mesure par télégramme du 1ᵉʳ septembre.

Le 6 septembre, le commandant suprême des forces allemandes quitta Gastein et transporta son quartier général à Salzbourg.

C'est de là que fut envoyée, sur la proposition du général de Manteuffel, l'autorisation de procéder à l'évacuation des forts de Paris. Cette évacuation, d'après les clauses du traité, ne devait avoir lieu qu'après le paiement d'un milliard et demi.

« Quartier général, Salzbourg, 7 septembre 1871, 11 heures soir.

» Par ordre de Sa Majesté, on commencera à retirer le matériel des forts et l'on procèdera ensuite à leur évacuation totale.

» Le département de l'Oise demeurera occupé jusqu'à ce que le paiement du troisième demi-milliard soit assuré (1).

» Prière de télégraphier le 8 à Munich, et à partir du 9 à Bade où Sa Majesté transporte son quartier général.

» Signé : De Podbielski. »

En même temps que l'on évacuait les forts, on put ramener en Allemagne deux autres divisions; Sa Majesté avait à cet égard, dès le commencement d'août, désigné les 2ᵉ et 22ᵉ divisions. Le général de Manteuffel prit, de son initiative, les mesures nécessaires pour ces rapatriements.

Le comte de Moltke qui se trouvait à la campagne, dans ses propriétés, adressa la réponse suivante à une demande du prince de Bismarck relative à la délimitation de la frontière :

N° 868.

Au prince de Bismarck, chancelier de l'empire.

Creisau, le 28 septembre 1871 (partie le 30).

J'ai l'honneur de faire connaître à Votre Excellence, en ré-

____

(1) Il n'était pas encore payé à la fin de septembre.

ponse à sa dépêche du 22 courant relative à la rétrocession à la France de trois communes, qu'il n'existe, à mon sens, aucun inconvénient d'ordre militaire à cette mesure en ce qui concerne Raon-les-Leau et Raon-sur-Plaine (1). Il n'en est pas de même d'Igney (2), cette commune étant située dans le voisinage immédiat de l'importante gare-frontière d'Avricourt : dans le cas où cette dernière commune serait rétrocédée, la nouvelle frontière serait reportée trop près de la gare.

Ce n'est qu'au commencement d'octobre que fut assuré le paiement du troisième demi-milliard, et que le général de Podbielski put, sur l'invitation de Sa Majesté, envoyer de Baden-Baden, à la date du 3 octobre, l'ordre d'évacuer le département de l'Oise.

Le 6 octobre, Sa Majesté quitta Baden pour rentrer à Berlin le 7 au matin.

Le général de Moltke reprit à la même date toutes ses fonctions.

Le gouvernement français attachait grande importance à l'accélération de l'évacuation des départements dont l'occupation permanente n'était pas prévue. Les négociations particulières engagées à ce sujet prirent bientôt un tour si favorable que, dès le milieu d'octobre, on put prendre le 1er novembre comme date de la fin de cette évacuation.

Sur l'ordre de Sa Majesté, le comte de Moltke, après avoir réglé quelques points de détail, prescrivit le rappel de deux autres divisions dont le retour était ainsi devenu possible.

N° 869.

Au commandant en chef de l'armée d'occupation, Nancy (3).

télégramme　　　Quartier général, Berlin, 17 octobre 1871, 1 heure soir.

Sa Majesté a autorisé à commencer immédiatement les mouvements en vue du transport par voie ferrée des 11e et 24e divisions. On devra faire d'autre part tous les préparatifs nécessaires pour pouvoir entamer le 21 l'évacuation des départe-

---

(1) Au nord-ouest de Schirmeck.
(2) Les trois localités restèrent à la France.
(3) Il y était depuis le 14 septembre.

ments de l'ouest et du sud (1). Toutefois, l'ordre définitif pour cette dernière mesure sera donné ultérieurement. Afin de ne pas dépasser l'effectif de 50.000 hommes prévu par les conventions, il y aura lieu de ramener les bataillons des divisions restant en France à l'effectif de paix normalement prévu pour les bataillons des régiments d'infanterie de la vieille garde. A cet effet, on renverra les hommes des classes les plus anciennes, autant que possible par les trains de l'exploitation régulière.

Copie fut envoyée au Ministre de la guerre.

La convention spéciale relative à l'évacuation anticipée des départements encore occupés ayant été conclue (12 octobre 1871) et les ratifications échangées, le comte de Moltke télégraphia :

N° 870.

Au commandant en chef de l'armée d'occupation, Nancy.

TÉLÉGRAMME   Quartier général, Berlin, 20 octobre 1871, 10 h. 30 soir.

L'échange des ratifications a été effectué le 20 courant. L'évacuation des départements du sud et de l'ouest commencera immédiatement et devra être terminée pour le 3 novembre inclus.

N° 871.

Au prince de Bismarck, chancelier de l'empire.

Quartier général, Berlin, 21 octobre 1871 (partie le 22).

J'ai l'honneur de faire connaître à Votre Altesse Sérénissime que la convention spéciale avec la France ayant été

---

(1) Le général de Stosch rendit compte, dans la soirée du 17, que les 11e et 24e divisions commenceraient leurs mouvements le 19 octobre. On avait indiqué aux 4e et 2e divisions bavaroises le 21 comme devant être probablement leur premier jour de marche.

ratifiée hier soir, le commandant en chef de l'armée d'occupation a reçu l'ordre définitif de faire entamer les mouvements en vue de l'évacuation des départements en question. Le transport par voie ferrée des 11e et 24e divisions commencera le 28 courant à Strasbourg et Metz.

Ces mesures, ainsi que la réduction d'effectif des bataillons, auront pour effet de ramener à 50.000 hommes l'armée d'occupation.

Copie fut envoyée au ministère de la guerre de Prusse, en exceptant le dernier alinéa; le ministère de la guerre de Saxe fut avisé du retour de la 24e division.

En exécution des prescriptions ci-dessus du chef d'état-major général de l'armée, les départements de l'Aisne, de l'Aube, de la Côte-d'Or, du Jura, du Doubs et de la Haute-Saône furent évacués.

La 2e division bavaroise quitta le 22 octobre le département de l'Aisne, pour s'établir dans sa nouvelle circonscription, près de Charleville (quartier général de la division).

La 4e division quitta à la même date les départements du Jura, du Doubs, de la Côte-d'Or et de la Haute-Saône pour se diriger sur Épinal et environs.

Restèrent occupés à partir de novembre 1871 les départements ci-dessous :

Marne............	occupé par la	6e division.
Haute-Marne...... }		
Vosges et Belfort.. }	—	4e division.
Meurthe-et-Moselle }		
Meuse............ }	—	19e division.
Ardennes........	—	2e division bavaroise.

En raison de la situation anormale que continuait à présenter la France et qui permettait de s'attendre à des bouleversements soudains, le général de Manteuffel se vit amené, vers le milieu de novembre, à indiquer aux généraux commandant ses divisions le sens dans lequel l'armée d'occupation pourrait avoir à agir en cas de besoin.

Il communiqua le mémoire en question au comte de Moltke au milieu de janvier et reçut de lui en réponse la dépêche suivante :

N° 872.

Au général de la cavalerie baron de Manteuffel, Nancy.

Berlin, 20 janvier 1872.

J'ai l'honneur de faire connaître à Votre Excellence, en réponse à la communication qu'elle a bien voulu m'adresser à la date du 15 courant, que les instructions données par elle à la date du 12 novembre répondent parfaitement à l'intention que l'on a de rassembler, le cas échéant, aussi en avant que possible, des forces importantes, sous la protection des quatre divisions qui se trouvent déjà sur le sol français.

Le projet de diriger la 2ᵉ division bavaroise des environs de Mézières vers Reims répond à cette idée. Il sera bon également de porter aussi rapidement que possible la 19ᵉ division (1) sur Bar-le-Duc ou Vitry. Elle y sera mieux à même de soutenir Châlons (2), Reims ou Chaumont (3), si important comme nœud de voies ferrées.

D'après mes projets, qui n'ont du reste pas encore été revêtus de l'approbation de Sa Majesté, les importantes cités de Nancy et de Lunéville recevraient immédiatement des garnisons suffisantes, au moyen de bataillons du XVᵉ corps qui y seraient transportés par voie ferrée et s'y mobiliseraient.

Il serait de la plus grande importance pour nous d'assurer l'exploitation de tout le réseau ferré des territoires français occupés. On peut admettre qu'en cas de complications, les employés français refuseraient de continuer leur service. Mais

---

(1) Le général de Manteuffel comptait rassembler le gros de la 19ᵉ division entre Nancy et Lunéville, et d'une manière générale à gauche de la Meurthe. Trois bataillons devaient rester à Verdun.

(2) La 6ᵉ division devait s'y rassembler.

(3) On devait rassembler à Chaumont un régiment de la 4ᵉ division, et un détachement de cette division (3 bataillons, 3 escadrons) avait mission d'observer Langres. La garnison de Belfort restait dans cette place, et le reste de la division avait ordre de se rassembler à Épinal.

dans le cas même où ces refus se produiraient sur une grande échelle, les mesures voulues ont été prises ici pour que l'exploitation puisse, dans le délai de six jours au plus, être reprise avec du personnel allemand : ceci, bien entendu, en admettant qu'aucune destruction n'aura été opérée sur les voies ferrées, et que le matériel roulant n'aura pas été évacué.

Il serait nécessaire, pour assurer la première de ces conditions, d'exercer une surveillance sévère sur les travaux d'art les plus importants au moyen de postes fixes, et ce, même s'il fallait au début pour cela faire une quantité de détachements.

En outre, des patrouilles surveilleraient continuellement toutes les lignes, et il serait nécessaire, à cet effet, d'amener de la cavalerie.

D'après nos prévisions, la brigade d'infanterie bavaroise qui est à Metz occuperait la ligne ferrée qui va de cette ville à Sedan ; de même, le XVe corps protégerait la section Avricourt, Nancy, Lagny.

En ce qui concerne le matériel roulant et en particulier les locomotives, il y aurait lieu, avant même que des complications sérieuses ne se fussent produites, d'exercer un contrôle sur les entrées et sorties : on pratiquerait de suite des interruptions sur les lignes ferrées qui pénètrent sur le territoire ennemi.

Comme toutefois nous comptons ultérieurement utiliser nous-mêmes ces lignes, ces interruptions pourraient ne consister qu'en destructions faciles à rétablir, mais sur lesquelles on exercerait une surveillance. Tout au plus pourrait-on couper plus à fond les lignes qui se dirigent de Langres vers le sud.

Il y aurait lieu d'inviter la commission de voies ferrées de Nancy à soumettre des propositions détaillées.

D'après nos prévisions, le XVe corps d'armée serait avisé d'envoyer immédiatement par voie ferrée, à Belfort, quatre bataillons qui s'y mobiliseraient et seraient, le 14e jour, relevés par de la landwehr. On apprécierait alors, suivant les dangers plus ou moins grands auxquels cette place serait exposée, si l'on pourrait, sur les troupes qui l'occupent actuellement et qui sont familiarisées avec les lieux, prélever tout au moins le bataillon de fusiliers du régiment no 21 pour l'amener à Épinal.

On accélérera autant que possible l'envoi des troupes de garnisons destinées à Mézières, Toul et Verdun. Dans le cas où les transports par voie ferrée ne seraient pas interrompus, elles seront rendues, le 12e jour pour les deux premières de ces places, le 14e pour la dernière.

Les compléments destinés aux unités de l'armée d'occupation arrivent sur les lignes ferrées françaises du 6e au 9e jour. Les forces actives se rassemblent derrière elle à partir du 10e jour.

A ce même ordre d'idées se rapporte une réponse à une dépêche du ministère de la guerre relative à l'importance, en cas de reprise des hostilités, des forteresses françaises encore occupées par les troupes allemandes.

No 873.

A la Direction des affaires générales du ministère de la guerre.

Berlin, 3 février 1872.

J'ai l'honneur de faire connaître, en réponse à la demande qui m'a été adressée le 27 janvier dernier, qu'à mon sens la valeur des places de Toul, Verdun, Mézières-Charleville, consiste uniquement en la possibilité pour elles de résister victorieusement à un assaut de vive force. Elles obligeront ainsi l'ennemi, soit à les investir, soit à perdre du temps pour amener un parc de siège. On ne peut leur imposer une mission plus étendue.

En se basant sur ces données, je crois pouvoir vous faire connaître mon avis sur la suite à donner aux demandes de garnison et de matériel faites par les gouverneurs des forteresses en question; cet avis, du reste, concorde avec les indications données à la date du 12 janvier dernier par le commandant en chef de l'armée d'occupation en France. Il n'y a pas lieu, semble-t-il, de renforcer Mézières-Charleville par une batterie de sortie et 40 pièces prussiennes rayées. La place n'a pas de combats à livrer sur le terrain des approches, et, quant à l'assaut de vive force, les pièces françaises sont suffisantes, d'après l'expérience de la guerre de 1870. On regarde également comme très suffisant l'effectif en cavalerie proposé par le commandant en chef, pour ces garnisons, soit un demi-escadron pour Mézières, et quarante chevaux au plus pour les deux autres places. Il serait même, suivant les circonstances, très justifié de prescrire à la cavalerie des garnisons de Toul et de Verdun de se retirer de ces places avant qu'elles ne soient complètement investies.

Quant à l'effectif des garnisons d'infanterie demandées par les gouverneurs, on n'a ici aucune donnée pour en juger. Mais on est en droit d'estimer qu'il n'est pas exagéré, le commandant en chef de l'armée d'occupation, au courant des conditions locales, n'ayant eu à faire à ce sujet aucune observation.

Durant l'été 1872 (1), le gouvernement français, grâce à la complaisance montrée par le gouvernement allemand, obtint qu'en échange du paiement plus rapide de l'indemnité de guerre l'évacuation du territoire occupé fût à nouveau accélérée. On put par suite, à la fin d'octobre, retirer les troupes allemandes (2) des départements de la Marne et de la

---

(1) 29 juin 1872.

(2) Les négociations qui eurent lieu à ce sujet, ainsi qu'à celui de l'évacuation des derniers départements occupés en 1873, furent traitées directement entre le commandant en chef de l'armée d'occupation et le cabinet militaire ou le Chancelier de l'empire. En effet, dès le début de la dernière période de l'occupation (premiers jours de novembre 1871), le chef d'état-major général de l'armée était entré dans les limites de ses attributions du temps de paix.

Haute-Marne. Restèrent encore occupés, à partir de novembre 1872, les départements suivants :

Ardennes.................... 2ᵉ division bavaroise.
Meuse....................... 6ᵉ division.
Meurthe-et-Moselle.......... 19ᵉ division.
Vosges et Belfort........ ..... 4ᵉ division.

Le 15 mars 1873, intervint entre la France et l'Allemagne, un nouvel arrangement réglant le paiement de la quotité encore due de l'indemnité de guerre, et l'évacuation du territoire occupé. On commença, en conséquence, au milieu de juin à désarmer la place de Belfort, et dans les premiers jours d'août à retirer les troupes de garnison des quatre derniers départements occupés. Verdun seul resta occupé, ainsi que la route d'étapes allant à Metz.

Le 16 septembre 1873, les dernières troupes allemandes quittaient le sol français.

PRINCIPAUX ÉVÉNEMENTS DE LA CAMPAGNE
DE 1870-71

1870

Nuit du 15 au 16 juillet.............	Ordre de mobilisation.
31 juillet.........	Sa Majesté part de Berlin pour Mayence.
2 août	Combat de Sarrebrück.
4 août	Engagement de Wissembourg.
6 août	Bataille de Spickeren.
6 août	Bataille de Wœrth.
11 au 15 août......	Investissement de Strasbourg.
14 août............	Bataille de Colombey-Nouilly.
15 août au 28 sept.	Siège de Strasbourg.
16 août	Bataille de Vionville-Mars-La-Tour.
18 août	Bataille de Gravelotte-Saint-Privat.
19 août au 27 oct..	Investissement de Metz.
19 août au 12 sept.	Investissement et bombardement de Toul.
23 au 28 août......	Bombardement de Strasbourg.
24 août au 10 nov.	Observation et investissement de Thionville.
28 août au 8 oct...	Investissement de Verdun.
29 août	Combat de Nouart.
30 août	Bataille de Beaumont.
31 août et 1er sept.	Bataille de Noisseville.
1er septembre.....	Bataille de Sedan.
2 septembre......	Capitulation de l'armée de Châlons.
9 septembre......	Capitulation et occupation de Laon.
12 au 23 septembre	Siège de Toul.
12 sept. au 19 déc.	Observation et investissement de Mézières
19 septembre......	Combats de Petit-Bicêtre et Châtillon.
19 septembre,.....	Combats de Choisy-le-Roi et Chevilly.
19 septembre......	Combats de Pierrefitte et Stains.
19 septembre au 28 janvier 1871.....	Investissement et siège de Paris.
23 septembre......	Capitulation et occupation de Toul.
24 au 30 septembre	Investissement de Soissons.
27 septembre......	Combat de Raon-l'Étape.
28 septembre......	Capitulation et occupation de Strasbourg.
1er au 15 octobre.	Siège de Soissons.
7 octobre	Combat de Bellevue.
7 au 27 octobre...	Investissement et bombardement de Neuf-Brisach.
8 oct. au 8 nov...	Siège de Verdun.
10 octobre	Combat d'Artenay.
10 au 24 octobre...	Siège de Schlettstadt.
11 octobre	Engagement près d'Orléans.
13 au 15 octobre...	Bombardement de Verdun.

15 octobre	Capitulation de Soissons.
21 octobre	Prise de Chartres.
21 octobre	Prise de Saint-Quentin.
24 octobre	Capitulation et occupation de Schlettstadt.
27 oct. au 10 nov..	Siège de Neuf-Brisach.
27 octobre.	Capitulation de Metz.
28 octobre	Combat du Bourget
30 octobre........	Combat de Dijon.
3 au 11 novembre.	Investissement de Belfort.
8 novembre......	Capitulation de Verdun.
9 novembre......	Rencontre de Coulmiers.
10 au 24 novembre.	Siège de Thionville.
10 novembre.	Capitulation de Neuf-Brisach.
11 novembre au 18 février 1871.....	Siège de Belfort.
15 au 27 novembre.	Siège de La Fère.
15 nov. au 5 déc...	Investissement de Montmédy.
15 au 20 novembre.	Observation de Langres.
16 novembre 1870 au 9 janvier 1871	Observation et investissement de Longwy.
17 novembre......	Combat de Dreux.
19 novembre......	Surprise de Châtillon-sur-Seine.
24 novembre......	Capitulation de Thionville.
27 novembre......	Bataille d'Amiens.
27 novembre......	Capitulation de La Fère.
28 novembre......	Bataille de Beaune-la-Rolande.
30 novembre......	Combats de Thiais et de Choisy-le-Roi.
30 novembre......	Bataille de Villiers (1er jour).
2 décembre.......	Bataille de Villiers (2e jour).
2 décembre.......	Bataille de Loigny-Poupry.
3 décembre......	Sortie et combat de Champigny.
3 et 4 décembre...	Bataille d'Orléans.
5 au 14 décembre.	Siège de Montmédy.
8, 9, 10 décembre.	Bataille de Beaugency-Cravant.
9 décembre.......	Surprise de Ham.
14 décembre......	Capitulation de Montmédy.
15 décembre.......	Combat de Vendôme.
18 décembre.......	Combat de Nuits.
19 au 26 décembre.	Investissement de Langres.
19 décembre 1870 au 1er janvier 1871	Siège de Mézières.
21 décembre.......	Combat du Bourget.
23 et 24 décembre.	Bataille de l'Hallue.
27 décembre 1870 au 10 janvier 1871	Siège de Péronne.
27 décembre 1870 au 26 janvier 1871	Bombardement des fronts Est et Nord de Paris.
30 décembre......	Occupation du Mont-Avron.

1871

1er janvier........	Capitulation de Mézières.
2 janvier.........	Combat de Sapignies.
3 janvier.........	Bataille de Bapaume.
5 janvier.........	Coup de main sur Rocroy.
5 au 27 janvier...	Bombardement du front Sud de Paris.

9 au 25 janvier...	Siège de Longwy.
Nuit du 10 janvier.	Capitulation de Péronne.
10, 11, 12 janvier..	Bataille du Mans.
15, 16, 17 janvier..	Bataille de la Lisaine.
18 janvier.........	Proclamation de l'Empire.
19 janvier.........	Bataille de Saint-Quentin.
19 janvier.........	Bataille près du Mont-Valérien.
22 janvier.........	Des francs-tireurs font sauter le pont de Fontenoy.
25 janvier.........	Capitulation de Longwy.
25 janvier.........	Surprise de La Roche et de Brienon.
28 janvier.........	Capitulation de Paris.
29 janvier.........	Occupation des forts de Paris.
30 janvier au 2 février...........	L'armée française de l'Est passe sur le territoire suisse.
31 janvier.........	Commencement de l'armistice de vingt et un jours, sauf pour les départements de la Côte-d'Or, du Doubs, du Jura et pour la forteresse de Belfort.
1er février........	Combat de Pontarlier, La Cluse.
13 février........	L'armistice est étendu aux territoires qui en étaient jusqu'alors exclus.
15 février........	L'armistice est prolongé jusqu'au 24 février, midi.
16 février........	Capitulation de Belfort.
18 février........	Occupation de Belfort.
21 février........	L'armistice est prolongé jusqu'au 26 février à minuit.
26 février........	Conclusion des préliminaires de paix et prolongation de l'armistice.
1er mars..........	Revue à Longchamps et entrée à Paris.
1er au 3 mars.....	Occupation d'une partie de Paris.
3 mars............	L'armée allemande commence son mouvement de retour.
7 mars............	Le grand quartier général est transporté de Versailles à Ferrières.
11 mars...........	Conclusion de la convention relative à l'entretien de l'armée et à l'exploitation des voies ferrées.
13 mars...........	Le grand quartier général est transporté de Ferrières à Nancy.
15 mars...........	Départ de Sa Majesté pour l'Allemagne.
18 mars...........	Une insurrection populaire éclate dans Paris.
26 mars...........	Occupation de Bitche.
10 mai............	La paix définitive est signée à Francfort-sur-le-Main.
28 mai............	L'insurrection de Paris est réprimée par les troupes de Versailles.
1er juin...........	Commencement de la démobilisation.
4 juin 1871 au 13 septembre 1873.	Occupation.
16 juin 1871.......	Entrée à Berlin.
20 juin...........	Constitution de l'armée d'occupation. Le général de Manteuffel en est nommé commandant en chef.
12 octobre 1871....	Convention en vue de hâter l'évacuation des départements occupés.
29 juin 1872.......	Convention en vue de hâter à nouveau l'évacuation du territoire occupé.
15 mars 1873......	Accord au sujet de l'évacuation complète du territoire occupé.
16 septembre 1873.	Les dernières troupes allemandes quittent le sol français.

INDEX ALPHABÉTIQUE

Paris et Limoges. — Imprimerie militaire Henri CHARLES-LAVAUZELLE.

www.ingramcontent.com/pod-product-compliance
Lightning Source LLC
La Vergne TN
LVHW050355060726
842524LV00002B/360